KB210192

영화 속 중독 이야기 – 치유의 시선으로 본

지은이	윤성모
초판발행	2025년 3월 25일
펴낸이	배용하
책임편집	배용하
등록	제2021-000004호
펴낸곳	도서출판 비공
	https://bigong.org │ 페이스북:평화책마을비공
등록한 곳	충청남도 논산시 가야곡면 매죽헌로1176번길 8-54
편집부	전화 (041) 742-1424
영업부	전화 (041) 742-1424 · 전송 0303-0959-1424
ISBN	979 - 11 - 93272-32-9 03300
분류	중독 │ 영화 │ 치유

이 책은 저작권법에 의해 보호를 받는 출판물입니다.
기록된 형태의 허락 없이는 무단 전재와 복제를 금합니다.

값 15,000원

치유의 시선으로 본

영화 속 중독 이야기

윤 성 모

목 차

〈프롤로그〉   9

Ⅰ. 알코올 중독에 관한 영화

1. 라스베가스를 떠나며 ⋯ **진정한 사랑이란?**   24

2. 28일 동안 ⋯ **익숙한 삶과 쿨하게 이별하기**   35

3. 레이첼 결혼하다 ⋯ **회복으로 가는 길은 홀로 가는 길**   46

4. 간디 나의 아버지 ⋯ **강자의 이면에 있는 약자 이야기**   55

5. 남자가 사랑할 때 ⋯ **사랑하는 사람을 업고 간다는 의미**   64

6. 행복 ⋯ **재발도 치료 과정이다**   75

7. 힐빌리의 노래 ⋯ **세상에 쓸모 없는 것은 없다**   84

Ⅱ. 기타 중독과 관련한 영화

8. 레퀴엠 ⋯ **마약중독자들을 위한 장송곡**   94

9. 셰임 ⋯ **성중독자 남매의 스산한 슬픔**   102

10. 태양은 없다 ⋯ **루저 청년들에게도 내일은 있는가?**   113

11. 알렉산더 ⋯ **정복중독자 알렉산더 이야기**   122

12. 똥파리 ⋯ **치료와 회복의 패러독스**   133

13. 투더본 ⋯ **현실을 직면하고 숨지 않는 용기**   143

14. 쇼퍼홀릭 ⋯ **중독과 시대정신(?)**   153

Ⅲ. 치료적 함의를 가진 영화

15. 와일드 … **상실 너머에 있는 다시 시작할 수 있는 힘**　　　164

16. 길버트 그레이프 … **어쩔 수 없는 것들에 대하여**　　　175

17. 뷰티풀 마인드 … **중독 치료의 가장 강력한 도구 사랑**　　　185

18. 굿윌 헌팅 … **그건 네 잘못이 아니야**　　　195

19. 키드 … **어린 시절 트라우마와 어른의 삶**　　　206

20. 마담 프루스트의 비밀정원 … **네 인생을 살라**　　　216

21. 가족의 탄생 … **역기능 가정, 방랑중독에 대하여**　　　226

Ⅳ. 부록 : 여타 중독 관련 영화들　　　237

〈에필로그〉　　　245

중독은 매우 고치기 힘든 정신장애의 하나이다. 우울증, 조울증, 불안장애, 공황장애, 조현병 등등의 정신장애는 약물로 다스릴 수 있지만 중독을 약물로 치료하기에는 아직 갈 길이 멀다. 중독은 의지의 문제요 의지력의 문제이다. 의지가 이렇게 저렇게 행동하겠다는 뜻과 지향을 의미한다면 의지력은 그 의지를 실제적으로 관철해 내는 능력, 곧 힘이다. 과연 어떤 약물이 사람에게 술을 끊을 의지를 갖게 해주고, 실제로 술을 끊을 수 있는 힘, 곧 의지력을 가져다 줄 수 있을까?

오늘날 중독자들이 치료되고 회복되는 두 기관을 꼽자면 첫째는 AA모임Alcoholics Anonimous, 익명의 알코올중독자 모임이요, 둘째는 치료공동체Therapeutic community라고 말할 수 있다. 우리나라는 치료공동체 세팅이 그 수와 질에 있어서 지극히 열악하다. 우리나라에서는 여전히 정신병동 세팅에서의 치료가 주류를 이루고 있지만 그 치료 효과는 미미하다. 중독치료의 현장에서 강력한 힘을 발휘하고 있는 AA Alcoholics Anonimous, 익명의 알코올중독자 모임 12단계 원리의 제1단계는 다음과 같다.

"우리는 알코올중독에 무력했으며, 우리의 삶을 수습할 수 없게 되었다는 것을 시인했다."

중독의 치유와 회복은 여기에서 출발한다. 자기 자신이 알코올중독에 무력했으며powerless, 중독으로 인해 자기 삶이 망가지고 엉망진창이 되어 수습할 수 없는 상태에 놓이게 된 것을 인정하고 시인하는 것으로부터 시작된다. 그러므로 중독을 치유하고 회복하는 첫걸음은 자신의 존재와 상태에 대한 통찰insight로부터 비롯되는 것이라고 말할 수 있다. 곧 통찰이 힘인 것이다. 그러나 중독치료의 아이러니는 이 지점에서 발생한다. 왜냐하면 중독은 부인denial의 정신장애이기 때문이다. 중독 상태에 있을 때 중독자들은 이렇게 말한다. '나는 알코올을 조절하고 통제할 수 있으며, 내 삶을 얼마든지 수습할 수 있다'고. 회복에 이르는 통찰은 그러므로 전면적이고 전복적이어야 한다. 코페르니쿠스적 전환이 일어나야 한다. 천동설이 아니라 지동설이어야 하는 것이다. 중독자들은 어떻게 해야 그 전면적이고 전복적인 통찰을 얻을 수 있을까?

가장 좋은 길은 '중독과 회복'에 대해 듣고 보는 일이다. 자꾸 듣고 보다 보면 들리기 시작하고 보이기 시작한다. 중독자들은 들어도 듣지 못하며 보아도 보지 못한다. 때론 듣고 보아도 다르게 해석하기도 하고 나아가서는 비틀고 왜곡한다. 그럼에도 불구하고 그 첫걸음은 '중독과 회복'에 대해 듣기 시작하고 보기 시작하는 것이다. 그렇게 하는데 영화보다 더 좋은 도구가 있을 수 있을까? 다행히 미국 등 중독 문제가 일찍이 사회문제로 대두된 나라들에서는 '중독과 회복'을 주제로 한 영화가 매년 만들어지고 있다. 우리나라에 소개되었거나 매년 소개되고 있는 중독 관련 영화의 대부분은 미국에서 만들어진 것이다. 이 책에 소개된 영화 중 절반 이상이 미국에서 만들어진 영화인데 그것은 아마도 미국이 AA의 발상지인데다가 마약을 비롯한 중독의 문제가 커다란 사회문제와 이슈가 되고 있기 때문일 것이다. 중독 관련 영화를 통해 '중독과 회복'에 대해 듣고 보기 시작하려고 할 때 전제되어야 하는 것은 중독자들로 하여금 해당 영화들을 듣고 볼 수 있도록 영화 앞에 앉히는 것이다. 그런데 이 작업 자체부터가 난관이다. 대부분의 중독자들은 자기 자신이 중독자라고 생각하지 않기 때문에부인하기 때문에 아무리 이런저런 영화를 보라고 권장해도 보지 않는다. 그들은 이미 무의식적 차원에서 중독된 물질이나 행위를 끊으라고 하는 모든 요구에 저항하고 방어한다. 그래서 구조화된 세팅, 치료공동체와 같은 자발적, 자조적 치료 세팅에서 영화를 통한 중독의 치료는 보다 큰 효과를 얻을 수 있다. 일단 그들을 영화 앞에 앉힐 수 있기 때문이다.

영화를 통한 치료 효과를 높이기 위해 후속적으로 필요한 것은 동료들과의 나눔이다. 영화를 보고 느낀 소감이나 적용해야 할 요점들을 정직하고 솔직하게 나누는 것이다. 중독자들의 내면 깊숙한 곳에는 너나 할 것 없이 '수치심과 죄책감'이 깊은 뿌리를 내리고 있기에 있는 그대로의 자기 모습, 자기 내면을 드러내는 일은 매우 낯설고 어려운 일이다. 그들은 이 부정적 감정들을 처리하기 위해 평생을 은폐와 부인, 거짓으로 일관하여 왔고 오직 그것을 중독 행위를 통해 해결해 왔기 때문이다. 그들은 오로지 같은 처지에 있는 동료들 앞에서만 심리적 무장과 방어를 해제한다. 그것이 AA모임을 통해 중독자들이 회복의 길에 들어서는 근본 요인이다. 오직 그들과의 사이에서만 솔직하고 정직한 대화와 토론이 가능해진다. 그 나눔을 통해 중독자들이 얻게 되는 유익은 자유다. 각자의 내면을 장악하고 짓누르고 있던 죄책감과 수치심은 정직하고 솔직한 고백을 통해 가벼워지고 중독자들은 내면의 자유를 경험하기 시작한다. 이 긍정적 경험은 도미노가 되고 물결이 되어 서로를 긍정적 기대 속에서 바라보게 하며 서로를 고무하고encourage, 힘을 불어넣는다.empowerment 영화를 보고 느낀 개인들의 소감은 이런 식으로 공동체적인 경험으로 연결되고 확장된다. 회복의 선순환 사이클이 작동하기 시작하는 것이다.

이 책에는 모두 37편의 영화가 소개되고 있다. 1부: 알코올중독에 관한 영화, 2부: 기타 중독에 관한 영화, 3부: 치료적 함의를 가진 영화로 21편의 영화가 자세히 소개되고 있으며 부록으로 중독과 치유에 관한 16편의 여타의 영화들을 간략히 소개하고 있다.

여기에 소개된 영화들은 의도적으로 중독에 대해서 말하거나 치유의 길을 제시하려는 목적을 가진 영화들이라 할 수 있다. 이들 영화들은 중독을 인간의 문제로, 인간 내면의 문제로 바라보고 중독이 그의 문제일 뿐만 아니라 우리 사회의 문제임을 알리려 한다. 이 영화들은 관객들로 하여금 직면하게 하고 생각하게 하고 돌아보게 한다. 그리고 함께 고민하게 한다. 중독을 소재로 만들어진 영화 중 가장 많이 다루어진 중독은 마약중독일 것이다. 그러나 이들 영화 중 치료적 함의를 가진 영화들은 그리 많지 않다. 그것들은 대체로 마약단과 경찰을 주인공으로 잔인한 폭력의 현장을 그린 엔터테인먼트용 영화들로서 관객들에게 성찰의 여지를 주지 않는다. 그것들은 흥행에는 성공할지 모르지만 관객들에게 생각해 보게 하고 되돌아 보게 하는 성찰의 여운을 던져주지 못한다. 최근의 한국영화를 예로 들어보자면 2018년 개봉된 두 편의 영화를 들 수 있다. 마약조직과 경찰과의 사투를 그린 액션영화 「독전1」 Drug War은 506만명의 관객동원에 성공한 흥행작이었지만 같은 해 한국의 각종 영화제를 휩쓴 영화는 알코올중독자의 자녀와 게임중독자의 자녀문제, 곧 아동학대 문제를 다룬 한지민 주연의 「미쓰백」 이었다. 그러나 「미쓰백」의 관객수는 72만 명에 그쳤다. 여기에 소개된 35편의 영화들 중 흥행에 성공한 영화는 거의 없다고 보아도 무방하다. 그러나 상당수의 영화들이 유수한 영화제에서 높은 평가를 받았고 각 방면에서 다양한 영역의 상을 수상하였다. 이들 영화들의 작품성, 예술성이 인정받았다는 것이다.

1부 알코올중독에 관한 영화에는 모두 7편의 영화가 소개되고 있다.

알코올중독자란 누구인가? 어떤 사람을 알코올중독자라 하는가? 이에 대해 알고 싶으면 〈라스베가스를 떠나며〉를 보라. 니콜라스 케이지의 신들린 연기를 만날 수 있을 것이다. 이 영화로 니콜라스 케이지는 그 해의 아카데미 남우주연상을 거머쥐었다. 중독은 어디서 치료될 수 있는지 알고 싶은 사람은 산드라 블락 주연의 〈28일동안〉을 보면 큰 도움을 받을 수 있다. 세계 많은 나라에서 치료공동체Therapeutic community를 통해 중독을 치료하고 있는데 이 영화를 통해 미국 치료공동체의 모습을 확인할 수 있다.

엔 헤서웨이가 열연한 〈레이첼 결혼하다〉에서는 '가족병'으로서의 중독의 실체를 생생하게 확인할 수 있다. 언니 레이첼의 결혼식을 위해 치료공동체에서 외출, 외박을 허락받고 집으로 돌아온 마약중독자 킴엔 헤서웨이의 몇일간의 동정을 다룬 이 영화를 통해 중독자가 있는 집안의 미묘한 신경전, 가족 간의 보이지 않는 갈등, 집에 적응하지 못하고 안절부절하며 초조해 하는 중독자의 모습 등을 경험할 수 있다.

누가 중독자가 되는지, 중독의 원인이 무엇인지 알기를 원하는 사람들은 〈간디, 나의 아버지〉를 통해 도움을 받을 수 있다. 20C 성자로 추앙받았던 비폭력 평화의 아버지 마하트마 간디에게는 외아들이 하나 있었는데 그 아들이 알코올중독자가 되었고 끝내 노숙자가 되어 길에서 비참하게 죽었다는 사실을 아는 사람이 얼마나 될까? 이 영화를 보면서 사람들은 아들을 저 지경이 되도록 만든 성자 마하트마 간디에 대해 분노를 느낄지도 모르겠다. 어떤 이들은 그렇게 훌륭한 부모님을 두고서도 알코올중독자가 되고 노숙자가 된 아들에 대해 비난의 화살을 돌릴런지도 모른다. 관객들이 어떻게 반응하든 간디의 외아들이 알코올중독자가 되었고 노숙자가 되었으며 길바닥에서 비참한 죽음을 맞이하였다는 사실은 변하지 않는다. 왜 이런 일이 일어났을까? 이 영화는 그 질문에 답을 제공해 준다.

동반중독의존이라고 들어본 적이 있는가? 이 말은 통상적으로 중독자의 배우자를 지칭하는 말로서 중독자의 배우자들도 치료되어야 할 심리적 문제를 가지고 있음을 지시하는 개념이다. 앤디 가르시아, 맥 라이언이 부부로 연기한 〈남자가 사랑할 때〉는 중독을 치료하기 위해 중독자 당사자는 물론 동반중독자인 그 배우자도 치료되어야 한다는 치료원리를 잘 보여주고 있다. 이 영화를 보면서 관객들은 아내인 맥 라이언의 행동이 도무지 이해되지 않을 수도 있고, 남편인 앤디 가르시아가 도대체 무슨 잘못을 했는지 전혀 감이 잡히지 않을 수도 있다. 이 영화의 요체는 아무 문제가 없어 보이는 남편 앤디 가르시아가 변해야 함에 있다. 그것을 발견할 수 있다면 당신은 값진 것을 건지는 것이다.

중독에 대해 잘 만들어진 한국영화는 그리 많지 않다. 황정민, 임수정이 주연한 영화 〈행복〉은 알코올중독으로부터의 치료와 회복을 진정성있게 다룬 영화라고 할 수 있다. 중독 문제에 대해 전문적인 식견이 잘 드러나지는 않지만 중독자가 누리게 될 진정한 행복은 '재발'relaps하지 않는 것으로부터 비롯된다는 사실을 이 영화는 잘 깨우쳐 준다. 재발은 순간이다. 그러므로 순간의 유혹을 이기고 넘어갈 수 있는 '깨어 있음'의 훈련은 필수적이다. 그리고 비록 재발했을지라도 '다시 시작할 수 있는 용기'는 회복으로 가는 길에서 필수적이다. 이 영화는 그것들을 시사한다.

알코올중독자의 자녀들에게는 무슨 일이 일어날까? 알코올중독자의 자녀가 중독자가 될 확률은 그렇지 않은 자녀에 비해 6배가 높다고 한다. 알코올중독자들의 자녀는 그들이 그렇게 싫어던 알코올중독자가 되거나 다른 중독에 빠지게 될 확률이 매우 높다. 중독자 자녀들이 이런 '다세대 전수'의 굴레를 벗어던지려면 어떻게 하여야 할까? 할아버지가 알코올중독자요, 엄마가 마약중독자인 가정에서 자라난 자녀는 어떻게 이 굴레에서 벗어날 수 있을까? 〈힐빌리의 노래〉는 그 길이 있음을 보여준다. J.D. 밴스의 실화를 바탕으로 만들어진 영화로 중독의 굴레를 벗어나 자기 인생을 살아가는 중독자 자녀의 이야기가 실감나게 그려지고 있다. 그는 2024년 미국 대선에서 트럼프에 의해 부통령 후보로 지명되었고 40세 나이에 미국 부통령이 되었다.

제2부 기타 중독에 관한 영화로는 마약중독의 끔찍한 참상을 다룬 〈레퀴엠〉과 도박중독자를 등장시킨 〈내일은 없다〉, 성중독, 그 중에서도 섹스중독을 다룬 〈셰임〉, 정복왕 알렉산더를 일중독의 관점에서 분석한 〈알렉산더〉, 폭력을 중독의 관점에서 바라본 〈똥파리〉, 거식증, 폭식증, 과식증 등 음식중독섭식중독 환자를 다룬 〈투더본〉, 쇼핑중독에 대해 다룬 〈쇼퍼홀릭〉 등 7편의 영화를 소개한다.

서로 다른 중독을 가진 사람들을 모아 놓으면 무슨 일이 일어날까? 처음의 반응은 상대방을 도저히 이해하지 못하겠다는 반응이다. 나아가서는 무시하고 경멸하기까지 한다. 알코올중독자가 바라본 도박중독자는 한

심하기 이를 데가 없는 인간이다. 잃을 것을 뻔히 알면서도 불나방처럼 도박에 매달리는 그들을 도저히 이해할 수 없다. 도박중독자가 바라보는 알코올중독자들도 한심하기는 매한가지다. 허구한 날 술이나 마시며 세월을 낭비하고 있으니 이 어찌 가련한 인간이 아닐 수 있으리. 성중독자들을 바라보는 다른 중독자들의 시선 역시 경멸과 무시로 일관한다. 도덕적, 윤리적으로 타락한 이들이며 인간말종의 가정파괴범이다. 오직 쾌락만을 추구하는 저급한 인간일 뿐이다. 음식중독자섭식중독자를 바라보는 시선 역시 마찬가지로 고울 리가 없다. 폭식증인 사람을 보면 무슨 먹기 위해 태어난 짐승도 아닌데 어떻게 저렇게 먹을 수 있나 싶기도 하고, 거식증 환자를 보면 아니 거절할 게 따로 있지 음식섭취를 거절하면 도대체 뭘 어떻게 하자는 건지 도통 알 수가 없다며 고개를 가로젓는다. 쇼핑중독자들은 허영에 들뜬 사치광이거나 만족을 모르는 철부지들일 뿐이다.

이들 중독에 비해 일중독이나 폭력중독은 그 이해와 진단에서 다소 애매할 수 있다. 결론적으로 폭력과 일도 중독 될 수 있는 인간 삶의 영역이다. 왜 성폭력범에게 전자발찌를 채우고 그들의 신상을 만천하에 공개하는가? 그것은 재범의 우려가 현저히 높기 때문이다. 같은 죄를 반복해서 지으려는 성향이 바로 그들이 성폭력 중독자임을 반증한다. 넓은 의미에서의 폭력은 국가간 전쟁으로 나타난다. 인류 역사 이래 전쟁은 그친 적이 없다. 왜냐하면 폭력성이야말로 인간 내면의 중독성을 반영하기 때문이다. 좁은 의미에서의 폭력중독은 가정폭력의 형태로 나타난다. 폭력중독자들은 긴장과 스트레스를 폭력으로 풀며, 그 과정을 통해 전능감과 통제감을 획득하려 한다. 성적 지향에서 나타나는 매저키즘과 새디즘 역시 인간 내면의 폭력성이 성적 지향으로 전치되어 나타나는 것일 뿐이다. 낡

시중독자들이 낚시에 중독되는 이유 중의 하나는 고기를 낚아챌 때의 짜 릿한 손맛 때문인데 폭력중독자들도 폭력을 행사할 때 동일한 손맛의 쾌 감을 경험한다. 미각 중에서 중독이 되는 감각은 단맛과 매운맛이다. 매 운맛이 중독이 되는 이유는 그것이 통각이기 때문이다. 그 통각이 온몸으 로 확장된 것이 폭력이다.

일중독은 어디까지가 중독이고 어디까지가 아닌지 그 경계가 모호 하다. 때때로 일중독자들은 자기가 담당하고 있는 분야에서 놀라운 성취 를 이루어내기도 한다. 그러나 만일 그가 일중독자라면 결국 그는 번아웃 Burn out 상태에 도달하고 만다. 그렇게 열정적으로 일하던 사람이 아무 일 도 하지 못하는 무기력의 상태에 빠지게 되는 것이다. 그들은 오로지 일의 성취를 위해 내달린다. 그들은 쉴 줄 모르고 절제하지 못한다. 심지어 그 들은 쉬는 시간이 주어져도 쉬지 못하고 일한다. 놀러가서도 그들은 일 하며 안식하지 못한다. 온몸과 마음과 영혼이 일과 그 성취에 매여 있고 집중되어 있다. 마치 알렉산더 대왕이 멈출 줄 모르고 평생을 앞으로 앞으 로 진격으로만 일관하여 살았던 것처럼…

치유와 회복이 진전되면서 이들에게서는 놀라운 변화가 일어나기 시 작한다. 내가 그렇게 무시하고 경멸해 마지않았던 그 사람이 실상은 나와 똑같은 중독자라는 사실을 깨닫고 수용하게 된다. 중독의 종류와 양상만 다를 뿐 그 증상이나 원인, 치료의 과정과 원리가 똑같은, 다 같은 중독자 일 뿐이라는 통찰에 도달하게 되는 것이다. 그 과정에서 인간이란 존재가 얼마나 편파적이고 차별적인지, 나아가서는 얼마나 왜곡되고 뒤틀린 확 증 편향의 인식체계를 가진 존재인지, 생각하고 판단하고 느끼고 해석하 는 모든 영역에서 진실과 얼마나 동떨어진 삶을 살아오고 있었는지를 절실히 깨닫게 된다. 중독자는 편견과 아집으로 똘똘 뭉친 거짓자아, 거짓자기로 거짓의 인생을 살아온 사람들이다. 긴 치료와 회복의 과정을 거치면서 중독자들의 눈과 마음을 가리고 있던 안대와 가리개가 벗겨지면서 그들은 비로소 진정한 자기 자신을 발견하게 되고, 내가 무시하고 경멸해 마지않았던 그 사람이 바로 나 자신이라는 사실을 발견하게 된다. 내가 너였고, 네가 또한 나인 것이다. 우리는 다 같은 기전을 가진, 같은 병을 앓고 있는 환자요, 중독자인 것이다. 서로 다른 중독자가 '내가 너고 네가 나다' 라는 인식에 도달했다면 그는 이미 회복의 성숙한 경지에 들어선 것이다.

제3부에는 치료적 함의를 가진 7편의 영화를 소개하고 있다.

〈와일드〉는 출간과 동시에 언론과 독자들 사이에서 최고의 찬사를 받았던 셰릴 스트레이드의 2012년 자서전 『와일드』를 원작으로 제작된 영화이다. 주인공 셰릴 스트레이드는 26살 때 경험한 '태평양 도보 종단여행'의 극한체험을 43살이 되어 책으로 펴냈고 그 책은 출간되자마자 베스트셀러 챠트를 단숨에 휩쓸었다. 가족폭력 가정에서 자라난 주인공은 엄마의 죽음에 따른 상실감을 견디지 못하고 마약과 난잡한 섹스에 빠져들었다가 26살에 '태평양 도보 종단여행'의 극한체험을 통해 엄마를 애도해 떠나보내고 자기 자신과 화해함으로써 새로운 인생을 시작하게 되는데 그녀가 겪은 모든 여정은 중독으로부터의 회복의 과정과 궤를 같이한다.

〈길버트 그레이프〉는 전형적인 역기능 가정에서 성장한 자녀가 그 굴레를 벗어나 진정한 자기 인생을 찾아 새로운 삶을 찾아 나서는 성장영화이다. 주인공 길버트 그레이프는 자살한 아버지와 그 아버지의 죽음에 충격을 받아 폭식중독자가 된 엄마, 그리고 발달장애를 갖고 있는 남동생을 둔 청소년 가장으로서의 곤고한 삶을 살아오고 있다. 그러던 중 발달장애아 동생이 경찰서에 구류되는 사건이 발생하고 평생을 바깥 출입을 않던 엄마가 아들을 구하려고 경찰서에 나타나 아들을 데리고 돌아온 후 운명하게 되는데, 길버트는 누나 동생과의 가족회의를 통해 엄마의 시신을 집과 함께 통째로 태워버리기로 결정한다. 그 자신의 인생을 얽어매고 있던 모든 것들이 활활 불살라진다. 그의 영혼은 자유를 얻고 그는 새 인생을 향해 나아간다. 중독의 치유 또한 이와 같아 중독자의 내면에 남아 있는 역기능적 요소들을 뿌리 뽑아야 할 뿐 아니라 현재 작동하고 있는 역기능적 구조도 훨훨 태워버리고 새로운 생활양식을 수립하여야 온전한 회복의 길에 들어서게 된다.

〈뷰티풀 마인드〉는 1994년 노벨 경제학상을 수상한 천재수학자 존 내쉬의 실화를 바탕으로 만들어진 영화이다. 존 내쉬는 오랜시간을 정신분열증조현병으로 고생하였으나 끝내 그 병을 이기고 노벨 경제학상을 수상하는 인간 승리의 모범이 되었다. 존 내쉬는 심각한 망상장애를 갖고 있었는데 다른 사람들의 눈에는 보이지 않지만 그에게만 나타나는 특별한 환영들을 보고 그들과 교류하며 망상적 행동을 반복한다. 그 망상은 CIA 고위첩보원, 친한 친구, 사랑스러운 조카의 모습으로 나타나는데 이들은 존 내쉬의 무의식적 욕구를 대변한다. 존 내쉬는 힘 있는 사람이 되고 싶었고, 친한 친구를 갖고 싶었으며, 사랑을 마음껏 줄 어린 조카가 필요했는데 현실에서 이것을 성취할 수 없으므로 그는 분열된 정신세계 속에서, 곧 망상 속에서 자기의 욕구를 실현할 수 있었던 것이다. 존 내쉬가 죽는 날까지 이 망상은 사라지지 않는다. 그러나 어느 순간의 통찰을 통해 존 내쉬는 그가 실제라고 알고 있었던 이 망상들이 실제가 아닌 환영에 불과하다는 사실을 깨닫고 이 환영들을 다루기 시작한다. 그의 삶 속에서 환영들은 떠나지 않았지만 존 내쉬는 이제 더이상 환영에 이끌려 사는 사람이 아니라 환영을 다루는 사람이 된다. 그리고 자신의 진정한 욕구를 따라 자기의 인생을 살아가기 시작한다. 중독으로부터의 치유와 회복도 이와 같다. 중독자들은 망상적 삶에서 현실의 삶으로 돌아와야 한다. 그리고 현실에 뿌리내리는 새로운 삶을 시작해야 한다.

〈굿윌헌팅〉은 상담영화의 교본이라 할 수 있다. 주인공 윌 헌팅은 입양과 파양이 반복된, 또 입양된 양부로부터 가공할 폭력을 당한 상처를 고스란히 육체와 마음에 담고 자라난 청년이다. 그는 MIT 대학의 청소부로 살아가고 있었는데, 그에게는 MIT 교수의 실력을 능가하는 비범한 천재성이 감추어져 있다. 그의 천재성을 발견한 MIT 교수는 윌을 도와 그를 세상 속으로 이끌어 내려 노력하게 되고 이를 위해 윌에게 상담치료의 기회를 제공하게 된다. 윌은 주변 많은 사람들과 좋은 상담가의 도움을 통해 그 자신을 묶어두고 있던 열등감과 피해의식에서 벗어나 사랑하는 연인을 찾아 집을 나서며 새로운 인생에 도전한다. 이 영화의 명대사 "네 잘못이 아니야!"는 열등감과 피해의식, 병리적 죄책감으로 고통받고 있던 수많은 관객들에게 치유의 묵직한 울림을 선사했을 것이다. 중독자들 역시 진정한 자기 자신이 누구인지도 모른채, 열등감과 피해의식, 병리적 죄책감에 시달리는 마음의 병을 앓고 있는 이들의 전형이다.

〈키드〉와 〈마담 프루스트의 비밀의 정원〉은 무의식의 치료를 다룬 영화이다. '무의식'이라는 단어는 일상생활 속에서도 널리 통용되는 단어이지만 정작 그 실체를 경험하고 사는 이들은 그리 많지 않다. 그러나 만일 당신이 중독에서 벗어나려고 한다면 반드시 당신의 무의식을 직면해야 하고 치료해야만 한다. 무의식의 치료는 중독 치료의 마지막 단계이면서 높은 단계의 치료이다. 무의식의 세계에 저장된 그 무엇인가가 중독자들을 중독 물질과 행위로 이끌고 있는 것이다. 유아기와 어린 시절 경험된 역기능적 상처와 아픔, 수치심과 죄책감, 두려움 같은 부정적 감정과 사건들은 무의식의 세계에 저장되어 봉인된다. 그리고 그런 감정과 사건 자체가 존재하지 않았던 것처럼 살아간다. 그러나 자세히 보면혹은 전문가의 소견으로 보면 무의식의 세계에 저장되고 봉인된 기억과 감정은 지금 여기에서의 현실 속에서 여전히 드러나고 있다는 것을 알게 된다. 다만 대부분의 사람들이 지금 여기에서 가지고 있는 생각이나 행동들이 무의식의 영향 때문이라는 것을 모를 뿐이다. 〈키드〉는 성인이 되어 심리적 문제를 가지고 살아가는 어른 러스가 어린시절의 자기인 러스티를 만나 진정한 자기를 찾아가는 여정그것은 상담의 여정과 같은데을 디즈니적 상상력으로 만든 영화이고, 〈마담 프루스트의 비밀의 정원〉은 아로나 쎄라피와 유사한 약초의 향기와 일종의 최면요법 등을 통해그것은 프로이트의 자유연상 카우치와도 비슷하다. 주인공의 무의식에 감추어져 있던 진실을 발견하고 진정한 자기를 찾아가는 이야기를 다룬 작품이다. 진정한 자기를 찾아 진정한 나로 살아가는 것은 중독치료의 요체이다.

〈가족의 탄생〉은 제목 그대로 '가족'이 어떻게 만들어지는 지를 탐구한 영화이다. 그 과정에서 자연스럽게 가족은 무엇인가? 혹은 누구인가? 에 대한 근본 질문을 던지며 가족을 탄생시키고 유지시키는 핵심요소가 무엇인가에 대해 질문한다. 영화를 보면서 지루함을 느낄 수 있지만 인내심을 발휘해서 끝까지 보면 보상을 받을 수 있다. 아하, 저것이 가족이구나! 가족은 저렇게 탄생하는 거구나! 하는 통찰을 얻을 수 있다. 옴니부스 형태의 3부작으로 구성되어 있는데 3부 절정의 단락에서는 남주인공 경석봉태규과 여주인공 채련정유미이 연인 사이로 등장한다. 그들은 서로 사랑하지만 둘 사이의 관계에는 언제 깨어질지 모르는 불안과 아슬아슬한 긴장이 복병처럼 숨어 있다. 과연 이 두 사람은 결혼해서 행복한 가족을 만들 수 있을까? 경석과 채련의 가족은 지극히 기이하고 비정상적인 구성으로 이루어져 있다. 혈연을 중심으로 하는 고정된 관점으로 보면 그들의 구성은 가족이 아니다. 그러나 이 영화는 그들도 가족이라고 말한다. 그리고 가족의 개념을 전통적 혈연관계 중심에서 실질적 사랑관계로 옮겨 놓는다. 서로를 돌보고 사랑하는 사람들이 삶을 공유하고 함께 하면 그것이 가족이라고 말한다. 세상에는 가족이지만 가족이 아닌 집단도 있고, 가족이 아니면서 가족을 이루며 살아가는 집단도 있다. 전자에서 중독이 나오고 후자에서 회복이 나온다. 중독은 가족 안에서 탄생하지만 가족의 사랑을 통해 회복할 수 있다. 중독으로부터의 치유와 회복이란 깨어진 가족 관계가 사랑으로 다시 연결되고 복원되는 것이다.

　　부록에서는 중독과 관련된 17편의 영화를 간략한 설명을 통해 소개한다. 독자들은 국내에 소개된 중독 관련 영화 대부분에 대해 망라된 정보를 이 책에서 얻을 수 있을 것이다.

　　이 책이 중독으로부터의 회복을 열망하는 모든 이들에게 힘과 위로를 주고 중독의 늪에 빠져 허덕이는 이들에게 단주단중독을 시도하거나, 다시 시작할 수 있는 용기와 통찰을 가져다 주는 책이 되었으면 좋겠다.

　　　　　　　　　　　　　윤 성 모　2024년 10월 지수리 라파공동체에서

1. 라스베가스를 떠나며

진정한 사랑이란?

"중독 치유"라는 주제에 걸맞는 단 하나
의 영화를 꼽으라면 그것은 단연 1995년작, 〈
라스베가스를 떠나며〉가 아닐까. 니콜라스 케이지와 엘리자베스 슈가 각
각 가히 신들린듯한 연기로 알코올중독자인 벤과 창녀인 세라 역을 열연
해 그해 오스카상과 전미비평가협회, LA비평가협회, 뉴욕비평가협회, 보
스턴비평가협회, 산 세바스찬 영화제 등을 통해 남우주연상과 여우주연
상, 작품상, 감독상 등을 거머쥔 중독 영화의 최고봉이라 부르기에 손색
이 없는 작품이다. 중독을 다룬 영화 중 아마 이 영화 보다 더 굵직한 상을
받은 작품도 없고, 이 영화보다 더 높은 작품성을 인정받은 영화도 없을
것이다. 이 영화가 수준 높은 작품성을 인정받은 이유는 아마도 영화가
주는 주제가 '진정한 사랑은 무엇인가?' '어떤 사랑이 진정한 사랑인가'라
는 인간의 보편적 질문에 진지하게 답하려고 했다는 점에 있을 것이다. 영
화는 지독한 알코올중독자와 창녀와의 처절한 사랑 이야기를 통해 이 질
문에 답한다. 영화의 마지막 장면에서 알코올중독자 벤을 죽음으로 떠나
보낸 후 사라는 이렇게 독백한다.

나는 그를 있는 그대로 받아들였어요.

나는 그를 변화시키려고 기대하지도 않았지요.

그리고 나는 그도 나에 대해 똑같은 마음이었다고 생각해요.

상대방을 있는 그대로 받아들이는 것이 진정한 사랑이요, 알코올중독자든 창녀든 모든 사람에게는 사랑이 필요하다는 것이 이 영화의 주제라는 점은 그리 어렵지 않게 파악할 수 있다. 그리고 이 관점에서 사랑에 대한 수많은 논의와 의제가 있음을 우리는 알고 있다. 그러나 우리의 관심은 "중독과 치료"에 있으므로 "중독이란 무엇인가?" "치료란 무엇인가?"에 초점을 맞춰 이야기를 풀어나가도록 하자.

이 영화의 제목을 직설적으로 정한다면 그것은 아마도 "지독한 알코올중독자와 외로운 창녀의 사랑이야기" 거나 "어느 알코올중독자의 쓸쓸하고 처절한 말로" 정도가 아닐까 싶다.

이 영화의 간단한 스토리는 이렇다. 벤니콜라스 케이지은 할리우드의 괜찮은 평을 받던 극작가였으나 알코올중독 문제로 인해 회사로부터 권고사직을 당한다. 권고사직을 당한 후 벤은 집을 정리하고 퇴직금을 들고 라스베가스로 떠난다. 그의 목적은 단 하나 실컷 마시다가 거기서 죽는 것이다. 거기서 벤은 포주에게 묶여 노예의 삶을 살고 있는 창녀 세라엘리자베스 슈를 만나게 되고, 두 사람은 사랑에 빠진다. 그러나 죽기로 작정하고 마시는 일코올중독자와 자기 몸을 팔아야 먹고 살 수 있는 창녀의 사랑이 행복하게 지속될 수는 없다. 결국 세라 곁을 떠난 벤은 허름한 숙소에서 죽음의 순간을 맞고 세라는 그를 찾아가 마지막 정사를 나누며 그를 떠나보낸다. 그리고 위에 인용한 세라의 내레이션이 엔딩 크레딧과 함께 조용히 울려 퍼진다.

이 영화가 좋은 평을 받게 된 데에는 주인공 벤 역을 맡은 니콜라스 케이지의 열연이 있었음은 의문의 여지가 없다. 그러나 니콜라스 케이지가 그런 연기를 하게 된 원천이 원작의 힘에 있었음을 주목할 필요가 있다. 그것은 원작자인 존 오브라이언 자신이 알코올중독자였기 때문이다. 이 영화를 원작자인 존 오브라이언의 반자전적 영화라고 부르는 이유도 여기에 있다. 원작자 존 오브라이언은 영화 속 벤과 비슷하게 결혼하였으나 알코올중독 문제로 이혼하였고, 사회생활은 곡절이 많았으며, 결국에는 이 영화가 크랭크인 되기 2주 전에 권총 자살로 생을 마감하였다. 영화 전편을 통해 니콜라스 케이지는 알코올중독의 증상에 대해, 알코올중독자들의 내면, 표정과 말투, 사소한 행동 하나하나에 대해 지극히 사실적으로 연기해냄으로써 알코올중독에 대해 잘 아는 이들로부터 소름 돋는 연기라는 평을 듣게 되는데 이는 원작자인 존 오브라이언 자신이 알코올중독자였기 때문에 갖게 되는 원작의 체현성과 관련이 있다고 볼 수 있다.

우리의 관심은 '중독'과 '치유'에 있다. 그러나 이 영화는 '치유'와는 별 관련이 없다. '치유'적 측면에서는 이 영화에 대해 논할 것이 별로 없다. 왜냐하면 '치유'에 대한 그 어떤 설명이나 과정이 이 영화에는 등장하지 않기 때문이다. 굳이 이 영화에서 찾을 수 있는 '치유'적 함의는 "중독은 이렇게 치유하기가 힘든 병이구나" 정도가 아닐까 싶다. 이 영화를 통해 우리가 얻게 되는 유익은 '중독은 무엇인가'에 대해 매우 사실적이고 구체적인 정보를 얻을 수 있다는 데 있다. 알코올중독과 알코올중독자를 이해하려

하는 사람들에게 이 영화는 더할 나위 없는 길잡이가 되어줄 수 있다. 여기서는 니콜라스 케이지의 동선을 따라가면서 주요 장면 몇 가지를 선정해 '알코올중독과 알코올중독자'에 대한 우리의 이해를 도모하도록 하자.

이 영화의 첫 장면은 마트에서 술을 사는 벤의 모습으로부터 시작된다. 온갖 종류의 술을 카트에 쓸어 담으면서 벤은 웃고 있다, 그의 얼굴은 행복감으로 가득 차 있다. 그의 입가에는 엷은 미소가 넘쳐흐른다. 그의 얼굴과 표정, 행동에는 세상 부러울 것 하나 없는, 모든 것을 다 가진 자의 행복감이 넘쳐난다. 이것이 중독이다. 그리고 이 사람이 중독자다. 중독은 크게 물질중독과 행위중독으로 나뉜다. 알코올, 마약, 음식 등 물질에 중독되는 경우와 도박, 성, 게임, 쇼핑, 운동, 종교 등의 행위에 중독되는 경우가 그것이다. 그 어떤 중독이든 중독자들은 자기가 중독되어 있는 물질이나 행위 앞에 서거나 그것을 취하게 될 때 말할 수 없는 행복감을 느낀다. 기쁨과 즐거움을 느낀다. 도취감을 느낀다. 그 느낌은 자연적인 상태에서 느낄 수 없는, 일상의 환경과 삶에서 느낄 수 없는 차원이 다른 수준에서의 쾌락과 행복감이다. 뇌는 이 상황에 적응해 도파민과 세로토닌과 같은 쾌락 향유의 물질을 마구 분비해 낸다. 중독 물질과 행위에 노출되는 시간이 길어지면서 뇌와 몸과 마음이, 심지어 영혼마저 그 쾌락과 즐거움을 기억하고 탐닉하며, 추구하기에 이른다. 이 세상 다른 그 무엇으로도 그 쾌락과 즐거움을 얻을 수 없다. 그것은 오직 중독된 그 물질과 행위로만 얻을 수 있기에 그 물질과 행위에 대한 집착은 강박이 되고, 그 강박은 집착이 되어 악순환 된다. 그것은 굴레가 되고 족쇄가 되어 그 사람을 집어삼켜 버린다. 이제 그 물질과 행위는 그 사람의 삶의 의미요, 목적이 되고 그 물질과 행위가 바로 그 사람이 된다. 그 사람과 그 물질과 행위는 분리될 수 없는 하나가 되어 버리는 것이다. 곧 벤이 술이고, 술이 벤이 되는 것이다.

벤과 술이 분리될 수 없는 하나라는 사실은 영화 전반을 통해 묘사된다. 벤이 가는 곳마다 술이 있고, 술이 있는 곳에는 벤이 있다. 도덕도 법도 그 둘의 관계 아래 있다. 음주운전을 해서는 안 된다는 법도 그는 아랑곳하지 않는다. 그 어떤 관계도 이 관계의 우선순위를 변경시킬 수 없다. 영화의 중후반부에 벤이 사라를 만나 사랑에 빠지고 둘이 동거하는 장면이 나온다. 그때 벤이 동거의 전제조건으로 사라에게 말한다. 나에게 술 끊으라는 말만은 하지 말아달라고, 그렇게 되면 우리 관계는 그날이 끝장나는 날이 될 것이라고. 이것이 중독이다. 이것이 중독자다. 이 세상 그 누구도, 무엇도 벤과 술과의 관계보다 우선시 될 수 없고, 대체될 수 없다. 다른 모든 관계는 후순위이며 술과 벤과의 관계를 보조해 주는 보조적 관계일 뿐이다. 술이 이겼다. 술이 벤의 모든 것, 그의 인격과 영혼과 관계마저 완전히 장악해 버렸다.

술에 장악된 중독자의 삶의 모습의 실제는 어떤 모습일까? 영화의 첫 장면은 알코올중독자 벤의 도취적 행복감으로 시작되지만 이어지는 모습, 그의 삶의 실제는 이와는 정반대이다. 이 영화의 초반부는 벤의 직장 생활의 실제가 그려진다. 벤은 직장에서 동료들에게 술값을 위해 돈을 꾸는 비굴한 사람이다. 돈을 꾸기 위해 모욕과 경멸조차 감수하고, 거짓말을 하면서까지 그는 술 마실 돈을 구걸한다. 그의 목적은 단 하나, 술을 마시는 것이고 술을 마시기 위해 돈이 필요할 뿐이다. 그 목적을 달성하기 위해서라면 그 어떤 모욕도 참고 인내할 수 있다. 술을 마시게 되는 순간, 그가 당한 모욕도 굴욕도 다 보상이 된다. 어떻게 해서든 오늘 술을 마시면 되는 것이다. 그것이 중독자인 벤의 인생이고 모든 중독자들의 인생이다. 그들은 마치 마시려고 태어난 자와 같으며 그렇게 살아간다. 그런 그들이 사회에 부적응하게 되는 것은 필연이다. 사회와 직장이 요구하는 것과 그들이 추구하는 것이 다르니 그들이 직장과 사회에서 배제되고 도태되는 것은 어쩔 수 없는 당연한 귀결이다. 마침내 벤은 괜찮은 직장에서 권고사직 당한다. 술은 벤의 인생을, 삶을 망치기 시작한다. 그리고 그것은 벤이 죽기까지 계속된다.

　직장에서 권고사직을 당하면 사람들은 어떻게 반응할까? 보통 사람들은 심기일전해서 새 길을 찾으려 할 것이다. 그러나 대부분의 중독자들은 주어진 상황을 회피하려 하며, 술로 도망간다. 영화에서 벤은 재산을 정리하고 술 마시다 죽을 요량으로 라스베가스로 향한다. 이 영화를 본 수많은 중독자들 중 상당수가 이 대목에 이르러 벤에 공감하고 동조하는 것을 나는 여러 중독자들에게서 보았다. "저 삶이 우리의 로망입니다." 수많은 알코올중독자들의 로망! 마음껏, 그 누구의 제지도 없는 가운데 마시고 싶은 술을 마음껏 마시다 죽는 것! 그것이 우리 알코올중독자들의 로망이라고 참으로 여러 사람이 내게 말했다. 그것이 중독이다. 그것이 중독자다. 현실의 어려움이 술로 인해 시작되었는데 그들은 오히려 술로 도피한다. 술이 문제의 원인이 되었으므로 술을 제거해야 하는데, 오히려 그 술이 그들 인생 문제의 해결책이 된다. 중독자들의 삶과 인생은 이렇게 전복되었다. 원인과 결과가 뒤바뀌고 진단과 처방이 완전히 뒤섞여 버렸다. 그들에게는 탈출구가 없다. 그들 스스로는 참된 탈출구를 찾을 능력을 상실하였다. 누군가의 도움이 그들에게 임하기 전까지는.

라스베가스로 떠나기 직전 가족사진을 불태우며 벤은 혼자 중얼거린다. 술을 마셔서 아내가 떠난 건지, 아내가 떠나서 술을 마신 건지 모르겠다고. 그 혼돈감을 안고 벤은 라스베가스로 떠난다. 죽을 때까지 벤은 이 질문에 답을 얻지 못한다. 아니 답을 얻을 생각도 없었을 것이다. 왜냐하면 그 답을 얻으려면 라스베가스가 아니라 아내와 아들이 있는 가족을 향하여 나아가야 했을 테니까. 벤의 이 독백에 대한 답은 명확하다. 아내와 가족들은 벤이 술을 지나치게 마셔 알코올중독자가 되었기 때문에 떠나갔고, 가족이 떠나갔기 때문에 벤은 더 마시게 되었다는 것이다. 그러므로 그는 마시지 않아야 가족들을 만날 수 있고, 가족들을 만남으로써 잃어버린 그의 삶을 되찾을 수 있었겠지만 그것은 중독에 깊이 빠진 벤에게 선택사항이거나 고려해야할 옵션이 아니었다. 중독은 의지의 문제이고 선택할 수 있는 능력의 문제이다. 중독자들은 술을 마시고 싶은 의지는 있으나 끊고 싶은 의지는 없다. 또 선택할 수 있는 자유는 있으나 술에 묶여 있어 바른 길을 선택할 능력을 잃어버린 사람들이다. 그들은 혼돈의 사람들이다. 그것이 중독이요, 중독자다.

이 영화의 기본 정조는 우울이다. 우울을 넘어 침울이다. 휘황찬란한 라스베가스는 다만 이 영화의 배경일 뿐이다. 배경은 화려하고 휘황찬란하지만 중독자인 벤과 창녀인 세라가 처한 현실은 지극히 절망적이며 암울하다. 스팅의 음악은 흐느적거리는 벤을 따라 흐르며 보는 이들을 먹먹

한 음울의 끝으로 이끈다. 휘황찬란한 라스베가스의 조명과 알코올중독자인 벤과 창녀 세라가 처한 삶의 현실은 벤과 세라가 처한 현실의 정신세계를 반영하고 상징한다. 그는 라스베가스를 추구하나 라스베가스는 그를 소외시킨다. 벤은 화려한 라스베가스의 조명을 뒤로하고 허름한 여인숙에서 마지막 죽음을 맞는다. 그는 라스베가스를 향하여 나아갔으나 그곳은 결국 그의 장지葬地가 되었다. 자기로부터 소외된 도시 라스베가스에서 벤이 궁극적으로 찾고자 했던 것은 무엇인가? 그는 마음껏 술을 마시다 죽을 요량으로 라스베가스로 갔지만 마음껏 술을 마시고 흥청망청 살아가는 그의 마음 맨 밑바닥에 깔려 있던 욕구는 사랑이었음이 드러난다. 마시고 싶은 술을 마음껏 마셔도 그 술로 그의 영혼의 외로움은 달래질 수 없었다. 술 마시고 싶은 욕구보다 더 근원적이고 근본적인 욕구는 사랑이다. 사랑은 인간 내면의 최종적이며 궁극적인 욕구이다. 그것을 얻으면 모든 것을 얻는 것이요, 그것이 없으면 다른 그 무엇을 아무리 많이 가지고 누려도 인간은 궁핍감을 느낀다. 환락의 도시 라스베가스에서 마시고 싶은 술을 진탕으로 마셔도 그의 마음 밑바닥에 숨겨져 있던 최종적 욕구는 사랑에의 갈망이다. 그것이 중독이고, 중독자이다. 중독 물질과 행위를 향한 중독자들의 갈망 밑바닥에는 사랑을 향한 갈구와 갈망이 있다.

알코올중독자인 벤이 창녀인 세라와 만나 사랑에 빠지면서 이 영화는 새로운 국면을 맞는다. 세상의 뒤안길에 서 있는 이 두 사람의 사랑을 보면서 관객들은 진정한 사랑에 대해 생각하고 자기에게 대입하며 적용한다. 영화 말미 세라의 고백, 우리는 서로를 변화시키려 하지 않았으며, 있는 그대로를 받아들였다는 고백은 참에 가까운 고백이다. 알코올중독자인 벤에게 술병을 선물로 주는 세라와, 몸을 팔고 살아가는 세라에게 그 몸을 장식할 귀고리를 선물하는 벤에게서 우리는 가슴시린 사랑을 확인한다. 내가 원하는 것이 아니라 그가 원하는 것을 주는 것이 진정한 사랑이라는 데에 우리가 동의한다면 이들의 사랑은 눈물겹게 고귀하고 고결하다. 알코올중독자와 창녀 사이에도 사랑은 존재하며 또한 가능하다. 그러나 그 사랑의 결과는 벤의 죽음이다. 알코올중독자의 죽음을 뻔히 눈 뜨고 보면서 맞이하는 사랑을 진정한 사랑이라고 말할 수 있을까? 그럴 수도 있고 아닐 수도 있다. 이 질문들에 답하는 것은 우리의 목적이 아니다. 우리들이 물어야 할 질문은 이것이다. 중독자를 살리는 사랑은 어떤 사랑인가? 상대방을 있는 그대로 받아들이는 것이 진정한 사람임은 분명하다. 그러나 그와 동시에 진정한 사랑은 상대방의 삶에 개입한다. 영화 속에서 그 결정적 순간은 벤에게 병원에 가보자고 말하는 세라를 통해 드러난다. 중독을 치료하는 치료자의 입장에서 이 영화의 하이라이트는 단연 이 순간이다. 사랑은 상대방의 삶에 개입하려 하는 힘이고 이 힘은 허용되어야 한다. 그리고 그 개입을 통해 둘은 하나로 더욱 어우러져 가고 사랑은 완성되어 간다. 그것은 죽음을 낳는 것이 아니라 생명을 낳는다. 중독을 치유하는 사랑은 있는 그대로를 사랑하는 용납과 수용의 사랑이어야 할 뿐 아니라 상대방의 유익을 위해 적극적으로 간섭하고 개입하는 사랑이어야 한다. 그리고 그 개입을 허용하는 사랑이어야 한다. 그 사랑을 우리는 "거친 사랑, 혹은 냉정한 사랑Tough love"이라 부른다. 이 사랑이 작동될 때, 이 영화의 결말은 새드엔딩이 아니라 해피엔딩이 된다. 그 때 세라는 이렇게 고백할 것이다.

"처음에 우리는 서로를 있는 그대로 받아들였습니다. 그리고 상대방을 바꾸려고 하지 않았지요. 그러나 벤의 술 문제가 그를 죽음으로 끌고 가는 것을 보고 더는 그것을 견딜 수 없었어요. 나는 무엇이라도 해야 했습니다. 왜냐하면 나는 그를 사랑하니까요. 오 마이 갓! 그런데 기적이 일어났습니다. 어느 날 벤이 치료를 받으러 가자더군요. … 그랬어요. 그날 이후로 우리의 삶이 완전히 바뀌었습니다. 치료받고 술을 끊는 과정이 쉽지는 않았지만, 우리는 이전 보다 더 행복해졌습니다. 그것은 불안과 두려움 속에 주어진 찰나의 행복이 아니라 현실 속에 굳건히 뿌리내린 흔들리지 않는 행복이었습니다"

각도를 조금 달리해서 이 영화를 볼 때 영화의 주제는 구원이 될 수 있다. 원작자인 존 오브라이언이 말하고 싶었던 것은 무엇일까? 그가 세상에 외치고 싶었던 말은 "나 좀 살려주세요. 중독에 묶여 속절없이 죽어가는 나를 좀 살려주세요!"가 아니었을까? 영화 〈라스베가스를 떠나며〉를 보면서 관객들은 중독이 죽음에 이르는 병이라는 것을 절실히 깨닫게 된다. 아, 저렇게도 죽을 수 있구나. 저런 죽음을 선택하는 사람도 있구나 하면서 말이다. 알코올중독을 점진적 자살이라고 부르는 이유도 여기에 있을 것이다. 그러나 알코올중독으로 인한 죽음은 안락사를 선택하는 것과는 전혀 다른 문제임을 우리는 알아야 한다. 알코올중독자들은 술에 사로잡혀 있어서 올바른 판단을 할 수 없는 정신적 상태에 있음을 알아야 한다. 오늘날 법정에서도 이런 상태를 "심신미약"의 정신상태로 인정하고 있고 양형에 반영하고 있다. 벤이 라스베가스에서 마음껏 술 마시다 죽기로 결정하고 이것을 실행에 옮긴 것이 그의 개인적 결정이요 선택이라는 점은 엄밀한 의미에서 사실이 아니다. 그것은 온전하고 맑은 정신 상태sober에서 이루어진 것이 아니라 흐트러지고 혼돈된 중독 상태에서 이루어진 것이기에 그의 선택과 결정을 그대로 받아들이는 것은 온당하다 할 수 없다. 그는 법정 용어로 "심신미약"의 상태에서 미필적 선택을 한 것이기 때문이다. 자살도 극한의 스트레스 상황이나 우울증 등의 상황에서 벌어지는 일이기 때문에 이 또한 온당하게 받아들일 수 없는 이유와 마찬가지다. 중독으로 죽어 가는 벤에게 새로운 기회가 주어지는 것은 옳다. 그가 맑은 정신으로 자신의 인생에 대해 선택하고 결정할 새로운 기회가 주어져야 하는 것이다. 그것이 국가와 사회, 개인들이 정신적으로 병든 상태에 있는 중독자들에 대해 취하여야 할 마땅한 태도이다. 그것은 그를 치유의 길로 인도하는 것이며, 중독의 묶임으로부터 자유케 하는 것이며, 죽음의 마수로부터 그들을 구원하는 일이기 때문이다. 그들은 치유 받고 온전한 삶을 살아야 할 우리의 이웃이다.

이 영화 속에서 구원의 가능성은 아련한 영상으로 벤과 세라를 스쳐 지나간다. 알코올중독자 벤이 외로움을 달래려고 창녀 세라를 사기 위해 흥정하는 그 장면 옆에서 몇 명의 수녀들이 전단을 나눠주는 장면이 나온다. 이 장면을 통해 감독은 종교가 이들에게 무엇이 되어야 하느냐고 묻고 있는 것이 아닐까? 또한 우리 모두가 속절없이 죽음으로 끌려가는 중독자들에게 무엇을 해야 하는지를 묻고 있는 것은 아닐까? 이에 대한 우리의 답은 명확하다. 죽음으로 끌려가는 그들을 살려내야 하고, 그들을 치유 받게 해야 하며, 그들이 온전한 정신으로 새로운 삶을 살아갈 기회를 제공해 주어야 한다는 것이다.

2. 28일 동안

익숙한 삶과 쿨하게 이별하기

〈라스베가스를 떠나며〉는 음울하다. 먹먹하고 무겁다. 그래서였을까? 5년이 지난 후 라스베가스 제작진은 또 다른 중독 영화 〈28일 동안〉 제작에 참여한다. 이 영화는 전자에 비해 한결 가볍고 경쾌하다. 무거운 주제를 가볍게 다루려 했다는 점에서 이 영화가 높은 작품성을 담보해 내지 못하게 된 것은 어쩌면 당연한 귀결일지 모르겠다. 산드라 블록그웬 커밍스, 엘리자베스 퍼킨스릴리, 도미닉 웨스트제스퍼, 스티브 부세미코넬, 원장, 비고 모텐슨에디 등이 출연했다. 젊은 날의 산드라 블록의 상큼하고 발랄한 끼가 발산되고 있는 영화이다. 이 영화를 작품성 높은 수작이라고 말할 수는 없지만 중독과 치유에 대해, 치료공동체를 소개하고 안내하려는 계몽적 차원의 의도와 목적은 충분히 달성되고 있다. 이 영화를 통해 우리는 중독을 어디서, 어떻게 치료할 수 있는 지에 대해 배우고 공부할 수 있다.

알코올중독을 어디서, 어떻게 치료할 수 있을까? AA모임, 치료공동체Therapeutic community, 정신병원, 중독상담센터 등이 치료기관이다. 이 중 AA 모임과 치료공동체를 통해서 실질적인 치료가 더 많이 이루어지고 있다. 〈28일 동안〉은 미국의 중독치료공동체 이야기를 담고 있는 영화다. 앞으로 다루게 될 많은 영화들에도 AA 모임과 중독치료공동체, 정신병원은 빠짐없이 등장한다.

오늘날 중독의 문제를 국가적 문제와 해결과제로 인식하고 있지 않은 나라는 거의 없다고 보아도 무방하다. 차이가 있다면 얼마만큼의 치료자원을 투자하고 배분하고 있는가일 뿐, 모든 나라는 중독의 퇴치에 국가 역량과 자원을 투자하고 정책을 수립한다. 우리나라도 예외가 아니다. 국가적 차원에서 알코올중독, 도박중독, 게임중독, 성중독 등을 예방하고 치유하는 일에 예산과 역량을 배분하고 있으며 이를 정책으로 뒷받침하고 있다. 중독을 예방하고 치유하기 위한 국가정책 중의 하나가 보호관찰제도Probation System이다. 우리나라의 경우 누군가가 술을 마시고 범죄를 저질렀을 때 그 죄가 경미한 경우는 이들로 하여금 적절한 상담과 교육을 받게 하거나, 감옥에 가더라도 치료감호소에 보내어 지속적 치료를 담보하게 한다. 그리고 이들이 출소한 이후에도 보호관찰관이 이들을 지속적으로 관찰하게 하는 제도를 운영하고 있다. 우리나라의 보호관찰 제도는 미국으로부터 도입한 것이지만, 더 보완되고 발전되어야 한다. 법원이 보다 활성화되어야 할 제도 중 하나가 치료공동체 입소를 법원이 명령하는 것이다. 이 제도가 현실화 하려면 치료공동체가 현실적으로 존재해야 하는데 우리의 현실은 아직 그에 미치지 못하고 있다. 이 영화는 알코올중독자가 범죄 하였을 때, 법원이 중독자로 하여금 치료공동체에 입소해 치료받도록 명령하는 보호관찰제도가 여성 알코올중독자 그웬 커밍스샌드라 블록에게 실행됨으로써 전개되는 영화이다. 알코올중독자 그웬에게 법원은 28일 동안의 치료공동체 강제 입소를 명령하고 그웬은 그 명령에 복종해 치료공동체에 입소하게 된다. 그가 성실히 치료공동체 과정에 적응하지 않는다면 그는 치료공동체가 아니라 감옥으로 보내지게 될 것이다. 이 프로베이션 시스템에 의해 그녀는 감옥을 갈 것인지, 치료공동체에 입소해 치료를 받을 것인지를 선택할 수 있다. 중독은 개인을 병들게 하고, 나아가 국가와 사회를 병들고 좀먹게 한다. 그러므로 중독의 퇴치에 국가와 사회가 자원을 배분하고 지원하는 일은 지극히 마땅하다.

〈라스베가스를 떠나며〉의 도입 부분과 유사하게 이 영화도 남녀 젊은이들이 화려한 조명 아래서 풀어 흐트러진 모습으로 술 마시고 춤추며 흥청대는 모습을 카메라 워크를 통해 현란하고 어지럽게 잡아내면서 중독의 세계가 그런 세계라는 것을 암시하며 시작된다. 그러나 중독이 주는 즐거움과 쾌락은 딱 여기까지다. 전체 런닝타임 103분 중에 중독이 주는 즐거움과 쾌락에 할당된 시간은 배우, 제작진을 소개하는 영화 전반부 2-3분 정도 이고, 이후는 사건과 사고, 고난과 괴로움의 연속이다. 그러나 그 고난과 괴로움 속에서 한 명의 중독자였던 그웬은 회복자로 거듭난다. 치료공동체 28일의 입소 경험이 그녀의 인생에 회복이라는 마법을 불러 일으킨 것이다. 사실 미국치료공동체의 평균 입소 거주기간이 1년 6개월이라는 점을 감안하면 28일 동안에 한 명의 알코올중독자가 온전한 회복에 이른다는 것을 현실적 설정이라 할 수는 없다. 이 영화에서 우리는 다만 치료공동체를 통한 회복 프로세스를 상징적으로 확인할 뿐이다.

간단한 영화의 줄거리는 이렇다. 불금의 밤을 술과 함께 흥청망청 보낸 여주인공 그웬산드라블록과 남자친구 제스퍼도미닉웨스트는 토요일 아침 늦게 눈을 뜬다. 그 날은 그웬의 언니 릴리엘리자베스퍼킨스의 결혼식이 있는 날이다. 허겁지겁 복장을 챙겨 남자친구와 함께 언니의 결혼식에 참석한 그웬은 결혼식에서도 술을 마시고 취하여 결혼식 분위기를 엉망으로 만들어 버리고 급기야 웨딩케익을 사기 위해 음주운전을 하다가 차선을 이탈해 주택을 들이받는 사고를 내고 만다. 그렇게 법정에 서게 된 그웬은 판사의 명령에 따라 28일 동안 중독치료공동체에 입소해 치료생활을 하게 된다. 28일 동안의 치료과정을 경험하면서 그웬은 자신이 중독자라는 사실을 받아들이고 단주술을끊는것, 단약약물을끊는것을 결심하고 퇴소하여 단주, 단약의 새로운 삶을 살아가게 된다.

우리는 이미 〈라스베가스를 떠나며〉에서 알코올중독자인 벤의 속절 없는 죽음을 목도한 바 있다. 우리의 시선을 벤에게 고정시켜 놓고 보면 알코올중독은 치료가 불가능한 병으로 보인다. 그래서 중독자들 스스로도 중독에 대해 "죽어야 낫는 병"이라고 자조적으로 말하기도 한다. 벤은 그렇게 쓸쓸히 죽어갔는데 그웬은 어떻게 해서 회복하여 새 삶을 살아갈 수 있었을까? 그 둘 사이의 차이, 곧 생과 사의 차이는 국가의 강제력의 수용과 집행 여부와 관련이 있다. 국가의 강제력은 사회의 질서와 안녕을 위해 필요하다. 그것은 또한 개인의 안녕과 질서를 위해서도 필요하다. 개인의 중독 문제의 해결을 위해서도 국가의 강제력은 필요하다. 〈라스베가스를 떠나며〉에서의 벤처럼 중독은 중독된 그 사람을 죽음으로 끌고 가는 질병이다. 그리고 중독자들은 그것을 거부하거나 그것으로부터 자신을 방어할 힘과 의지를 상실한 사람들이다. 스스로 죽음을 향해 터벅터 벅 걸어가는 사람들이다. 그러므로 그들을 살리기 위해, 곧 치유하기 위해 국가의 강제력이 사용될 필요가 있다. 그것이 프로베이션 시스템이다. 국가가 개인의 중독문제에 개입하기 위해 국가 강제력을 사용하는 것이다. 중독으로부터의 치유와 회복을 위해서는 중독에 빠진 그 사람을 치유와 회복으로 안내하거나 인도해야 할 외적 힘이 필요하다. 이를테면 벤이 음주운전을 하며 라스베가스로 가던 도중 중대한 교통사고를 일으켰다 치자. 그러면 프로베이션 시스템에 의해서 판사는 그를 치료감호소로 보내게 될 것이다. 그는 치료감호소에서 그웬과 같은 치료환경을 경험하게 될 것이고 거기에서의 경험을 긍정적으로 수용하는가의 여부에 따라 치유와 회복이 결정되게 될 것이다. 국가가 그에게 치유와 회복의 기회를 제공해 줌으로써 개인의 안녕을 도모해 주게 되는 것이다. 중독을 치료하려면 그 사람을 치료에 임하게 하는 외부적 힘이 필요하다. 국가나 사회가, 혹은 누군가가 외적인 힘으로 그를 치료 환경에 임하게 할 때 치료는 시작된다. 그 외적인 힘은 그웬의 경우처럼 프로베이션 시스템에 의한 국가의 강제명령일 수도 있고, 가족과 친지들의 강제입원일 수도 있으며, 눈물겨운 설득과 호소일 수도 있다. 중독 치료의 기적은 중독자가 누군가를 향해 도와주세요Help me!라고 외치는 순간 시작되기도 하는데 그것은 그가 인생의 맨 밑바닥에서, 고통 가운데서 날 좀 살려주세요! 날 좀 도와주세요! 하는 외침을 통해 시작되기도 한다. 중독자들은 이를 바닥을 쳐야 치유가 시작된다Bottom up!고 말한다.

그러므로 우리는 이 영화를 통해 중독은 치유환경을 통해 치료되는 것이라는 점을 알 수 있다. 환경이 중독을 치료하는 것이다. 이 말은 반대로 환경이 중독의 배경이 되고, 환경이 중독자가 양산되고 온존되는 원인이 될 수 있음을 의미한다. 중독은 개인의 문제이다. 그러나 다른 한편으로는 환경의 문제이다. 한 사람이 중독자가 되기까지는 수많은 환경적 요인이 존재한다. 이에 대해서는 적당한 때에 다시 살펴보기로 하고 여기서는 중독을 치료하는 환경에 집중하기로 하자. 앞장에서도 이야기 하였지만 오늘날 중독 치료와 회복이 가장 두드러지게 나타나는 곳이 AA와 치료공동체다. 치료공동체는 오늘날 중독치료의 선진국들에서는 중독치료 기관을 대표하는 대명사가 되었다. Therpeutic community의 앞글자를 따서 TC라고 부르기도 하는데, 너 TC 치료 받았냐? TC가봤냐? 라고 묻기도 하는 보통명사가 되었다. "치료환경"이란 중독자에게 치료의 동기를 제공하고 치료하겠다는 결심과 결단을 촉구하며, 그들을 있는 그대로의 모습으로 수용하고 지지하며, 그들이 자신의 참모습을 볼 수 있도록, 죄와 허물, 거짓과 가식, 죄책감과 수치심, 불안과 두려움 등의 부정적 감정과 실체를 직면하도록 도와주는 환경을 말한다.

이 영화는 주인공 그웬이 판사의 명령에 따라 치료환경이 잘 갖추어진 치료공동체에 입소하면서 전개되기 시작한다. 그리고 그 치유의 첫걸음은 자신이 알코올, 약물 중독자임을 시인하고 인정하는 것으로부터 시작된다. 입소 후 처음 며칠 동안 그웬은 혹독한 금단증상을 경험한다. 그리고 술과 약물에 대한 갈망으로 중독 물질을 구하기 위한 피눈물 나는 사투를 벌인다. 그러나 그 안에서 그는 중독 물질을 구하지 못하고 온몸과 마음으로 처절한 금단증상과 마주치게 된다. 그 끔찍한 금단의 고통을 겪어 보는 것이 그웬에게는 첫 경험이었을 것이다. 세상 가운데 있을 때에는 마음만 먹으면 술과 약물을 얼마든지 구할 수 있었기에 그 처절한 금단의 고통을 경험할 필요가 없었다. 아니 그 고통스런 금단현상을 겪지 않으려고 언제나 술과 약물을 사방에 숨겨놓거나 비치해두고 중독생활을 즐겼을 것이다. 그 끔찍한 고통을 겪으며 그웬은 중독의 실체를 알아간다. 그리고 같은 병을 앓고 있는 같은 처지의 동료들과 생활을 함께 하며 다양한 프로그램에 참가하면서, 그리고 동료들의 재발과 죽음을 목도하면서 자신도 그들과 다를 바 없는 중독자라는 사실을 인정하게 되고 중독의 무서움을 체득하게 된다. 이것이 치료공동체, 곧 같은 병을 앓고 있는 사람들의 동료공동체인 중독치료공동체의 탁월한 능력이다. 특히 대부분의 치료공동체는 운영진과 치료진이 중독자 출신의 회복자들이른바 Ex-abuser, 중독에서 벗어난 사람들로 구성되어 있기에 처음 입소한 중독자들이 자기 자신의 모습을 있는 그대로 받아들일 수 있는 최상의 조건을 제공한다. 그웬이 입소한 치료공동체의 원장이나 의사, 상담사 등 많은 스태프들이 회복자들로 구성되어 있는데, 이것이 치료공동체의 아주 중요한 강점이다.

치료공동체의 일상적 삶에 적응하면서 그웬은 치료를 향해 한발 한발 나아간다. 함께 하는 사람들을 동료로 받아들이고 가족과 같은 친밀감을 누리고 경험하며 우정을 쌓고 정을 나눈다. 처음 입소했을 때의 생각과 감정은 수정되고 교정된다. 나는 당신들과 달라. 나는 당신들과 같은 중독자가 아니야 라는 인식이 나도 당신들과 다를 바 없는 중독자라는 깨달음으로 변해 가며, 중독이 병이라는 사실을 깊이 깨달아간다. 중독은 수치스러운 그 무엇이 아니라 치료되어야 하는 병인 것이다. 중독이 수치스럽다고 느끼는 이유는 중독으로 인해 저질렀던 내 삶 자체가 수치스러웠기 때문이며, 내 존재 자체에 대해 수치스러워 하는 어린 시절 형성된 자기 인식이 마음 밑바닥, 무의식의 근저에 남아 있기 때문이다. 그런 의미에서 중독은 수치심의 치유요, 자존감의 회복이라고 말할 수 있다. 수치심을 치유하는 가장 좋은 방법은 수치를 무릅쓰고 수치를 드러내는 것이다. 중독의 치유를 수치심의 치유라고 할 때 그것이 어려운 이유는 수치를 많이 느끼는 사람에게 수치심을 드러내라는 요구가 실현되기 힘들기 때문이다. 수치로 똘똘 뭉쳐 있는 사람이 수치를 스스로 드러내는 것은 죽음보다 더한 고통으로 느껴진다. 누가 목숨을 걸고 자기 수치를 드러내려 하겠는가? 치료공동체는 수치를 온전히 드러낼 수 있는 안전한 환경을 제공한다. 그것은 수치를 먼저 고백하는 동료들의 모습에서 얻어지는 용기요, 우리가 다 같은 수치를 경험하고 있는 사람들 안에서 얻어지는 안전함이다.

세상에서는 똥 묻은 개가 겨 묻은 개를 뭐라고 하지만 치료공동체 안에서는 너나 나나 다 흠결이 있고 수치가 있으며 실수를 저지른 사람이라는 깊은 연대감이 서로를 수용한다. 그웬은 영화 속에서 성중독자 동료 에디비고 모텐슨의 고백에 힘입어 자기의 결정적 수치를 그에게 고백한다. 어린 조카를 차에 놔둔 채 술을 마시다 정신을 잃어 다음날에야 꺼내 준 사건, 가까운 친구의 애인을 가로채 놀아난 사건 등 자기의 수치를 고백한다. 그웬은 이런 수치를 고백하면 사람들이 날 싫어할 것이라 생각했기에 고백할 수 없었다고 말한다. 그러나 에디가 말한다. 누구나 다 실수할 수 있다고 당신은 좋은 사람이라고. 이 고백이 그웬을 회복의 길로 이끄는 동력이 된다. 그녀는 이제 수치심의 감옥에서 해방되어 자기 자신을 가리거나 은폐할 필요 없는, 술과 약물로 자신을 가릴 필요가 없는 새로운 회복의 삶을 향해 나아갈 수 있게 되는 것이다.

그웬이 중독에서 벗어나 회복으로 가는 결정적 계기는 언니 릴리엘리자베스 퍼킨스와의 화해를 통해서이다. 영화 말미에 언니 릴리가 두 번째로 동생 그웬을 면회하러 온다. 앞서 말한 바 있듯이 중독자들은 자신을 수치스럽게 여긴다. 이것은 중독자 가족들도 마찬가지다. 중독자 가족들도 중독과 중독자를 수치스럽게 여긴다. 그렇기에 가족들도 이 수치를 극복하는 것이 필요하다. 때때로 수치를 이기는 것은 사랑이다. 동생 그웬이 자기에게 전화해 아무 말도 못하고 전화를 끊을 때 언니 릴리는 동생을 향한 깊은 연민을 느낀다. 때론 침묵이 더 많은 진실을 담아 전달하기도 하고, 말로 표현할 수 없는 감정을 전달하기도 한다. 언니 릴리는 사랑과 연민의 마음을 가지고 두 번째 면회를 와서 자신의 생각과 감정을 그웬에게 정직하고 솔직하게 표현한다. 아버지는 없고 엄마는 알코올중독자였던 가정환경 속에서 언니로서 동생인 너를 내가 잘 돌봐주지 못했노라고. 너는 따뜻한 돌봄이 필요했는데 내가 그것을 네게 주지 못해서 미안했노라고. 너를 그저 골칫덩이라 여기고 비난했었노라고. 그래서 정말 미안하다고. 너는 사실 술 마실 때조차도 매력 가득한 아이였다고. 그런 너 자신을 바로 볼 수 있었으면 좋겠노라고. 언니의 말에 그웬이 눈시울 붉어지며 이렇게 답한다. 언니도 그 때 힘들지 않았느냐고. 언니도 똑같이 돌봄 받아야 하지 않았느냐고. 그리고 내가 언니 힘들게 해서 정말 미안하다고

… 그렇게 두 자매는 서로를 받아들이고 포용하면서 용서와 화해의 꽃을 피운다. 이제 과거가 그들을 더 이상 발목잡지 못한다. 중독으로 인한 상처와 오해, 원망이 그들을 지배하지 못한다. 이제 그들은 서로를 있는 모습 그대로 수용하면서 새로운 삶을 향해 나아갈 수 있게 되는 것이다.

중독과 치유에 대해 이 영화가 전하고자 하는 또 하나의 키워드를 정의하자면 그것은 교감과 소통이라고 말할 수 있다. 정직한 감정의 소통과 교류를 통해 그웬은 치료공동체 입소자들과 동료애를 느끼고 깊은 연대의식을 발전시킨다. 언니 릴리와 솔직하게 속마음을 털어놓고 주고받으며 옛 상처를 치유한다. 영화는 중간중간 말의 다리를 들어 올리는 치유 프로그램을 통해 교감과 소통이 중독 치유의 중심 주제임을 반복적으로 부각시킨다. 교감과 소통의 능력을 일상 속에서 증진시키기 위해 화초를 기르고 동물을 기르는 일을 권장함으로써 일상 속에서 치료와 회복을 지속적으로 도모하기 위한 방법을 제시한다.

알코올, 약물 중독자가 새로운 삶으로 나아간다는 것은 다시는 술 마시지 않고, 약에 취해 있지 않은 단주, 단약의 맑은 정신상태로 살아간다는 것을 말한다. 그러기 위해 감수해야 하는 뼈저린 고통은 익숙한 사람들과 결별하는 것이다. 술 권하는 관계와 문화를 등지는 것이다. 익숙했던 삶의 환경과 결별하는 것이다. 중독이란 익숙한 것으로 돌아가는 것이다. 회복이란 익숙한 것과 결별하는 것이다. 익숙한 것과 결별한다는 것은 얼마나 힘든 일인가? 중독자들은 그것을 안다. 그 결별의 고통, 그 감당 못할 버거움이란 … 영화 속 그웬은 그 일을 쿨하게 해낸다. 다른 중독자들도 이렇게 쿨하게 결별을 실행할 수 있으면 얼마나 좋을까? 실제는 훨씬 더 엄혹하다. 수많은 중독자들이 이 관문을 넘지 못하고 익숙한 사람, 익숙한 환경으로 돌아간다. 그리고 재발한다. 어둠과 고통의 삶이 재현되고 되풀이된다. 모든 중독의 뿌리, 기저에는 사람에의 의존이 있다. 어떤 관계는 끊어야 하고, 어떤 관계는 교정되어야 한다. 영화 속 그웬은 단주, 단약 생활의 지속을 위해 남자친구를 끊어 버린다. 술 마시던 옛 사람들과 생활습관과 결별한다. 회복으로 나아가는 평탄한 길이 열렸다!

회복으로 가는 길은 홀로 가는 길

중독은 가족병이다. 가족 안에서 중독이 시작되었다는 점에서 그렇고, 가족이 함께 치료되어야 한다는 점에서도 그렇다. 중독자가 있는 집에서는 흔히 이런 말이 오간다. "우리 집에서는 너만 문제야. 너만 잘하면 돼." 정말 그럴까? 이 말은 한편으론 진실이지만 한편으로는 아니다. 중독은 그렇게 단순하고 만만한 문제가 아니다. 참으로 오묘하고 복잡하다. 이것인가 하면 저것이고, 저것인가 하면 이것이다. 2008년작 영화 「레이첼 결혼하다」는 중독의 오묘함과 복잡 미묘함을 앤 헤서웨이의 연기를 통해 제대로 풀어낸 수작이다. 감독 조나단 드미는 〈양들의 침묵〉으로 아카데미 5개부문 상을 수상한 바 있는 거장으로 그의 능력을 이 영화를 통해 다시 한번 증명하였다. 여주인공 앤 헤서웨이는 이 영화로 그해 미국비평가협회, 시카고비평가협회에서 여우주연상을 수상하였고, 아카데미 여우주연상에 노미네이트 되기도 하였다. 뉴욕비평가협회에서는 각본상을 수상하였다. 조연을 맡았던 로즈마리 드윗도 토론토비평가협회와 국제비평가협회에서 여우조연상을 수상하였다.

마약중독으로 치료공동체에 입소해 9개월째 치료 중인 킴앤 헤서웨이은 언니 레이첼로즈마리 드윗의 결혼식에 참석하기 위해 외박 허가를 받아 집으로 돌아온다. 이 영화는 언니 레이첼의 결혼식 전후 며칠 간의 이야기를 다루고 있다. 이 영화는 중독자가 있는 집안에서 큰일, 이를테면 영화에서처럼 결혼식과 같은 일이장례식도 그에 해당할 것이다 일어날 때 가족 성원 각자가 느끼는 미묘하고 섬세한 감정들을 포착해 영상에 담아내고 있다. 영화제목 〈레이첼 결혼하다〉로는 이 영화가 어떤 영화인지 도저히 가늠하기 어렵다. 이 영화가 전하고자 하는 메시지는 "가족이란 무엇인가, 어떠해야 하는가?"에 있음은 어렵지 않게 짐작할 수 있다. 그러나 그 메시지에 대한 답은 결코 쉽고 단순하지 않다. 감독이 이 영화를 통해 그 답이 쉽고 간단하지 않음을 전하려고 했다면 그 의도는 달성되었다고 할 수 있다. 해피엔딩도 아니고 새드엔딩도 아니게 영화는 끝난다. 가족은 스위트홈Sweet home을 꿈꾸지만 비터홈Bitter home이 여전히 그들의 현실이기 십상이다.

영화 내내 카메라는 마치 홈비디오를 찍듯이 핸드헬드handheld 방식으로 주인공 킴을 추적한다. 앤 헤서웨이는 짙은 화장 뒤에 가려진 회복 중인 약물중독자의 불안하고 초조한 심리를 완벽하게 표현해 낸다. 핸드헬드 방식의 촬영으로 인해 화면은 끊임없이 흔들리는데 이는 보는 관객들을 주인공 킴의 불안한 심리와 동화시킨다. 불안은 긴장과 불편을 유발한다. 서스펜스 영화나 호러 영화라면 그 긴장은 쫄깃한 흥미를 가져다 줄 것이다. 그러나 약물중독자와 함께 하는 불안은 불필요한 긴장이다. 그것은 그와 함께 있는 이들, 심지어는 그들의 모습을 영화로 보는 관객들마저 불편을 느끼게 만든다. 킴이 보이고 있는 표정과 말투, 행동에서 곧 터질 것만 같은 긴장과 불편함을 관객들이 느낀다면 이 영화는 제대로 만든 것이다. 그 상태가 중독자가 있는 가정의 일상의 모습이기 때문이다. 그 불안의 근거는 재발의 위험 때문이다. 중독자들은 언제 터질지 모르는 폭탄과 같다. 그 폭탄이 터지지 않게 뇌관을 제거해야 하고 그러려면 폭탄에 손을 대야 하는데 어떻게 손을 대야 할지 모르는 상태라고나 할까. 언제 터질지 모르는 예측 불가능성이 불안의 한 축이라면 사소한 요인으로도 쉽게 터질 수 있다는 폭발의 민감성 또한 불안 유발의 기저 원인이 된다.

인간이 가장 싫어하고 견디기 힘들어 하는 감정의 하나는 불안이다. 그래서 어떻게든 불안의 감정을 소거해버리거나 묻어버리려 한다. 킴이 집으로 돌아왔을 때 가족들은 그 불안을 직면한다. 그리고 자신들의 불안을 킴에게 투사한다. 그것은 의식적이라기보다는 무의식적이다. 아빠 폴 빌 어윈의 투사는 킴을 지나치게 보호하는 행태로 나타난다. 그렇게 해야 자기의 불안이 감소되기 때문이다. 그러나 큰 딸 레이첼은 이런 아빠의 모습이 싫다. 결혼식의 주인은 자기인데 아빠의 시선은 줄곧 킴을 향한다. 그것은 비단 지금 한순간의 모습이 아니라 오랜 시간 이어져 온 아빠의 대처방식이었다. 오랫동안 아빠에게 느껴온 레이첼의 소외감과 상실감이 킴의 등장과 함께 표출되기 시작한다. 킴의 등장은 결혼식을 준비하는 레이첼에게 불안이 되고 위협이 된다. 킴이 레이첼로부터 무의식적으로 전달받는 메시지는 이런 것이다. '나는 네가 가져온 불안이 싫어. 네가 없어졌으면 좋겠어. 어떻게 좀 해 봐. 우리가 너를 믿을 수 있도록.' 킴은 가족들에게 내면 깊숙한 곳으로부터 외친다. '날 좀 믿어 주면 안 돼? 날 있는 그대로 받아들여 주면 안 돼? 왜 나를 그런 불안한 시선으로 보는 거야. 숨이 막혀.' 중독자가 있는 가정은 따뜻하고 안정된 스위트홈이 아니다. 그 곳은 내면과 내면이, 무의식과 무의식이 보이지 않는 긴장과 갈등 속에 날을 세우고 있는 전쟁터이다. 겉으로는 언니의 결혼식이라는 가족의 큰 축제가 준비되고 있지만 이들 가족의 내면은 혼란스럽고 불안하다. 외적 상황과 내적상황이 분열되어 있다. 그래서 가족들은 하나가 되지 못한다.

술이나 약물을 끊고 있을 때 중독자들에게는 금단증상이 나타난다. 술이나 약물을 끊은 직후 30일 정도는 매우 극심한 고통으로 나타나지만 이 시기가 지나면 만성적 금단현상으로 나타난다. 그것이 단주, 단약생활을 한 지 9개월이 지났음에도 여전히 킴이 불안과 초조의 감정상태를 보여주는 이유이다. 중독자들이 온전한 회복생활로 들어가기 위해서는 감정적 취약상태, 곧 감정적 벌너러빌러티vulnerbility 상태를 극복해야 한다. 의학적 차원에서 이 용어는 뾰루지 같은 종기가 탱탱하게 성이나 있는 상태를 말한다. 옷깃만 스쳐도, 바람만 스쳐도 통증을 느끼는 지극히 민감한 상태를 말하는데 중독자들의 정서 상태가 이와 같다는 것을 뜻하는 용어로 중독치유영역에서 사용되고 있다. 〈라스베가스를 떠나며〉에서 니콜라스 케이지가 알코올중독자들의 피폐해 가는 모습을 리얼하게 보여준 것처럼, 앤 헤서웨이는 이 영화를 통해 벌너러블한 상태에 있는, 언제 터질지 모르는 일촉즉발의 정서적 불안상태에 있는 회복 중인 중독자의 모습 - 과장되어 있고, 들떠 있고, 돌발적이고, 가변적이며, 예측 불가능하고, 충동적이며, 감정 기복이 심하고, 부정적이며, 시니컬한 - 을 실로 리얼하게 그려내고 있는데 그것이야말로 중독 치료적 관점에서 이 영화가 기여하는 가장 큰 유익이라 하겠다.

　중독자가 있는 집은 겉으로는 여느 가정과 다를 바 없이 그럴듯해 보이기도 한다. 그러나 재발의 위험성으로 인한 불안의 정서가 깊고 넓게 깔려 있다. 그리고 그 불안의 정서 더 깊은 곳에는 그들이 묻어 두고 있는 가족 내 상처가 있다. 때때로 그 상처는 중독의 원인이 되기도 하고, 중독을 강화시켜 주는 요인이 되기도 한다. 겉으로 드러나지 않은 채 감추어진 이 가정의 상처가 서서히 드러나기 시작하면서 이 영화는 클라이막스를 향해 치닫는다. 사람의 마음속에 감추어둔 것은 반드시 드러나기 마련이다. 가족들의 일차 관심사가 겉으로는 킴의 재발 여부에 집중되어 있는 듯 보이지만 더 깊은 곳에서는 가족이 공유하고 있는 상처가 결혼식이라는 기쁨의 축제를 준비하는 과정에 드리워 있다. 가족 중에 누군가가 그 기쁨의 축제에 함께 하고 있지 못하다면 그 슬픔과 아픔이 배가된다. 눈에 보이는 것이 다가 아니다. 지금 이 자리에 없는 부재한 그 존재가 이 자리에 있는 남아 있는 사람들을 지배한다. 이 자리에 없는 그는 누군가? 그는 킴이 약물에 취한 상태에서 운전 부주의로 사망에 이르게 한 막내아들 에단이다. 그 막내아들이, 그 남동생이 이 가족의 마음속에 살아서 여전히 영향을 미치고 있는 것이다. 가족 불행의 당사자인 킴은 나 때문에 동생이 죽었다는 자책감을 떨쳐버리기 힘들다. 가족들은 너 때문에 우리 아들이, 동생이 죽음에 이르렀다고 킴을 비난한다. 어떤 비난은 명시적이기도 하지만 어떤 비난은 암묵적이다. 죽은 아들을 그리워하며 그 아들의 유품을 버리지 못하는 아버지 폴빌 어윈의 모습은 암묵적이다. 그러나 "네가 동생을 죽였잖아." 라고 말하는 언니 레이첼의 말은 명시적인 비수가 되고 칼날이 되어 킴의 마음을 후빈다.

언니 레이첼과 한바탕 말싸움을 한 후 화가 치밀어 오른 킴은 친엄마 아비, 데보라 윙거를 찾아간다. 그리고 다짜고짜 따져 묻는다. 왜 약물중독자인 자기에게 어린 동생을 돌보게 했느냐고. 친엄마는 말한다. 그냥 네가 동생하고 친했으니까 맡긴 것이라고. 똑같은 말을 서로 반복적으로 주고받던 모녀는 급기야 감정이 폭발하여 엄마가 딸의 뺨을 후려치고, 이에 격분한 딸이 엄마를 똑같이 후려치는 사태에 이르게 된다. 킴은 엄마의 집을 뛰쳐나와 극심하게 고양된 상태에서 차를 몰다가 지난날 동생을 죽음으로 몰고 갔던 그 길에서 비슷한 형태의 도로 이탈사고를 낸다. 다행히 몸에 큰 상처를 입지 않은 킴은 다음날 얼굴이 엉망이 된 채 집으로 돌아온다. 이 영화가 해피엔딩이 되려 했다면 킴이 친엄마를 만나는 장면의 연출이 달라져야 했을 것이다. 요동치는 감정을 안고 자기를 찾아온 킴을 친엄마 아비가 따뜻하게 안아주면서 힘들어했을 딸의 마음을 알아주기만 했더라면 이 영화는 해피엔딩으로 끝날 수 있었을 것이다. 그러나 친엄마 아비는 그렇게 하지 않았다. 그리고 결혼식 자리를 일찍 떠나면서 내면의 차가움을 거두지 않는다. 그것은 아마도 엄마 아비의 상처가 여전히 작동되고 있기 때문일 것이다. 그 상처는 사랑하는 아들 에단의 죽음에 대한 것이기도 하고 혹은 그 이전부터 있었던 아비 자신만의 상처, 내가 아들을 죽였다는 죄책감 때문일 것이다.

이 영화에서 중독으로부터의 치유를 시사하는 유일한 장면은 엉망인 몰골로 집으로 돌아온 킴을 언니 레이첼이 목욕시켜주는 장면이다. 그 따뜻한 돌봄이 킴이 원하던 그것이다. 영화의 처음부터 킴의 시선과 관심은 친엄마에게 집중된다. 엄마는 왔어? 언제 온데? 어딨어? 등등. 이에 비해 아빠 폴의 관심은 온통 킴에게 집중되어 있다. 킴 어딨니? 킴 왔구나? 맛있는 거 줄까? 등등. 그러나 킴은 아빠의 관심을 감시와 통제라고 느낀다. 킴이 갈망하는 것은 엄마의 따뜻한 품이다. 그러나 엄마는 끝까지 킴에게 곁을 주지 않는다. 그 곁을, 따뜻한 품을 킴은 자기를 목욕시켜 주는 언니 레이첼에게서 느낀다. 언니 레이첼은 킴을 목욕시키면서 동생 킴의 어깨 등에 새겨진 문신에서 동생 에단의 이름을 발견한다. 동생 킴은 죽은 동생 에단을 자기 몸에 새기고 마음에 품고 그 죄책감으로 괴로워하며 살고 있음을 확인하는 것이다. 거기서 둘은 화해한다. 그리고 하나가 된다. 결혼식 피로연이 진행되는 동안 킴은 홀로 나와 종이 촛불 배를 띄워 보낸다. 마음속 깊은 곳에 남아 있던 동생 에단을 떠나보내는 것이다. 애도해 보내는 것이다. 죽은 사람을 애도해 떠나보내지 못함이 종종 가족 문제와 인간 문제, 중독의 원인이 되는 경우가 있다. 언니의 결혼식에서 우여곡절을 겪은 끝에 킴은 중독치유의 귀중한 전기를 마련한다. 그의 마음, 그의 영혼을 사로잡고 있던 죽은 동생 에단을 애도해 떠나보냄으로써 회복으로 가는 전기를 마련하게 된 것이다.

중독 치료적 관점에서 이 영화를 통해 얻을 수 있는 유익 중 하나는 회복으로 가는 길은 결국 홀로 가는 길이라는 점이다. 회복에 대한 궁극적 책임은 중독자 그 자신에게 있다. 온전한 치유를 위해 가족치유가 병행되는 것이 이상적이기는 하지만 모든 가족이 그런 기회를 부여잡는 것은 아니다. 그리고 가족치료에 임했다고 해서 모두 다 좋은 결과를 얻는 것은 아니다. 이 영화속에서 재발할 만한 여러 정황이 있었으나 킴은 끝까지 재발하지 않았다. 그리고 맨정신으로 치료공동체로 복귀한다.

그럼에도 불구하고 가족 내 중독자의 치유를 위해 가족상담과 치료가 중요하다는 사실은 아무리 강조해도 지나치지 않는다. 중독치료 전문가가 이 가정에 개입하였다면 상황은 훨씬 호전되었을 것이다. 킴의 중독을 치유하기 위해서는 헬퍼 역할을 하는 아버지의 역할이 조정되어야 하며, 모성 결핍에 시달리는 킴의 결핍감이 친엄마의 변화를 통해 해소되어야 한다. 그리고 온 가족이 모여 정직하고 진실하게 자기의 본마음을, 감정과 생각을 소통하는 시간이 필요하다, 언니 레이첼이 심리학 전공자이긴 했어도 중이 제 머리 깎지 못하듯이 중독 문제의 해결을 위해서는 외부 전문가의 도움이 절대적으로 필요하다. 전문가의 도움 없이 가족들이 저마다 마음에 상처를 품고 각기 제 갈 길을 갈 때 이 가족이 마음을 열고 소통하여 하나가 되는 일은 결코 쉽게 일어나지 않는다.

영화 〈28일 동안〉에서 그웬이 28일 이라는 짧은 기간의 교육과 상담, 훈련을 통해 회복으로 들어서는 것을 이야기하면서 그것이 실제적 현실을 반영한 것은 아니라고 이미 말한 바 있다. 〈라스베가스를 떠나며〉에서 속절없이 죽음으로 끌려가던 벤의 모습이나 〈레이첼 결혼하다〉에서 9개월 동안 치료공동체에 입소해 있으면서도 여전히 마음의 평안을 찾지 못하고 불안과 초조감 속에서, 마음 깊은 곳에는 죄책감을 끌어안고 여전히 일촉즉발의 재발 위험 앞에서 살아가고 있는 킴의 모습이 훨씬 중독자들의 삶의 실제에 가깝다는 사실을 명확히 할 필요가 있다. 회복으로 가는 길은 긴 시간을 요하는 인내와 끈기의 여정이다.

이 영화는 약물중독자 킴의 이야기를 다루면서 킴이 왜 중독자가 되었는지에 대해서는 충분한 단서를 제공해 주지 않는다. 남동생 에단을 죽게 만든 비극적 사건은 이미 킴이 약물중독 상태에서 일어난 결과였고, 킴의 중독을 강화시켜준 사건이었지 킴이 약물중독에 이르게 된 근본원인은 아니었다. 이제 우리는 다음 영화를 통해 중독의 근본 원인이 어디에 있는지 찾아보기로 하자.

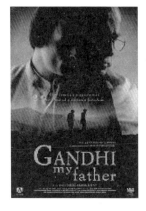

강자의 이면에 있는 약자 이야기

중독의 근본원인이 어디에 있는지 알기를 원하는 사람들은 페로즈 압바스칸이 감독하고 악쉐이 칸나하릴랄 간디, 다르샨 자리알라모한다스 차람찬드 간디, 마하트마 간디, 셰팔리 샤카스트루바 간디, 부미카 차올라굴랍 간디등이 출연한 2007년 작 인도 영화 「간디, 나의 아버지」를 보라. 이 영화는 2007년 아시아태평양 스크린 어워드에서 각본상을 수상하였고, 도쿄국제영화제에서 셰팔리 샤가 여우주연상을 수상하였다.

우리에게 잘 알려진 간디에 대한 영화는 리처드 에튼버러가 감독하고 벤 킹슬리가 간디로 열연한 1982년작 〈간디〉일 것이다. 제55회 아카데미 시상식 작품상, 감독상, 남우주연상, 각본상, 미술상, 촬영상, 의상상, 편집상을 수상하였고, 음악상, 음향상, 분장상에 노미네이트 되었다. 다른 강력한 수상 후보작이었던 스티븐 스필버그 감독의 〈E.T.〉를 제치고 최우수 작품상을 거머쥐었고, 〈블레이드 러너〉를 제치고 미술상을 수상하였음을 보면 이 영화가 얼마나 대단한 평가를 받은 영화였는지 알 수 있다. 이 영화에 비해 오늘 우리가 살펴볼 〈간디, 나의 아버지〉는 그 평가가 〈간디〉에 미치지 못한다. 그러나 영화 외적인 측면, 중독과 회복이라는 측면에서 기여하는 바는 비교할 수 없다. 더 나아가 이 영화를 통해 우리는 인간이란 누구인가? 진정한 행복이란 무엇인가? 가족이란 무엇인가? 라는 인류의 오랜 질문에 대해 〈간디〉에서 제시하는 것과는 결이 다른 또다른 답을 얻게 된다. 인생에 정답이 하나뿐인 것은 아니다.

20세기 가장 위대한 인물 중 하나로 간디를 꼽을 때 반대할 사람이 있을까? 인도 건국의 아버지로 추앙받고 있으며 살아 있는 성자의 소리를 들었던 모한다스 차람찬드 간디의 이면에 알코올중독자였던 아들 하릴랄 간디가 있었다는 사실을 아는 사람은 몇이나 될까? 거의 없을 것이다. 이 영화는 아버지 간디의 일생과 아들 하릴랄의 일생을 병행해 보여줌으로써 한 위대한 인물의 일생과 한 알코올중독자의 일생이 한 가족 안에서 동일 시간 속에 이루어진 일이었음을 증거해 준다. 간디와 같은 위대한 아버지 밑에서 하릴랄과 같은 비참한 알코올중독자 아들이 나왔다! 그 사실을 전해주는 것만으로도 이 영화는 그 가치를 다했다고 볼 수 있다. 그 사실로부터 우리는 모든 인간에게는 외면적인 삶 저편에 이면의 삶이 있다는 것을 알 수 있고, 모든 인간은 불완전하다는 사실을 깨닫게 된다. 어떤 사람이나 일, 공과를 논할 때 외면과 이면을 공히 잘 알고 논해야 하는 신중함을 배우기도 한다. 오히려 이 이면의 이야기를 통해 우리는 성자 간디가 아닌 인간 간디를 만나기도 한다. 그리고 위대한 일이 일어나기 위해 누군가의 희생이 뒤따르게 된다는 인생 진리의 한 단면을 엿보게도 된다. 비참한 삶을 살다간 알코올중독자 아들 하릴랄 간디는 아버지 간디의 신성한 위업을 이루기 위해 인도의 역사 위에 바쳐져야 했던 거룩한 희생제물이었다. 비단 하릴랄의 경우만이 아니라 존재하는 모든 중독자들도 알고 보면 누군가의, 무엇인가의 희생양이었다는 사실도 잊지 말도록 하자. 하릴랄은 그러므로 인류 역사 속에서 누군가의, 무엇인가의 희생제물로 중독자가 된 수많은 이들의 표상이다. 중독자들과 함께 이 영화를 보고 소감을 나눌 때 중독자들에게 간디는 더 이상 '위대한 간디'가 아니다. 중독자들에게 이 영화 속 간디는 그가 아무리 위대한 업적을 인도를 위해, 인류를 위해 쌓았다 할지라도 그저 나쁜 아버지, 자기 야망을 위해, 비록 그것이 숭고한 것이었다 할지라도 자기 아들을 희생시킨 불완전한 아버지에 불과하다. 그러나 깊은 눈으로 바라보면 아버지 간디 역시 중독 그 자체의 뼈저린 피해자였다는 사실도 깨달을 수 있다. 중독은 중독에 걸린 그 당사자뿐만 아니라 그 주변에 있는 모든 이들의 삶을 초토화시키고 아픔을 부가한다.

영화의 시작과 끝은 아들 하릴랄이 알코올중독에 걸린 노숙자가 되어 역전에 쓰러져 있다가 다 죽게 되어 병원으로 실려 오는 장면으로 시작한다. 그리고 마지막 장면은 아버지 간디가 암살당한 후 국민장으로 화장하는 장면과 아들 하릴랄이 병원에서 죽는 장면으로 끝난다. 실제로 아버지 간디는 1948년 1월 30일 사망하였고, 아들 하릴랄은 그로부터 4개월 후 1948년 6월 18일 사망하였다. 이 영화는 하릴랄의 청년시기인 1906년부터 그가 죽은 1948년 사이의 그의 삶과 아버지 간디의 삶을 다룬다. 이 기간 동안 아버지 간디는 인도 건국의 아버지로, 인류의 스승으로, 살아있는 성자로 추앙받으며 높아져 간다. 그러나 아들 하릴랄은 정반대로 끝없이 추락하고 추락하여 노숙자가 되고 알코올중독자가 되어 비참한 최후를 맞이하게 된다. 이 영화는 아들 하릴랄이 중독자가 된 원인이 아버지 간디에게 있음을 반복적으로 부각시킨다. 아버지 간디는 아들 하릴랄에게 자기의 꿈과 이상을 투사한다. 그때 하릴랄은 아들이 아니라 아버지의 이상의 실현자요 동반자가 된다. 그러나 하릴랄의 꿈은 거창한 그 무엇이 아니라 지극히 소박한 것, 아버지의 아들이 되는 것이다. 그는 아버지의 관심과 따뜻한 사랑을 갈구하면서 기회가 되면 영국으로 유학 가서 아버지와 같은 변호사가 되고 싶은 꿈을 가지고 있을 뿐이다. 그러나 이미 그 길을 지나 온 아버지 간디는 자기가 성취한 그 너머의 꿈과 이상으로 아들을 불러 세우고 그 길에 아들이 동참하기를 원한다. 아버지와 아들은 서로 다른 내적 지향과 욕구를 가지고 있고 그것이 장차 올 갈등과 파국을 예비한다. 엄마는 이 둘의 욕구를 잘 알고 있지만 현실적으로 이 둘 사이의 갈등을 중재하지 못한다. 거기서 중독은 배태된다.

이 갈등이 잠복해 있을 때 아버지와 아들을 결정적 균열로 몰고 가는 사건이 발생한다. 아버지 간디에게 꼭 아들의 장학금으로 써달라는 목적성 후원금이 도착했을 때 간디는 그 후원자를 오히려 역으로 설득해서 그 장학금을 아들이 아니라 다른 아이들을 위해서 쓸 수 있도록 승낙을 받고 그 장학금을 아들 하릴랄이 아닌 다른 조카에게 주고 만다. 거기서 하릴랄은 마음에 큰 상처를 입는다. 그 일은 한 번이 아니다. 똑같은 일이 또 다시 발생한다. 영국에 유학보냈던 조카가 학업을 포기하는 일이 생겼을 때 아버지 간디는 아들 하릴랄의 간절한 요청을 무시하고 다른 가난한 집 아이를 대신 유학 보내 공부를 시킨다. 그 두 번의 사건으로 하릴랄은 그 자신의 표현대로 "날개를 꺾인다." 그도 아버지처럼 공부해서 날고 싶었지만 아버지가 그 날개를 무참히 꺾어버린 것이다. 그리고 그것이 아들 하릴랄이 아버지를 평생 멀리하고 떠나며, 심지어는 아버지의 반대편에 서서 배신과 저항에까지 이르는 심리적 근원이 된다. 아버지는 나를 더 이상 사랑하지 않고, 나의 필요를 채워주지 않으므로 아들 하릴랄도 더 이상 아버지를 사랑하지 않고 아버지를 멀리하며, 아버지의 훼방자가 되기에 이른 것이다. 아버지가 자신을 대한 것만큼 그대로를 아버지에게 되돌려주는 인생을 살아가게 되는 것이다.

평생의 한두 번 하릴랄이 아버지의 뜻에 순응하여 아버지의 투쟁에 함께 함으로 두 사람 사이에 행복이 감도는 시간도 있었지만 그것은 일시적인 순간이었을 뿐이었다. 간디의 아들로 살아갈 때 그의 외면적 삶은 비록 힘든 투쟁과 고난의 길이었지만 괜찮아 보이는 인생이었다. 그러나 그의 내면은 끊임없이 간디의 아들이 아닌 그 자신이 되기를 꿈꿨고, 그 자신이 '간디의 아들'로 불리는 것뿐만 아니라 그의 아버지 간디도 '하릴랄의 아버지 간디'로 불리기를 꿈꿨다. 그러나 평생 그는 '간디의 아들'이었을 뿐 진정한 자기 자신이 되어보지 못했다. 세상은 하릴랄을 오직 간디의 아들로 보았고 그것을 그들의 목적을 위해 이용했다. 세상 사람들에게 그는 오직 간디의 아들일 때만 효용이 있었다. 또 어떤 때는 그가 저항자 간디의 아들이라는 이유 때문에 그가 하고자 하는 일이 영국 당국에 의해 거부당하기도 하였다. 그는 공부하고자 했으나 번번이 낙방했고, 사업을 하고자 했으나 번번이 실패했다. 세속에 밝은 이들에게 유혹당하여 간디의 아들이라는 이름을 걸고 큰 사업을 펼쳤으나 이 또한 망하여 감옥에 가는 일을 겪기도 한다. 이 와중에 남편에게 실망해 친정으로 떠나간 아내가 콜레라에 걸려 사망하는 일이 발생한다. 이제 술이 아니고는 그 자신이 견딜 수 없는 삶의 정황에 놓이게 되고 그때부터 그는 급속히 알코올중독으로 빠져들게 된다. 아버지의 관심과 사랑, 지지와 후원, 격려와 칭찬, 인정과 수용, 이런 것들을 받고 자라지 못한 아들의 내면은 허약하고 취약하기 마련이다. 스스로 자기 삶을 개척하고 꾸려나갈 힘과 에너지가 부족하기에 남에게 쉽게 의존한다. 아버지로부터 인생을 차분히 안내받지 못한 아들은 세상 물정에 어둡다. 결국 빚쟁이가 되어 쫓기는 자가 된 하릴랄은 아버지의 정적인 이슬람 지도자들의 회유를 받아들여 힌두교에서 이슬람교로 개종하기에 이르고 아버지 간디와 대립하기에 이른다. 엄마 카스투르바 간디의 간절한 호소로 다시 힌두교로 돌아오기는 하지만 알코올중독에 깊이 빠진 그는 그 늪에서 더이상 빠져나오지 못한다. 결국 하릴랄은 부모와 자기 자식들이 있는 아버지의 집을 떠나 떠돌이 노숙자가 되고 길 위에서 생을 마감한다.

모든 중독의 뿌리, 근원에는 아버지와의 관계가 있다. 대부분의 중독자들은 아버지와의 관계에 문제가 있다. 사랑과 신뢰, 친밀한 관계가 아니다. 아버지와의 관계는 멀고 아들은 아버지를 두려워한다. 그리고 눌려 있다. 온 세상을 향해 무저항 비폭력 평화 운동을 펼치고 불가촉천민의 인권을 위해 평생을 바친 평화의 성자 간디를 아들 하릴랄은 평생 무서워했다. 아버지는 불의한 세상에 저항했으나 아들은 아버지에 저항했다. 영화 중간에 아내와 함께 전국 순회 강연 중인 간디 부부에게 집 나간 노숙자 아들 하릴랄이 초췌한 모습으로 손에 과일을 들고 나타나는 장면이 있다. 길거리 노점상에서 얻은 과일 한 알을 엄마에게 건넬 때 간디가 아들에게 묻는다. 아들아 내게는 무엇을 주려느냐고. 나를 위해서는 무엇을 가지고 왔느냐고. 그러자 아들이 대답한다. 아버지에게는 줄 것이 없다고. 이것은 엄마를 위한 것이라고. 아버지는 이미 이 많은 사람들의 환호를 받고 계시지 않느냐고. 아버지를 향한 아들의 원망은 신랄하고 그 보복은 처절하다.

이 영화의 마지막 장면은 간디의 죽음이 TV를 통해 전 인도에 전파되는 순간을 그려낸다. 아들 하릴랄은 어느 식당에서 그 소식을 전해 듣는다. 그 소식이 전해지자 식당 주인은 가게 문을 닫겠으니 손님들에게 나가라고 말한다. 오늘 영업은 끝났다고. 그리고 비탄에 잠겨 말한다. 나의 아버지가 돌아가셨다고. 이제 나는 고아와 다를 바가 없다고. 그 자리에 하릴랄이 함께 있었다. 그러나 그의 눈은 초점을 잃었고 그의 얼굴에는 아무런 변화가 없다. 간디, 그는 인도 모든 국민의 아버지였으나 아들 하릴랄의 아버지는 아니었다. 자기 아버지의 죽음으로 인도 국민들이 내 아버지를 잃었다고 슬퍼하며 울 때, 정작 친아들인 아들 하릴랄은 아무런 감정을 느끼지 못한다. 그에게 남아 있는 것은 다 타버려 재가 되어 버린 마음, 무감각의 텅 빈 공허뿐이다. 이것이 중독이다. 이것이 중독의 인생이다!

이 영화를 통해 우리는 강자의 이면에 있는 약자의 이야기에 주목하게 된다. 강자의 이면에 가려져 있던 약자가 들려주는 이야기는 아들 하릴랄이 들려주는 이야기의 가치는 우리가 간디에 대해 듣고 배워 알고 있는 것과는 확연히 다르다. 그 가치는 결코 작고 가볍지 않다. 그것은 아버지 간디의 인생이 들려주는 것만큼이나 가치 있고 소중하며 묵직하다. 가장 약한 것 안에도 가장 소중한 것, 우리가 귀담아 들을 만한 그 무엇이 담겨 있는 법이다.

위대한 성자 간디의 아들이 알코올중독자였다는 사실로부터 자녀들이 중독자가 되어 고통을 겪는 많은 부모들은 위로를 얻을 수 있다. 모든 인간은 불완전하며 전혀 원치 않고 의도하지 않은 인생의 쓴 열매가 맺힐 수 있음을 받아들이게 된다. 너무 큰 자책감에 괴로워하지 않아도 된다. 간디조차 그 뼈아픈 고통을 경험했거늘 나 같은 범부의 삶인들 오죽하리요 하는 위안 말이다.

중독에 빠진 자녀들로 인해 고통 받고 있는 부모들은 이 영화를 통해 도움을 받을 수 있다. 부모들은 언제, 어디서나 자녀의 말과 욕구에 귀 기울이고 들어주어야 한다. 그것이 부모들이 해야 할 역할이고 사명이다. 부모의 뜻과 이상을 자녀에게 투사하고, 자신의 뜻대로 자녀들이 살아가도록 그들을 조종하고 압박하는 것이 아니라 자녀들의 요구에 귀 기울이고 그들이 원하는 것을 이루어 주는 부모가 되어야 한다. 자녀들에게는 그들의 인생이 있는 것이며, 그것은 존중되어야 한다.

중독자들은 내가 중독이 된 원인이 가족 안에 있음을 알고 이를 찾아내어 치료받을 수 있다. 부모, 특히 아버지에 대한 미움과 원망, 적대감을 해소해야 한다. 엄마에게 의존되고 편향되어있는 마음을 치료받아야 한다. 그리고 누군가에게 도움을 요청해야 한다. 외부의 도움 없이 중독을 홀로 치료하는 것은 불가능하다. 깨어진 관계를 회복하는 것이 중독 치료의 핵심이란 것을 잘 알고 이를 실현해야 한다. 그것은 이루어내면 좋고 아니면 말고의 문제가 아니다. 그것은 사느냐 죽느냐의 문제요, 인간답게 사느냐 마느냐의 문제이다.

　이 영화를 통해 중독의 치료는 빠를수록 좋다는 것을 이해하고 받아들이게 된다. 아버지 간디가 아들 하릴랄을 있는 그대로의 모습으로 받아들이고 그를 일찍 치료받게 했더라면 아들의 일생은 전혀 달라졌을지도 모른다. 젊은 시절 간디의 이상은 너무 높고 숭고한 것이었기에 그 안으로 아들을 끌어놓기에 급급했다. 그러나 아들이 본격적으로 중독에 빠져든 이후, 모든 것을 바로잡으려 했지만 그때는 이미 너무 늦었다. 중독에 사로잡힌 아들을 간디는 더 이상 통제할 수도, 가르칠 수도, 훈계할 수도, 질책할 수도, 설득할 수도 없었다. 간디가 만일 자기의 모든 인생의 이상과 소명을 내려놓고 아들과 함께 있기로 결정하였더라면 아들은 치료될 수 있었을 것이다. 치료란 그런 것이다. 누군가가 모든 것을 걸고 그 한 사람을 중독자를 위해 희생할 때 치료의 가능성은 열리기 시작한다. 사실 알고 보면 아들 하릴랄은 아버지 간디의 이상의 희생양이요, 식민지 인도 국민들을 위한 독립의 희생양이 아니었던가! 그러나 그때, 중독이 치료받아야 하는 병이라는 것을 간디는 알지 못했을 것이다. 중독이 치료받아야 하는 병인 것을 인류가 알아차리고 적절히 대응하기까지 얼마나 긴 세월이 흘러야만 했던지 … 그것은 1939년 미국에서 AA 모임이 태동하면서부터 시작되었다.

사랑하는 사람을 업고 간다는 의미

중독의 문제를 다루는 데 있어 가족 내 최우선 순위는 말할 것도 없이 부부체계다. 가족은 체계로 존재한다. 부모-자식 체계가 있고, 형제-자매 체계가 있다. 그리고 이 체계의 중심에 부부체계가 있다. 부부체계는 가족 내 다양한 체계의 중심체계로서 여타 체계에 가장 큰 영향을 미친다. 건강한 가족의 중심에는 건강한 부부관계가 있다. 부부가 서로 사랑하고 신뢰하는 관계를 이루고 있는 가정에서 중독자가 배태될 가능성은 역기능 가정과 비교해 현저히 낮다. 부부관계가 건강하지 못한 가정에서 중독은 배태된다. 역기능적 가정환경에서 자라난 아이가 자라나 어른이 되면서 중독자가 된다. 중독은 결혼 전 이미 시작되었으나 대체로 결혼과 동시에 더 뚜렷하게 부각되기 시작한다. 중독은 부부관계에 심대한 영향을 미치고 마침내 부부관계를 궤멸시킨다. 그리고 전 가족의 삶을 초토화 시킨다. 중독이 부부관계에 미치는 영향과 치료과정에 대해서 우리는 1994년작 〈남자가 사랑할 때〉를 통해 도움을 받을 수 있다. 2014년작 황정민, 한혜진 주연의 〈남자가 사랑할 때〉는 다른 영화이다 루이스 만도

키가 감독했고 맥 라이언과 앤디 가르시아가 각각 알코올중독자 엘리스와 남편 마이클로 연기했다. 인기 있는 남녀배우를 출연시켰지만 작품성을 크게 인정받지는 못했다. 그러나 알코올중독자 부부의 문제를 정면으로 다룬 영화라는 점에서 특별한 가치가 있는 영화이다.

이 영화는 중독의 근본 원인이 무엇인지에 대해서 깊이 다루지 않는다. 이미 앞에서 「간디, 나의 아버지」를 통해 중독 문제의 근원이 원가족 안에 있었음을 밝힌 바 있지만 가족이란 한 남자와 여자가 만나 이루어진 부부-자녀관계를 말하고, 두 사람이 만나 결혼하기 이전의, 성장기의 가족을 원가족이라 부른다. 영화 〈남자가 사랑할 때〉에서는 주인공 엘리스맥 라이언의 원가족의 상황이나 남편 마이클앤디 가르시아의 원가족 상황이 제시되지 않음으로 여주인공 엘리스가 알코올중독에 이르게 된 근본원인을 파악하는데 한계를 갖게 된다. 원가족으로부터 중독의 문제가 배태된 경우, 그 영향이 큰 경우는 반드시 정신분석이나 대상관계상담을 통해 무의식적 상처를 치료받고 그 부정적 영향을 소거하거나 조정해야 한다. 그러나 그 영향이 크지 않은 사람들은 현재의 가족관계와 부부관계를 변형시킴으로써 중독의 치료목적을 달성하기도 한다. 이 영화는 후자의 관점에서 제작된 영화다. 이 영화에서도 치료공동체와 AA 모임이 중요한 치료환경이자 도구로 그려지고 있다. 물론 영화 중간에 엘리스의 아버지가 알코올중독자이고 엄마에 눌려 살고 있으며, 엄마는 잔소리 많고 통제적 성향이 강하다는 점이 나타나기는 한다. 그리고 이러한 원가족 분위기가 딸인 엘리스가 알코올중독자가 되는 심리적 원인이 되었을 가능성은 충분하다. 알코올중독자 엄마 엘리스와 새 아버지 마이클과 함께 살아가는 큰딸 제시가 중독자가 될 확률이

기능적 가정에서 자란 아이보다 훨씬 높을 것이라는 점은 자명하다. 원가족의 역기능성은 대표적인 중독 원인의 하나이다.

엘리스와 마이클은 겉으로 보기에 매우 단란하고 행복한 가정을 꾸리고 있다. 앨리스는 초등학교 상담교사로 근무하고 있고, 남편 마이클은 비행기 조종사로 남부럽지 않은 직장생활과 가정생활을 꾸려가고 있다. 이들에게는 사랑스런 두 딸이 있는데 엘리스가 전남편에게서 낳은 큰딸 제시와 마이클 사이에서 낳은 둘째 딸 캐시가 있다. 엘리스의 알코올중독은 이 가정에 어두운 그림자를 드리우고 있다. 엘리스는 직장생활에서 받는 스트레스가 중독의 원인이라고 말하고 남편 마이클은 이를 받아들여 심기일전을 위해 해외여행을 떠난다. 이 부부는 해외여행을 가서 행복한 시간을 보내는 듯했지만 결국 그 여행지에서도 엘리스가 남편 몰래 술을 마시고 한바탕 소동을 일으킨다. 술을 끊으려고 심기일전하기 위해 떠난 여행에서조차 술은 두 사람의 관계를 위협한다. 여행에서 돌아온 엘리스는 어느 정도 자제력을 발휘하는 듯 했지만 또 다시 음주가 시작되어 술을 숨겨놓고 몰래 마시는 등 술로 인한 여러 삶의 문제를 야기하기 시작한다. 쇼핑을 가서 아이를 잃어버리고 돌아오는가 하면, 불안한 눈으로 엄마를 바라보며 술 마시지 말라고 호소하는 딸의 뺨을 후려치는 폭력적 행동을 저지르기까지 한다. 그리고 급기야는 취한 상태에서 샤워하던 중 정신을 잃고 쓰러지는 사태가 발생하기에 이르고 병원 입원을 거쳐 치료공동체에 입소하게 된다. 몇 달간의 치료공동체^{한국 영화에서는 대부분 재활원이라고 번역한다} 생활을 마치고 엘리스는 집으로 돌아오고 직장으로 복귀한다. 그리고 AA모임에 나가기 시작한다. 이제 엘리스는 술을 마시지 않는다. 이 가정의 근본적인 문제였던 엘리스의 알코올중독 문제가 해결되고 있는 것이다. 그러나 이 영화의 반전은 거기서부터 시작된다. 엘리스는 집과 직장으로 복귀했고, 술을 더 마시지 않게 되었는데 부부 사이의 긴장과 갈등이 더욱 깊어지기 시작하고 끝내는 별거하는 상황까지 이르게 된다.

이 영화가 중독과 치유의 관점에서 갖는 특별한 가치의 첫 번째가 부부 사이의 중독의 문제를 다룬 것이라면 둘째는 술 마시고 있지 않은 상태에서 부부 사이에 일어나는 긴장과 갈등, 분열의 과정을 세밀하게 추적하는데 있다. 그저 이 악물고 술 마시지 않는 것으로는 흔히 그것을 깡단주라 하는데 단주생활의 지속성, 이른바 sober life의 지속적 유지를 담보하지 못한다. 그것을 이루려면 부부생활의 업그레이드가 필요하다. 그것은 아내 엘리스의 치료뿐만 아니라 남편 마이클의 치료도 병행되어야 한다는 것을 의미한다.

이 영화의 제목도 그렇고 광고내용도 그렇고 이 영화를 선남선녀의 사랑 이야기로 통상 이해하고 받아들인다. 그러나 그 선남선녀 사이에 중독의 문제가 자리 잡게 되면 이 영화는 중독과 치유에 관한 이야기가 된다. 중독과 치료의 관점에서 바라보는 인간은 그저 단순히 두 부류일 뿐이다. 중독자와 비중독자! 그리고 중독자와 비중독자는 실로 화성 남자와 금성 여자 만큼이나 서로 다르다. 심리학의 발달과정에서 이상심리학이 대두되는데 중독자들의 심리는 이상심리에 해당한다. 그것은 중독자들이 정상적 범주에서 벗어나, 보통 사람들이 가지고 있는 것과는 다른 심리상태를 가지고 있음을 의미한다. 중독자들의 심리상태, 곧 생각하는 것과 느끼는 것과 행동하는 것은 보통 사람들이 생각하고 느끼고 행동하는 것과 상당한 차이가 있다. 보통 사람들은 어느 정도 취기가 올라오면 술을 조절한다. 그러나 알코올중독자들은 조절하지 못한다. 왜 조절하지 못할까, 왜 그들은 끝까지 마시려고 할까? 조절하지 못함으로써 어떤 일이 일어날까? 그들의 행동과정과 습성을 연구해 보면 그들의 심리상태가 보통 사람들의 그것과는 너무도 다른 상태인 것을 발견하게 된다. 그래서 중독은 진지하게 연구되어야 한다.   앞에서 우리는 아내 엘리스가 치료되어야 하듯이 남편 마이클도 치료되어야 한다고 말했다. 그러나 이 말을 이해하고 수용할 수 있는 사람들이 얼마나 될까? 왜냐하면 이 영화를 보는 내내 사람들은 마이클이 외모적으로도 잘 생겼을 뿐만 아니라 헌신적이고 이타적으로 아내를 보살피고 돌보는 남자임을, 정말 상남자 중의 상남자임을 알 수 있기 때문이다. 그런 남자, 그런 남편을 치료해야 한다는 말이 많은 사람들에게 거슬릴 것이다. 마음에 와닿거나 동의 되지 않을 것이다. 실제로 이 영화를 보는 많은 사람들이, 심지어 중독자들조차도 남편 마이클과 갈등을 빚는 아내 엘리스를 탓하고 미워하기도 한다. 그러나 중독치료와 회복의 관점에서 다시 한 번 명확히 말하지만 남편 마이클은 치료되어야 한다. 왜냐하면 그는 "동반중독자동반의존자"이기 때문이다. 그가 치료된 증거는 그가 더이상 상남자 노릇 하지 않고, 더이상 헌신적이고 이타적인 모습을 보이지 않는 그런 남편이 되는 것이다. 이 영화의 특별한 가치는 바로 이 동반중독의존 문제를 중독과 치료의 관점에서 정면으로 제기하는 데 있다.

엘리스가 알코올중독자라는 사실은 설명할 필요조차 없다. 누구나 이 영화를 보는 사람들은 쉽게 파악이 될 테니까. 문제는 남편 마이클이 동반중독자라는 사실을 이해하는 점이다. 남편 마이클이 동반중독자라는 사실을 누군가가 듣고 이 영화를 본다 할지라도 쉽게 이해가 되지 않을 정도로 동반중독의 개념은 어렵다. 그 실체를 파악하기도 쉽지 않다. 책 한권으로도 설명이 벅차다. 동반중독과 동반중독자의 치료에 대해서는 많은 연구가 진행되어 있고, 많은 자료들이 출간되어 있으니 깊이 알고 싶은 이들은 그런 자료들을 참고하면 되겠다. 여기서는 일단 동반중독을 아래와 같이 정의하는 데서 출발하도록 하자.

> 모든 중독자들 옆에는 반드시 동반중독자가 있다 / 동반중독자들은 중독자에게 중독된 사람들이다 / 동반중독자들은 중독의 치료에 걸림돌이 된다 / 동반중독자들도 중독자들과 같이 치료받아야 한다 / 동반중독자들의 심리정서상태는 중독자들의 그것과 같다.

이 정의를 마이클에게 적용해 보자면 이렇다. 이 영화를 보며 누구나 느낄 수 있는 마이클의 헌신적이고 이타적인 모습은 사실은 중독자의 내면을 반영하고 있는 것이다. 마이클이 엘리스가 치료공동체에 들어가 있는 동안 직장 일과 가사, 두 아이의 양육을 병행하는 모습은 참으로 눈물겹다. 그의 헌신과 이타적인 모습은 좋은 아버지, 좋은 남편의 표상처럼 보인다. 그의 이러한 모습은 아내 엘리스가 치료공동체에서 퇴소하여 집으로 돌아온 이후에도 계속된다. 그는 여전히 가사 일을 챙기고 아이들 양육에 앞장선다. 이 모든 일을 내가 다 알아서 할 테니 당신은 그저 가만히만 있으면 된다는 식이다. 엘리스의 직업이 학교 상담사임에도 불구하고 마이클은 아이들의 양육과 가사를 계속해 주관하려 한다. 엘리스가 마시고 있을 때, 마이클의 그러한 행동은 어쩔 수 없는 것이었다. 그러나 엘리스가 더 이상 마시지 않고 있을 때 마이클은 가사와 자녀양육과 같은 일들을 엘리스의 책임과 권한으로 양도해 주었어야 한다. 그러나 그는 그렇게 하지 않았다. 그렇게 함으로써 마이클은 엘리스를 엄마의 자리에서 끌어내렸다. 그 자리에 자기가 앉는 대신 마이클은 아내 엘리스가 자기가 원하는 모습으로 있기를 원했다. 자기에게 기쁨이 되는 여자, 혹은 도발적이고 혹은 섹시하며, 자기를 기쁨으로 받아들여 주는 그런 여자로 남아 있기를 원했다.

영화의 첫 장면은 그것을 상징한다. 마치 서로 모르는 남자와 여자가 처음 만나 서로를 도발하고 유혹하며 성적 매력과 자극에 이끌리는 장면이 연출될 때 이 영화를 보는 이들은 그것이 엘리스와 마이클의 첫 만남인 것처럼 착각하게 되는데, 곧 그것이 이들 부부의 사랑방식이고 일상에서 연출되는 행동이었음을 깨닫게 된다. 마이클이 아내 엘리스에게 요구하는 상은 그런 것이었다. 그러나 아내 엘리스가 원하는 자기의 상은 그런 것이 아니었다. 그는 자기 방식대로 좋은 엄마, 좋은 아내가 되고 싶었지 남편이 원하는 여자가 되길 원한 것은 아니었다. 사실 남편이 원하는 여자가 되려면 엘리스는 술을 마셔야만 했다. 술 마시지 않는 상태의 엘리스는 자극적이고 도발적이며 섹시한 스타일의 여자는 아니었다. 그것은 술을 마셔야 만들어지는 엘리스의 상이었다. 남편 마이클은 바로 그런 상태, 곧 적당히 술 마신 상태에서의 아내의 모습을 좋아했던 것이다. 그리고 술 마신 다음날 무언가 부족함을 드러내고 당황해 하는 아내를 옆에서 거들어 주고 챙겨주며 돌봐주는 것이 마이클의 일상의 기쁨이었던 것이다. 남편이 원하는 사람이 되려고 엘리스는 술을 마셨다. 남편 마이클이 아내 엘리스가 알코올중독자가 되는 것을 조장하였다. 이것이 감추어진 진실이다. 그러므로 아내 엘리스를 향한 남편 마이클의 지극한 헌신과 이타적인 행동들은 사실은 아내를 위한 것이 아니라 그 자신의 만족을 위한 것이었다. 이런 점에서 그의 헌신과 이타적 행동은 오히려 거꾸로 지극히 이기적인 행동이된다. 아내 엘리스는 남편 마이클의 아바타, 장식된 박제와 같은 느낌으로 살아가야 했던 것이다. 마치 간디의 아들 하릴랄이 자기 자신으로 살아가지 못하고 간디의 아들이라는 아바타로 살아가야 했던 것처럼.

술을 마시지 않게 되었음에도 불구하고 버거운 느낌으로 살아가는 아내 엘리스를 남편 마이클은 결코 이해할 수 없었다. 술 마시지 않으므로 남편 마이클은 아내 엘리스가 자기를 꾸미고 섹시하고 자극적이며 도발적인 모습을 보이기를 더욱 기대했을 것이다. 그러나 술 마시지 않는 상태의 엘리스의 모습―그것이 그녀의 본래 모습에 가까울 터인데―은 마이클의 기대와는 정반대의 모습이었던 것이다. 술 마시지 않고 있을 때 그녀는 차분하고 우울에 가까운 감정을 가지고 있고, 아내와 엄마로서의 책임을 다하려는 진지하고 성실한 모습을 드러내기 시작한다. 그것은 마이클에게는 매우 낯선 아내의 모습이었다. 엘리스가 술 마시지 않고 있음에도 불구하고 두 사람 사이에서 긴장과 갈등이 일어나는 근원이 여기에 있다. 서로의 기대와 바람, 욕구―그것은 자기 자신에 대한 것이기도 하고 배우자에 대한 것이기도 한데―가 너무 다르기 때문에 일어나는 것이다.

만일 이 두 사람이 문제의 근원이 어디에 있는지를 알고 이를 대화를 통해 서로 소통할 수 있었다면 이 문제는 해결될 수 있었을 것이다. 그러나 진지한 소통이 이루어질 수 없음은 문제의 근원이 무엇인지 마이클이 도무지 알지 못한다는 점에 있다. 아내 엘리스는 자기의 답답한 마음을 AA 동료들을 만나면서 해소해 나간다. 같은 알코올중독이란 병을 앓고 있는 그들 사이에서는 말하지 않아도 서로를 이해하고 수용할 줄 아는 공감대가 잘 형성되어 있었기 때문이다. 마이클은 그것이 이해가 안 된다. 아니, 왜 아내는 저 외간 남자들하고는 깊은 소통이 일어나는 것 같은데, 자기 자신과의 사이에서는 왜 그런 일이 일어나지 않는지 의아할 뿐이다. 그리고 마침내 마이클이 장거리 운항으로 며칠 집을 떠났다가 돌아오던 날 밤, 아내 엘리스가 AA 남자 동료와 함께 너무나 진지하고 격의 없는 모습으로 서로 소통하고 있는 현장을 마주치게 된다. 그날 두 사람은 격렬하게 싸운다. 그동안 마음에 담아 두었던 모든 감정의 찌꺼기들이 터져 나온다. 그리고 마이클은 집을 나온다. 별거가 시작된 것이다. 이것이 회복의 과정에서 수많은 부부들이 부딪치는 실제다. 배우자가 술 마시지 않으면 모든 것이 좋아지리라 기대하지만 정작 실상은 그 반대의 일이 벌어지기도 하는 것이다. 온전한 치유와 회복이 일어나려면 배우자의 동반중독이 반드시 함께 치료되어야 한다.

동반중독 배우자에게는 몇 가지 유형이 있다. 첫째는 구원자형 배우자다. 모든 잘못이 자기에게 있고 배우자가 중독이 된 것이 자기 때문이라고 생각하면서 배우자에게 헌신을 다하는 유형이다. 두 번째는 박해자형 배우자다. 중독이 된 배우자를 비난하고 미워하며 박해한다. 이 집에서는 날마다 부부싸움이 일어난다. 세 번째는 냉담형 배우자다. 중독된 배우자와의 일체의 감정적 교류를 차단하고 마음의 문을 닫고 살아간다. 이 부부는 사실상 이혼한 것과 다를 바 없다. 네 번째는 실행형enabler 배우자다. 중독자인 배우자를 참고 감내하며 자기가 할 수 있는 일을 묵묵히 실행해 내는 유형이다. 이 모든 유형은 잘못된 유형이며 동반중독의 유형이다. 배우자의 중독을 치료하려면 "냉정한 사랑"을 실천해야 한다. 그것은 배우자를 사랑하되 끝까지 사랑하는 사랑이며, 중독과는 피 흘리기까지 각오하고 싸우는 사랑이다. 그리고 중독에 대해 잘 배우고 깨달아 앎으로써 배우자의 중독 문제에 지혜롭게 대처하는 전문성 있는 사랑이어야 한다. 중독자들과 마찬가지로 중독자의 배우자들 역시 자기 자신을 깊이 성찰하고 자기 자신 역시 동일한 중독이란 병에 걸린 사람이라는 것을 알고, 이를 인정하여 치료환경에 자기 자신을 노출하여야 한다.

이 영화의 백미로 꼽을 수 있는 두 장면이 있는데 하나는 엘리스가 별거를 결정하고 떠나가는 마이클을 붙잡지 않는 장면과 마이클이 동반 중독의 늪에서 벗어나 새로운 삶으로 발걸음을 내딛는 장면이 그것이다. 〈28일 동안〉에서도 그웬이 남자 친구 제스퍼를 떠나보내는 장면이 그녀가 회복으로 진입하는 결정적 순간이었듯이 이 영화에서도 엘리스가 남편 마이클이 떠나가는 것을 받아들이는 장면이 나오는데 그 장면이야말로 앨리스가 회복으로 들어서는 결정적 관문을 통과하는 순간이라고 말할 수 있다. 알코올중독을 포함해 모든 중독의 선행 중독은 사람중독사람의존이다. 앨리스는 자신의 단주생활을 위해 남편과의 별거생활을 두려움 가운데 받아들인다. 술을 끊는 것보다 사람과의 관계를 끊어버리는 것이 때론 더 힘들고 어렵게 다가오기도 하는데 앨리스는 마이클에게 떠나지 말고 남아달라고 애원하지도 않으며, 우리 관계가 다 잘될 거라고 상투적인 위로를 건네지도 않으며 마이클을 떠나보낸다. 그렇게 앨리스의 홀로서기가 진행되었고, 마침내 앨리스는 탄탄한 단주 회복의 길에 들어서게 된 것이다.

앨리스의 홀로서기가 중요한 이유는 그 결단의 여파로 마이클 역시 회복의 길로 들어설 수 있었기 때문이다. 앨리스만 홀로서기를 시작한 것이 아니라 마이클도 어쩔 수 없이 홀로서기에 들어설 수밖에 없었고 그 홀로서기를 통해 마이클도 자기 자신의 진면목을 직면할 수 있게 된 것이다. 마이클은 그 시간을 통하여 자기라는 존재의 연약함, 수치, 외로움을 직면한다. 그리고 자기의 힘과 의지와 능력으로 아내를 고쳐줄 수 있으리라 생각하고 행동했던 모든 일이 자기의 교만이고 오판이었음을 인정한다. 그리고 진실로 아내가 보고 싶고 그리워진다. 내가 원하는 모습으로서의 앨리스가 아니라 있는 그대로의 모습으로서의 앨리스를 바라보게 되고, 인형의 집의 로라처럼 남편이 원하는 모습으로서의 아내가 아니라 앨리스가 되고 싶어 하는 모습의 아내가 되도록 허용해야 함이 마땅하다는 사실을 깨닫게 된다. 전에는 앨리스의 요구에 따라 마지못해 참석했던 배우자 모임알라논에 이번에는 마이클이 스스로 나가 자기의 심정을 고백하게 된다. 그도 이제 고백자의 대열에 합류하게 되었고 앨리스가 단주 6개월 소감을 나눌 때 그 모든 말의 의미를 진심으로 이해하게 된다. 깊은 고통을 겪은 후에 그에게도 아내를 있는 그대로의 모습으로 수용하고 이해하며, 그녀의 감정에 공감하는 새로운 존재로 거듭나게 된 것이다. 아내 엘리스는 알코올중독으로부터 벗어나고, 남편 마이클은 동반중독에서 벗어남으로써 이들 부부에게는 진정한 회복의 시대가 활짝 열리게 되는 것이다.

재발도 치료 과정이다

중독의 치료란 무엇인가? 에 대해서는 여러 측면에서 설명할 수 있는데, 그중 가장 명료한 설명 중의 하나가 "재발방지"이다. 재발하지 않도록 하는 것! 그것이 치료이다. 재발이 왜 그렇게 중요한가? 중독이란 조절할 수 없는 병이기 때문이다. 조절할 수 없기 때문에 끊는 것이다. 중독자들은 끊임없이 조절해서 마시려 하지만 그것은 불가능하다. 어떤 이유에선지 그들에게는 조절해서 마실 수 있는 조절력이 상실되었다. 그래서 끊어야 하는 것이다. 알코올중독자의 행복은 언제, 어떻게 주어지며, 어떻게 만들어 가야 하는가? 그 답은 어렵지 않다. 술을 끊는 것이다. 단주하는 것이다. 행복은 거기서 시작된다. 그가 단주생활을 잘 유지할 때, 행복도 유지될 수 있다. 알코올중독자의 재발과 행복의 상관관계를 알고 싶으면 2007년작 영화 〈행복〉을 보라. 허진호가 감독하고 황정민영수, 임수정은희이 남녀주인공을, 공효진수연, 박인환이 조연으로 출연하였다. 충무로국제영화제에서 올해의 발견상을 수상하였고, 청룡영화상에서 감독상을, 대한민국 영화대상에서 공효진이 여우조연상을 수상하였다. 이 영화를 본격적인 알코올중독자 영화라고 볼 수는 없을 것 같다. 감독은 그가 연출했던 남녀 간의 사랑이야기, 「8월의 크리스마스」나 「봄날은 간다」의 연속적 차원에서 이 영화를 만든 것 같다. 그래서 전작의 두 영화와 같이 남녀의 로맨스를 다루려 했는데 알코올중독인 영수황정민와 폐질환을 앓고 있던 은희임수정를 주인공으로 약자들의 사랑이야기를 그리려 했다. 그러나 우리는 이 영화 역시 알코올중독자의 사랑과 행복에 관한 이야기라는 관점에서 다루려고 한다. 사실 한국 영화에서 알코올중독의 문제를 정면으로 다룬 영화는 거의 없다고 볼 수 있다, 다른 이야기를 다루는 가운데 알코올중독을 배경으로 설정하는 정도다.

서울에서 클럽을 운영하며 세속적인 생활을 즐겨온 영수황정민는 치료가 필요한 수준의 간병변 환자가 되어 가게를 정리하고 시골요양원 '희망의 집'으로 내려간다. 거기서 영수는 중증폐질환을 앓으며 요양원 도우미 역을 하며 살아가고 있는 은희임수정를 만나 서로 사랑에 빠진다. 요양원 생활과 외래 병원 치료를 받으며 건강을 회복한 영수는 은희의 프로포즈를 받게 된다. 요양원 식구들의 축복 가운데 요양원을 나와 한적한 시골에서 두 사람은 신혼생활을 시작한다. 행복의 향내음은 여기까지다. 어느 날 영수가 술을 한 잔 마시기 시작한 날부터 알콩달콩 행복했던 두 사람의 관계는 급격히 깨지기 시작한다. 그리고 행복했던 결혼생활은 지옥이 되어 간다. 그럴 때 옛 애인이었던 수연공효진과 친구들이 벤츠를 몰고 신혼생활 중인 영수-은희의 집을 방문하게 된다. 그 방문이 자극이 되어 영수는 은희를 버리고 옛 생활로 돌아간다. 옛 애인에게로, 도시로, 술로. 영수가 도시에서 술에 절어 살아갈 때쯤 은희는 쓸쓸한 죽음을 맞는다.

술로 몸과 마음이 다시 황폐해진 영수는 은희의 죽음 소식을 듣고 서울 생활을 청산하고 다시 '희망의 집'으로 내려오면서 영화는 끝난다.

알코올중독의 문제를 전면에 내세우지는 않았지만 이 영화를 통해 우리는 중독과 치료에 대해 중요한 단서를 제공받는데, 우리는 그것을 "재발방지"에 초점을 맞춰 살펴보려 한다. 영수와 은희의 결혼생활의 분기점은 영수의 재발이다. 재발이란 중독치유 현장에서 사용되는 전문 용어라 볼 수 있다. 그것은 일반적 삶의 영역에서 사용되는 것과는 그 의미가 다르다. 알코올중독자가 재발하였다는 것은 그가 또다시 마시게 되었다는 것을 의미하지만 그 술 마시는 행위가 일회적이거나 단회적이 아니라 계속해서 이어지는 상태가 되는 것을 말한다. 쉽게 말해 알코올중독자가 한 번 재발하면 그는 매일 재발하게 된다.일단 한 번 마시기 시작하면 매일 마시게 된다는 뜻이다. 그리고 그 재발증상이 나타나는 것을 보고 우리는 영수가 알코올중독자라는 사실을 비로소 실감하게 된다. 이 영화의 중반 부분까지 영수가 간병변을 앓고 있다는 것을 알고 있었지만 그것으로 영수가 알코올중독자라고 단정 짓지는 못한다. 오히려 영수가 반복해서 재발하는 상황에 놓이는 것을 보고 우리는 그가 알코올중독자임을 확신하게 된다. 어떤 사람이 간병변 환자인지, 알코올중독 환자인지에 따라서 그 치료내용이나 과정은 하늘과 땅만큼 다르다는 점을 우리는 알아야 한다. 간병변 환자는 내과에서 치료받지만 알코올중독 환자는 정신과에서 치료받는다. 영수는 사실 이 두 가지 병을 다 가지고 있는 환자였지만 영화 속에서는 그저 내과 치료를 받고 있을 뿐이다. 영화 속에서 영수는 자기 자신을 알코올중독자로 인식하고 있지 못한 것처럼 보인다. 중독의 치료는 자기 자신이 중독자라는 점을 인식하고 인정하는 것으로부터 시작된다. 어떤 의미에서 영수가 영화 말미에 다시 요양원으로 들어가는 과정은 그가 알코올중독자임을 인정하고 중독 치료를 위해 요양원으로 다시 돌아가는 것으로 이해할 수도 있겠다. 그러나 영화에 나오는 '희망의 집'은 본격적인 의미에서의 치료공동체영화 〈28일 동안〉에서 볼 수 있던 바가 아니라는 점을 분명히 하자. '희망의 집'은 중독으로부터 이격된 격리 환경을 제공하기는 하지만, 중독치료에 필수적인 전문적인 교육과 상담, 훈련을 제공하지 못한다. 그러므로 그 곳에서 적절한 중독치료가 일어나리라고 기대할 수 없다. 그런 설정으로도 이 영화가 본격적으로 중독문제를 다루고 있는 영화가 아니라는 사실을 알 수 있다.

병든 처지에서 만나 사랑의 싹을 틔우고 새 희망으로 시작된 영수-은희의 행복이 깨지기 시작한 것은 앞서 밝힌 대로 영수의 재발에서 비롯되었다. 전 세계 중독자들이 회복생활을 위해 일상에서 적용하고 있는 가장 확실한 경구는 "첫 잔을 마시지 말자"다. 만일 그들이 첫 잔을 마시게 된다면 그 뒤의 일은 물을 것도 없다. 일단 발동이 걸리면 그들은 더이상 마실 수 없을 때까지, 끝까지 마시기 시작할 것이다. 술 마시지 않고 알콩달콩 살아가던 영수가 첫 잔을 들게 된 두 번의 계기는 읍내에 나갔다가 장터에서 시음 캠페인을 벌이던 복분자 한 잔을 아무 경계 없이 마시면서였고, 마을 이장과 만날 때 이장이 권하는 맥주 한 잔을 거절하지 못할 때였다. 그 후 그의 옛 음주 습관이 완전히 되살아났다. 시도 때도 없이 마시며, 늘 마시고 싶다는 갈망을 가지고 살고, 술을 몰래 숨겨놓고 마시는 등의 행태가 그것이다. 이것은 재발의 물리적, 외적 증상이자 행태다.

더 중요한 것은 재발의 심리정서적, 정신적 행태인데 그때가 되면 모든 생각, 감정, 행동이 부정적이 되고 퇴행적이 되며 뒤틀리고 왜곡된다. 남 탓을 하고 원망하며, 도피를 꿈꾼다. 서로 병들어 아플 때 만난 애틋한 사랑, 따뜻한 동정과 연민, 자상한 돌봄은 온데 간데 없어지고 싸늘함과 비정함이 그 자리를 대신한다. 전혀 다른 인격의 사람으로, 괴물로 변해 버리는 것이다. 너 없으면 못살 거 같다던 영수가 내가 먼저 헤어지자고 차마 말하지는 못하니 네가 먼저 헤어지자고 말해달라고 포학을 떨고, 전혀 다른 사람으로 변해 가는 영수를 보고 은희는 개새끼. 네가 사람이니? 라고 분노하고 좌절하다가, 끝내는 네가 좀 떠나달라고 포기하기에 이른다.

알코올중독자들이 재발에 이르는 요인은 셀 수 없이 많고 사람마다 다르다. 대체로 알코올중독자가 재발하게 되는 주 요인은 첫째는 부정적 감정상태에 빠져들 때이고, 둘째는 인간관계에서의 갈등이 유발될 때이며, 셋째는 생리적 욕구를 느낄 때이며, 넷째는 실마리에 이끌릴 때이다. 재발 요인은 다른 측면에서는 "HALT를 피하라!"로 알려져 있는데 그것은 배고픔hungly, 분노anger, 외로움lonely, 피곤함tired을 피하라는 뜻이다. 이들 요인 중 영수를 재발로 이끈 요인은 "실마리에 이끌릴 때"이다. 음주 시음 캠페인과 같은 상황이 바로 그에게는 재발로 인도하는 실마리가 되었다. 그는 이런 상황을 이겨나가도록 잘 훈련되어야 했지만 그러지 못했다. 마찬가지로 이장의 술 권유를 뿌리쳐야 했지만 그렇게 하지 못했다. 이 역시 그가 No! 라고 말할 수 있는 재발방지훈련을 받지 못하였기 때문이다. 중독자들의 대표적인 인격적 특징은 No! 라고 말하지 못하는 것이다. 그것은 훈련을 통해서만 바뀔 수 있다. 술이 없는 상황에서 알코올중독자들은 마시지 않을 수 있다. 이를테면 절해고도의 무인도에 떨어지거나 교도소에 갇히게 될 때 중독자들은 술을 마시지 않고도 얼마든지 살아갈 수 있다. 그러나 술이 있는 환경에 놓이게 되면 그들은 너무도 쉽게 술을 마시게 된다. 그러므로 치료란 격리된 안전한 환경에서 그가 다시 술이 있는 환경에 놓이게 될 때 그 유혹을 이겨 지속적 단주생활을 유지할 수 있도록 가르치고 훈련하는 것이다.

중독자들을 재발로 이끄는 또 다른 요인은 돈과 성이다. 그리고 떨쳐 버리지 못한 옛 생활양식이다. 옛 애인 수연과 친구들의 방문은 영수에게 결정타가 된다. 벤츠를 타고 나타난 옛 애인과 친구들이 영수에게 말한다. 너 괜찮아 보인다고. 그 말에는 약간의 빈정거림과 가시가 있다. 그 말은 이런 시골 촌구석에서 병든 아내와 궁상맞게 살아가는 네 모습이 그런대로 괜찮아 보인다는 뜻이다. 지금은 그럭저럭 괜찮아 보이지만 네가 과연 이런 생활을 지속할 수 있을까? 라는 반어적 의미를 갖고 있는 표현이기도 하다. 수연과 친구들의 말에는 긍정의 의미와 부정의 의미가 다 내포되어 있다. 이제 중요한 것은 이 말에 영수가 어떻게 반응하느냐이다. 그 태도와 행동에 따라 영수의 회복 수준과 회복생활의 지속 여부가 결정되기 때문이다. 이 영화의 주요한 설정은 도시 대 시골, 세련된 도시 여인과 병든 시골 여인이다. 이 대립적 구도는 그대로가 중독과 회복을 상징한다. 영수가 재발하지 않고 지속적으로 회복생활을 영위하려면 시골생활을 기뻐하고 즐기며 병든 아내를 정성으로 섬기며 그 가운데에서 감사하고 자족할 줄 아는 삶을 살아갔어야 했다. 그런 마음의 상태를 지속적으로 유지했어야 했다. 작고 연약한 것들을 긍휼히 여기고 소중히 여기는 마음가짐을 유지해야 했다. 이에 비해 도시는 어떤가, 옛 애인은 어떤가? 화려하다. 자극적이다. 속도가 빠르고 생동감 있다. 살아 있다는 느낌을 준다. 성공과 성취에 대한 도전의식을 느낀다. 야망과 정욕을 일렁이게 한다. 수연과 옛 친구들을 만나면서 영수의 내면에 옛 생활에 대한 향수가 살아나온다. 잊은 듯했고 버린 듯했던 옛 생활 방식이 그대로 살아 있어 때가 되매 그 본모습을 고스란히 드러내기에 이른 것이다.

시골에서 병든 은희와 살기를 결심하고 실행에 옮겼을 때 영수는 옛 생활을 다 접어두고 새 생활을 시작한다고 생각했을 것이다. 그러나 그것은 영수의 착각이었다. 더군다나 그가 알코올중독자임을 감안하면 그 결정은 지나치게 성급하고 충동적인 것이었다. 그의 내면은 옛 생활을 청산하고 새 생활을 시작할 준비가 충분히 되어 있지 않았던 것이다. 치료적 관점에서 볼 때 결혼, 새로운 직업, 이사 등등 결정을 내리려면 적어도 2년 이상의 단주생활이 전제되어야 했다. 그것도 빠른 편이다. 제대로 된 치료자, 상담가들이라면 영수의 이런 결정을 찬성하지 않았을 것이다. 중독에서 벗어나 한 사람의 책임 있는 인격자로 바로 서기 위해서는 긴 시간이 필요하기 때문이다. 중독에서 회복으로 가는 길은 전 생애에 걸쳐 성장하고 성숙하는 변화의 과정이다.

재발을 방지한다는 것은 여름철과 겨울철 전력 피크수요를 관리하는 것과 비슷하다. 가장 더운 날과 가장 추운 날 전력수요는 평상시의 전력생산량 이상으로 치솟아 공급을 넘어서게 된다. 그렇게 되면 전력공급망이 손상되어 모든 산업이 마비되는 참사가 펼쳐진다. 중독의 재발도 그와 같다. 평소와 같은 상황에서는 단주가 그렇게 어렵지 않다. 그러나 감정의 급변을 가져오는 상황이 발생하면 재발위협 수치가 급격히 상승하게 되는데 이때 재발하면 그동안 누려왔던 회복 생활이 급격히 붕괴되어 일상이 재앙이 되는 상황이 재현되는 것이다. 재발을 방지하기 위해 회복 중인 중독자들은 늘 준비하고 있고 깨어 있어야 한다. 경계를 늦추지 말아야 한다. 그러면서도 이러한 삶의 자세와 태도가 경직된 것이거나 지나친 긴장과 스트레스를 가져다주지 않는 것이어야 한다. 그렇게 되기 위해서는 상당한 수준의 훈련이 필요하다. 그리고 그런 마음의 상태를 평생에 걸쳐 꾸준히 유지해야 재발을 방지할 수 있다.

영수가 은희와 행복한 일생을 꾸려갈 수는 없었을까? 가장 단순한 답은 그가 재발하지 않았어야 한다는 것이다. 재발은 모든 것을 앗아간다. 삶에 있어 가장 소중한 것들을 빼앗아 간다. 가치 있는 모든 것을 전멸시킨다. 알코올중독자들 스스로가 이 병에 대해 이렇게 말한다.

"우리가 병이라고 믿게 된 이 병은 인간이 걸리는, 다른 어떤 병에서도 있을 수 없는 방법으로 주위 사람들을 말려들게 한다. 그것은 모든 삶에 있어서 가치 있는 모든 것을 전멸시키며, 알코올중독자와 관계된 모든 사람들의 인생을 망치게 하기 때문이다. 오해와 지독한 원한, 경제적 불안을 일으키고, 친구들이나 고용주들에게는 정이 떨어지게 하며, 죄 없는 아이들의 인생을 망치게 하고, 아내와 부모를 괴롭힌다." 『익명의 알코올중독자들』, p25

영수가 은희와 행복한 일생을 꾸려가려면 재발하지 않았어야 했다.

그리고 그것을 전제로 혹은 그 결과로 병든 아내를 섬기고 돌보는 삶이 그의 기쁨이 되며 시골의 소박한 삶이 충분히 만족한 삶이 되어야 했다. 진정으로 그의 삶의 태도와 성품이 깊이 변화하여야 했고 그가 선택한 새로운 삶의 양식을 그의 몸에 익혀야 했다. 회복으로 가는 길을 홀로 갈 수는 없다. 누군가의 안내와 지도, 도움을 받고 함께 걸어가야 한다. 그러나 영화 속 영수에게는 그런 안내자, 협력자가 없었다.

이 영화가 던져주는 희망의 메시지는 영수가 다시 '희망의 집'으로 돌아가는 장면에서 읽게 된다. 그러나 아쉽게도 우리나라에는 중독자들을 치료하는 전문적인 치료공동체가 너무 부족하다. 거의 없다고 보아도 무방하다. 다시 시작할 수 있는 용기, 다시 시작할 수 있는 깨달음, 다시 시작할 수 있는 겸손만 있다면 회복의 새날은 다시 밝아올 것이다. 치료의 현장에서 재발자들은 "재발도 치료의 과정이다"라는 격려의 말을 종종 듣게 된다. 실제로 치료의 현장에서 수많은 사람들이 재발한다. 그리고 그 재발이 경험이 되고 가르침이 되어서 더 이상 재발하지 않는 온전한 회복생활의 토양이 된다. No pains, No gains! 고통 없이 얻을 수 있는 것은 아무 것도 없다.

세상에 쓸모 없는 것은 없다

이제 우리의 눈을 알코올중독자 자녀에게로 돌려보자. 알코올중독자 부모를 둔 자녀들은 어떤 성장 과정을 밟게 될까? 그들에게는 어떤 운명이 기다리고 있을까? 이러한 질문에 답을 얻으려는 사람들은 넷플릭스 2020년 작, 〈힐빌리의 노래 Hillbilly Elegy〉를 보라. 영화 〈셰이프 오브 워터: 사랑의 모양〉과 미드 〈왕좌의 게임〉을 집필한 버네사 테일러가 각본을 쓰고, 〈뷰티풀 마인드〉로 아카데미 작품상과 감독상을 동시에 받은 명장 론 하워드 감독이 연출을 맡으면서 '실화를 바탕으로 한 감동 스토리'가 완성됐다. 골든글로브 여우주연상 수상자인 에이미 애덤스베브 밴스 역와 글렌 클로스보니 역, 두 배우의 명연기가 극을 뒷받침한다. 주인공인 J.D 밴스 역은 가브리엘 배소가 맡았다. 2022년 아카데미 시상식에서 글렌 클로스는 힐빌리의 노래에서 할모 역으로 「미나리」 의 윤여정과 여우조연상을 놓고 다투었는데 결국 윤여정이 수상의 영예를 안았다.

이 영화는 주인공인 J. D. 밴스의 회고록을 원작으로 하고 있다. 원작의 원제목은 "Hillbilly Elegy"인데 이를 번역하면 "시골 촌뜨기의 슬픈 노래" 정도가 될 수 있다. 힐빌리hillbilly라는 명칭은 별칭인데 미국 중부 애팔래치아 산맥에서 사는 가난한 백인들을 비하하고 깎아내리는 표현이다. 원작은 출간되자마자 아마존 1위를 차지하는 등 기염을 토하였다. 당시 트럼프가 미국 백인노동자white bluecolor의 지지를 받고 있는 상황을 해석하려는 사람들에게 이 책이 곧잘 인용되고는 했는데 그것은 이 책이 미국 백인노동자계층의 취약한 삶을 잘 드러내주었기 때문이다. 출간과 동시에 이 책은 정치 경제 사회적 차원에서 미국사회와 제도의 문제를 돌아보고 혁신하려는 데서 많은 주목을 받게 되었다. 하지만 론 하워드는 이 영화를 3대에 걸친 러스트벨트 화이트 블루칼라 가족의 가족사에 초점을 맞추어 영화를 제작하였는데 차가운 사회비평적 시각보다는 따뜻한 휴머니즘의 시각에서 영화를 연출함으로써 원작에 새로운 옷을 입히고 있다. 우리는 이 영화를 3대에 걸쳐 이어져 온 알코올중독자할아버지, 약물중독자엄마 가정에서 성장하면서 환경의 어려움을 극복하고 자기 길을 찾은 알코올중독자 자녀 이들을 알라틴 - alateen 이라 부른다.의 관점에서 살펴보고자 한다. J.D 밴스가 그 주인공으로 "개천에서 용남" 케이스가 되었는데 그는 예일대 법대를 나오고 실리콘밸리의 촉망받는 사업가가 되었다. 그렇게 될 수 있었던 동력에 대해서도 살펴보게 될 것이다.

원작자 J.D 밴스는 저술 동기를 이렇게 말한다.

"나도 비참한 미래를 앞둔 아이들 중 하나였다. 고등학교 중퇴를 가까스로 면했고, 주변 사람들을 향한 끓어오르는 분노를 이기지 못하고 망가지기 직전의 지경에까지 갔었다. 최근에 알게 된 사람들은 아이비리그 출신이라는 간판과 직업만 보고서 내가 무슨 천재라도 되는 줄 안다. 특출하게 뛰어난 사람만이 지금의 내 위치에 오를 수 있다고 생각하니 그렇다. 그런 사람들에게는 미안한 말이지만, 그건 전부 헛소리다. 타고난 재능 따위를 운운할 수도 없는 것이, 내가 사랑하는 몇몇 사람이 구해주기 전까지 나는 시궁창 같은 삶에서 허덕이며 살고 있었다. 이것이 내가 실제로 경험한 인생이며 이 책을 쓴 까닭이다. 나는 자포자기 직전까지 간다는 게 어떤 느낌인지, 어쩌다 그런 상황까지 가게 되는지를 사람들에게 알리고 싶었다.”

주인공 J.D 밴스는 자신이 살아온 삶의 배경을 이렇게 설명하고 있다.

“나는 러스트벨트에 속하는 오하이오의 철강도시에서 가난하게 자랐다. 부모님과 나의 관계는 좋게 말해 복잡한데 나는 모르는 사람이나 다름없는 남자와 차라리 모르는 게 나았을 뻔한 여자에게서 버림받은 자식이었다. 나를 키워준 외조부모님은 고등학교도 나오지 못했고, 친척들까지 포함해도 대학에 진학한 사람은 거의 없었다. 나같이 자란 아이들의 장래는 비참하다. 운이 좋으면 수급자 정도를 면할 뿐이고, 운이 나쁘면 헤로인 과다복용으로 사망한다. 자그마한 우리 고향 동네에서 수 십 명이 작년에 그렇게 세상을 떠났다.”

알코올, 약물중독자 부모를 둔 자녀들이 겪게 되는 삶의 환경은 질곡이다. 그것은 “학대와 유기”다. 그리고 유전이다. 유전에는 두 측면이 있다. 하나는 말 그대로 DNA적 차원의 유전으로 생물학적 질곡이다. 거의 대다수의 중독자들은 모계든 부계든 DNA적 유전인자를 가지고 있다는 것이 정설이다. 그러나 다행인 것은 이런 유전인자를 가지고 있다 해서 모두가 중독자가 되는 것은 아니라는 점이다. 아버지가 중독자라고 해서 자녀들이 다 중독자가 되는 것은 아니다. 자녀들 중 가장 약한 고리에 해당하는 자녀가 중독자가 된다. 흔한 말로 자녀들 중 가장 착하고 마음이 연약한 자녀가 중독자가 된다. 그에게 중독의 심리가 세대전수 되는 것이다. 학대는 육체적, 정신적 차원에서 가해지는 폭력이다. 손으로, 몽둥이로 가해지는 물리적 폭력이며, 언어로 가해지는 폭력이고, 경제적으로 가해지는 착취와 강탈의 폭력이다. 영화 속에서 주인공 J.D 밴스는 엄마 베브로부터 모든 차원의 학대를 당한다. 음주운전 차량에 동승해 공포를 경험하고, 엄마의 분노의 대상이 되어 마구 두드려 맞는다. 약물에 찌든 엄마를 돌보기 위해 힘들게 아르바이트 하며 번 돈을, 고학하며 모아 놓은 돈을 탈탈 털린다. 그들의 삶은 의료보험비 조차 제때 내지 못하는 힘겨운 삶이다. 중독자 자녀들의 삶은 부모에게 착취당하는 삶이다. 부모가 아이를 돌보고 지켜줘야 하는데 중독자 가정에서는 그 반대의 일이 일어난다. 아들이 남편이 되고 부모가 되고 중독자인 부모가 아들이 되고 딸이 된다. 그것은 중독자 자녀들에게 채워진 족쇄이자 올무이다. 아무리 벗어나고 싶어도 벗어날 수 없는, 영화 속에서 아들 J.D 밴스는 철저히 유기 당한다. 버려지고 방치된다. 아무 인연도 없는 남자를 아버지라 부르며 이 집 저 집을 엄마를 따라 전전한다. 그는 존재하나 의견은 무시당하고 투명인간처럼 취급받는다. 그렇게 전전하는 일상 속에서 그가 겪는 것은 부수고 때리고 싸우고 고함치며 생활에 쪼들리는 조악하기 이를 데 없는 삶이다. 밴스는 그의 글에서 엄마와 이혼한 친아빠의 집에 갔을 때 '싸우는 사람도, 욕을 퍼붓는 사람도, 화를 참지 못해 그릇을 던져 깨부수는 사람이 없어서 지루한 저녁을 보냈다'라고 그 당시의 상황을 역설적으로 설명하고 있다. 그런 환경에서 자라난 아이의 내면에는 분노가 맨틀 밑을 흐르는 마그마처럼 자리 잡는다. 그리고 청소년기를 거치면서 급격히 분출하기 시작한다. 중독자 자녀들의 청소년기는 분노와 저항, 일탈과 비행으로 점철된다. 밴스의 청소년기도 그와 다를 바 없었다. 그는 그렇게 살다가 알코올중독자인 할아버지와 그 할아버지의 딸인 약물중독자 엄마를 따라 그 자신도 중독자가 되어 살아갈 슬픈 운명의 사슬에 매여 있었다. 그러나 누구에게나 새로운 길을 선택할 기회는 있게 마련이다. J.D 밴스에게는 그에게 새로운 기회를 가져다 줄 할머니 보니,글렌 클로즈가 있었다!

중독을 치료하려면 가족, 원가족, 확대가족의 가족력에 대한 세심한 사정assesment이 필요하다. 밴스를 기준으로 놓고 보면 엄마와 아버지, 누나와의 관계가 원가족 관계이고, 확대가족은 할머니 보니와 할아버지와의 관계를 포괄하는 가족관계 개념이다. 알코올이나 약물중독은 세대에서 세대로 전수되는 전형적인 세대전수의 정신적 질병이다. 밴스가 중독자가 될 확률은 기능하는 가정에서 성장한 아이의 6배나 된다. 그런 역기능적 가정에서 성장한 밴스가 중독자가 되지 않을 수 있는 가장 확실한 길은 '그 한 사람'의미 있는 타인이 있느냐 없느냐에 달려 있다. '그 한 사람'은 가족 중에 있을 수도 있고, 가족 밖에 있을 수도 있다. 밴스에게는 여러 사람의 '그 한 사람'이 있었다, 할머니 보니, 누나 린지, 애인 레이가 그들이었다. 이들이 있어 밴스는 환경에 의해 굴레 지어진 세대전수의 멍에를 벗어던지고 인생의 성취를 이룰 수 있었다.

영화 전체의 긴장은 시골 가난한 하위문화에서 성장한 밴스가 예일 대 로스쿨을 졸업하고 쟁쟁한 로펌회사에 취직하기 위해 면접을 진행 중인 상황에서 엄마의 재발소동을 해결하기 위해 고향을 오가야 하는 상황으로부터 비롯된다. 너무 가난해서 비행기 탈 돈도 없어 열 시간의 거리를 운전하며 오가야 하는 밴스, 엄마를 병원에 입원시키려 하지만 보험료를 제때 내지 못해 의료보험은 사용할 수 없고, 잠시 눈을 뗀 사이에 엄마는 어디선가 또 헤로인을 흡입하고, 내일 아침 면접을 위해 어찌어찌해서 모텔에 엄마를 머물게 하지만 신용카드는 바닥이 나서 사용할 수가 없고 … 이 영화를 지켜보는 관객들은 저런 엄마가 있다는 것을 공감하기 어렵다. 아무리 중독이라도 그렇지 저럴 수는 없다고 분개할 것이다. 그런 상황을 어떻게 해서든 해결하려는 아들 밴스에게 위로와 동정을 보내지 않을 수가 없게 된다. 그것이 중독이다! 중독자가 몰고 오는 지긋지긋한 현실이다! 밴스는 그런 환경에서 평생을 살아온 것이다. 그래서 우리는 밴스를 응원하게 된다. 어떻게 해서든 엄마의 재발상황이 수습되고 밴스가 면접을 잘 보아서 로펌에 취직해 자기 인생을 잘 개척해 가는 모습을 보고 싶어 한다. 사려 깊은 여자 친구의 도움과 배려, 사랑에 힘입어 마침내 밴스는 면접을 잘 통과하고 새로운 출발선상에 서게 된다.

이 영화는 중독의 다세대 전수를 다루고 있다. 할아버지의 알코올중독이 딸의 약물중독으로 어떻게 전수되었는지를 이 영화는 잘 보여준다. 그리고 그 세대전수의 고리를 밴스가 어떻게 끊어버리게 되었는가 하는 점이 이 영화가 "중독과 치료"의 관점에서 시사하는 특별한 유익이다. 할머니 보니글렌 클로즈는 남편의 혹독한 알코올중독을 경험하였다. 그랬는데 자신의 딸 베브 밴스에이미 애덤스마저 약물중독자가 되었다. 자신도 13살 나이에 남편과 시골 마을에서 도망치듯 나와 갖은 고생을 하며 살았는데, 딸도 18살에 임신해서 아이를 낳고 가정에 정착하지 못하고 이 남자 저 남자를 만나 살면서 약물중독자가 되었다. 그리고 이제 손자가 일탈행위를 하면서 중독자가 될 위험에 빠져들게 된 것이다. 거기서 할머니 보니의 힘이 나온다. 내 남편과 내 딸을 중독에 빼앗겨 버렸던 아픔을 다시 반복하지 않으려는 할머니 보니의 눈물겨운 손자 구하기가 시작된 것이다. 할머니는 손자가 경험해 보지 못한 아버지의 역할, 엄마의 역할을 대신하며 헌신적으로 밴스의 삶에 개입한다. 밴스는 할머니의 안내에 부응하여 일탈된 행동에서 돌아와 공부에 전념하며 새 길을 개척한다. 훗날 밴스는 할머니가 자기 인생의 구원자였다고 말한다.

알코올 및 약물중독자 자녀의 어린 시절의 모습에 대해서는 〈남자가 사랑할 때〉의 큰딸 제시를 떠올려보면 이해가 더 쉽다. 아빠 몰래 술을 숨겨놓고 마시는 엄마를 보면서 제시의 마음속에는 불안이 내재하게 된다. 영화 속에서도 제시는 손에 늘 인형을 붙들고 있다. 그것은 어린아이들에게 심리적 안정감을 가져다주는 부적과 같다. 도널드 위니캇은 그것을 중간대상, 중간물질이라 불렀다. 자기 내면의 불안감과 상실감 등의 결핍을 외부 물질을 통해 안정감을 얻으려는 유아기 아동의 특징적 행동이다. 이 행동을 어른이 되어서 술과 도박 등 다른 물질 및 행위에 의해 대체하는 행동을 위니캇은 중독이라 불렀다.

할머니 보니가 손자 밴스의 구원자가 되기까지는 딸 베브와의 사이에서 생겨난 힘든 심리적 역동을 견뎌내야 했다. 남편이 중독자였는데 딸이 똑같은 길을 걷게 되면 엄마와 딸과의 적대적 긴장수치는 극한으로 올라간다. 할머니 보니는 남편의 알코올중독이 너무 지긋지긋해 술 취해 들어와 쓰러져 있는 남편에게 석유를 끼얹고 불을 지른 여인이었다. 보니에게 중독은 태워 버려야만 하는 그 무엇이었다. 아니 그렇게 태워버리는 것 말고는 다른 방법이 없는 그런 것이었다. 엄마가 아버지를 불태우는 것을 본 딸 베브는 제 손으로 그 불을 껐고 아버지를 살렸다. 딸 베브는 엄마를 이해할 수도 없었고 용서할 수도 없었다. 아무리 아빠가 알코올중독자라 할지라도 차마 그렇게 할 수는 없는 일이었다. 그것이 딸 베브에겐 씻을 수 없는 상처가 되었다. 엄마와 딸은 돌아올 수 없는 강을 그렇게 건넜다. 그리고 딸 역시 심한 약물중독자가 되었고 자식을 팽개쳐 버렸다. 그렇게 내팽개쳐진 아들을 할머니가 구했다. 그렇게 함으로 할머니는 딸에 대한 미안함과 아픔을 덜어내었을지도 모른다. 그리고 그 아들이 온전한 삶을 살아냄으로써 엄마와 딸을 화해시켰을 수도 있다. 인생의 신비 중의 하나는 깊은 어둠 속에도 소망의 빛이 감추어져 있다는 점이다.

밴스가 일탈된 삶에서 돌아와 정상적 삶을 살아가도록 적극적 힘으로 개입한 것은 할머니 보니였다. 로펌 면접 과정에서 엄마의 재발사건을 처리하여야만 했던 탈진한 밴스에게 위로가 되고 힘이 되었던 것은 사려 깊은 여자 친구 레이였다. 그리고 밴스의 옆에서 묵묵히 같은 길 걸으며 함께 아파하고 공감하는 누나 린지가 밴스의 안내자가 되었다. 밴스가 엄마의 재발사건을 뒤처리 하는 과정에서 힘들어할 때 누나 린지는 엄마가 겪었을 아픈 상처에 대해서 이야기 해 준다. 할아버지가 알코올중독으로 할머니를 힘들게 할 때 술 마시고 들어온 할아버지의 몸에 석유를 끼얹고 불을 지른 사건, 그때 그 불을 끈 사람이 엄마였다는 사실을 이야기 해 줄 때 밴스는 비로소 엄마의 일생, 한 여자의 아픈 일생에 공감한다. 엄마만 아니었으면 내 인생이 이렇게 힘들지는 않았을텐데, 왜 나만 이런 고통을 겪어야 하느냐고 그가 하늘을 향해 외쳤던 수많은 기억들을 떠올리면서 우리 엄마도 나와 똑같은 아픔과 고통을 겪었구나 하는 공감적 성찰이 밴스의 생의 지평을 새롭게 열어 주었던 것이다. 누군가가 겪어야 했던 극심한 상처가 어떤 사람들에게는 살리는 묘약이 될 수도 있다. 이 세상에 쓸모없는 것은 아무 것도 없다. 모든 것이 쓸모 있다.

마약중독자들을 위한 장송곡

중독하면 어떤 중독이 제일 먼저 떠
오르는가? 아마도 마약중독일 것이다. 마
약중독이 중독인 줄은 알았지만 알코올중독이 중독인 줄은 몰랐다는 사
람들을 나는 여럿 만났다. 이 말에는 많은 사람들에게 알코올중독은 어
떤 사람이 술을 매우 좋아하는 정도라는 의미로 이해되고 있지만 마약중
독은 그와 비교할 수 없을 만큼 해악적이고 파괴적인 것이라는 인식이 깔
려 있다고 볼 수 있다. 어떤 중독이 더 해악적이고 파괴적인가를 따지기
는 어렵지만 수많은 중독 중에서 마약중독이 사람에게 가장 해악적이고
파괴적인 결과를 초래한다는 시각을 수긍 못 할 바는 아니다. 그것은 마
약중독이 다른 중독에 비해 진행속도가 빠르고, 금단증상도 극심하며,
무엇보다도 범죄와의 연관성이 매우 높아 마약중독에 빠진 사람들의 생
의 결국을 극심한 파탄에 이르게 하기 때문일 것이다. 물론 다른 중독들
도 경중의 차이가 있을 뿐 매일반이기는 하다. 우리나라는 국제사회적으
로 마약중독에 대해 청정지역으로 분류되어 오고 있으며, 그 숫자도 알
코올이나 도박, 게임중독자들에 비해 현저히 적다. 그러나 최근들어 청소

년, 성인 마약사범의 수가 급격히 불어나고 있는 실정인데 그 숫자가 백만명을 넘어 이백만명까지 이르렀다고 주장하기에 이르렀다. 아들이 마약중독자가 되어 수감중인 남경필 전 경기도지사가 마약퇴치운동 단체인 NGU^Never give up를 설립하여 활동 중인데 한국의 마약사용 인구가 이백만명에 달하고 있다고 주장한다. 마약중독이 우리나라에서 크게 기세를 떨치지 못하는 이유는 정부의 강력한 단속과 처벌에 기인하는 것이다. 알코올, 도박, 게임중독은 범죄의 영역에 속하지 않고 있지만 마약을 소지하고 유통하며 사용하는 것은 형법상의 범죄로 강력히 규제되고 있기 때문일 것이다. 그러나 최근 마약사범의 급증 사태는 기존의 대처방식만으로는 한계가 있고 국가의 더 많은 역량이 마약 퇴치에 배분되어야 할 것을 요청하고 있고, 처벌과 단속, 예방 교육 뿐 아니라 이들의 치료와 회복, 재활에도 더 많은 국가의 관심과 지원이 할당되어야 한다고 요청하고 있는 상황이다. 마약중독이 얼마나 해악적이고 파괴적인 가를 알려면 대런 아로노프스키가 감독하고 엘런 버스턴^사라 골드파브역, 자레드 레토^해리 골드파브 역, 제니퍼 코넬리^메리온 실버, 말런 웨이언스^타이론 C 러브 역가 출연한 2000년작 〈레퀴엠 Requim for a dream〉을 보라. 이 영화를 통해 우리는 마약중독, 약물중독의 생생한 세계로 끌려 들어가게 된다. 이 영화로 엘런 버스틴이 13회 시카고 비평가협회상 여우주연상을 수상하였고, 대런 아로노프스키는 주목받는 차세대 감독의 지위를 공고히 하였다. 제니퍼 코넬리도 이 영화에서 인상적인 연기를 펼쳤는데 그녀는 다음해 〈뷰티풀 마인드〉로 아카데미 여우조연상을 수상하였다.

이 영화를 보려는 사람들은 먼저 영화란 무엇인가에 대한 자신의 취향을 점검해볼 필요가 있다. 영화를 통해 위로와 희망을 얻고, 따뜻한 사랑과 감동적인 인간애 같은 것을 얻고자 하는 사람들이나 그저 킬링타임용으로 액션영화 한편 뚝딱 해치우려는 마음을 가진 사람들은 이 영화에 접근조차 않는 게 좋겠다. 십중팔구 끝까지 가지도 못할 것이다. 다만 영화를 통해 마약중독의 실상이 어떤 것인지, 그 해악성과 파괴력이 어떠한 것인지를 알고 싶은 사람들은 제대로 골랐다. 영화를 기술적, 기법적 차원에서 접근하려는 영화 매니아들에게도 이 영화는 큰 도움이 될 수 있다.

대런 아로노프스키는 마약, 약물중독의 실체를 폭로하기로 제대로 작심한 것 같다. 영화는 여름, 가을, 겨울의 세 세션으로 분할되어 있는데 그것은 중독의 시작, 중독의 전개, 중독의 결말로 이어지는 시간의 흐름을 나타낸다. 감독은 영화 속 네 주인공의 일상을 따라가며 중독의 시작과 끝을 무심히 추적한다. 이들 네 주인공의 일상의 삶에서 중심을 차지하고 있는 것은 중독이다. 일상 속에서 그들은 중독 물질을 갈망하고, 그 갈망을 이루기 위해 중독 물질을 구입하고, 구입 한 후에는 그것을 먹고 마시고 흡입하고 환각과 도취의 상태에 빠져든다. 내일이 오면 또 똑같은 일상이 반복된다. 진정한 의미에서 그들에게 내일은 없고, 일상은 사라졌다. 오직 중독 물질에 대한 갈망과 사용행위 만이 그들의 삶, 일상의 모든 것이다. 이 영화 속에는 영화를 보는 이들이 흔히 기대하게 되는 반전이라든가, 쫄깃한 긴장, 가슴 설레는 흥분, 눈물샘을 자극하는 감동 같은 것은 찾아볼 수 없다. 아로노프스키는 감정의 주관적 개입이나 이입 없이 주인공들의 일상이 중독에서 시작하여 중독으로 끝나는 것을 그저 추적할 뿐이다. 그리고 여름, 가을 ,겨울을 지나면서 그들의 인생이 비참한 파국으로 일직선상으로 치달리는 것을 카메라에 담아 관객에게 보여준다. 그는 그 과정을 독특한 화면분할 기법이나 커트의 연속으로 이루어지는 중독 상태의 반복적 편집을 통해 관객들을 중독 상태 속으로 끌어들인다. 영화 포스터 카피가 "당신을 중독시키는 영화"인데 정말 이 영화를 보고 있으면 관객들은 중독 상태에 빨려 들어가는 느낌을 갖게 된다. 아로노프스키가 의도한 것이 이것이라면 그의 의도는 적중되었다. 영화를 다 보고 나면 사람들은 중독 상태에 흠뻑 빠져들었다가 허우적거리며 빠져 나오는 경험을 하게 되기 때문이다. 그리고 그 기분은 불쾌하기 그지 없다.

〈여름〉 엄마 사라 골드 파브엘렌 버스틴는 남편을 잃고 홀로 살아가는 미망인으로 브루클린에 살고 있다. 그녀의 일상의 낙은 초코렛을 먹으며 TV를 보는 것이다. 그녀가 가장 좋아하는 프로그램은 '태피 티본스 쇼'인데 어느 날 방송국으로부터 그 쇼에 초청되었다는 전화를 받는다. 사라는 쇼 출연을 위해 아들 해리의 졸업식에서 입었던 빨간 원피스를 골랐지만 살이 쪄서 원피스가 더이상 맞지 않는다. 다이어트를 시도하는 사라. 그러나 아무런 진전이 없자 친구가 전해준 말을 듣고 정신과를 찾아가 다이어트 약을 처방받는다. 아들 해리자레드 레토는 백수다. 그가 하는 일은 엄마의 TV를 훔쳐서 중고가게에 팔고 그 돈으로 마약을 하며 사는 백수 인생이다. 여자친구 메리온제니퍼 코넬리는 부잣집 딸이지만 마약에 빠져 있고 특별한 직업 없이 부모의 도움으로 살아가고 있다. 둘은 서로 사랑하는 사이이지만 무기력하기 짝이 없는 삶을 살아가고 있다. 해리의 남자 친구 타이론말런 웨이언스의 삶도 해리의 그것과 다를 바 없다. 이들 모두는 행복하기를 꿈꾸지만 현실에서 그것을 추구하지 못한다. 엄마 사라가 무기력한 삶을 살다가 방송국의 출연 제의를 받고 새 희망의 삶을 시작하듯이 해리와 메리온, 타이론은 마약 유통을 통해 돈을 벌 궁리를 하게 되고 이 계획을 실행에 옮겨 적잖은 돈을 모으게 된다. 해리는 번 돈으로 엄마에게 TV를 선물한다. 그때 오랜만에 집에 들어와 엄마를 만난 해리는 엄마 사라가 다이어트 약물에 중독된 것을 알아채고 약을 끊으라고 말한다. 그러나 사라는 듣지 않는다.

〈가을〉 방송국 출연 일정이 정해지지 않은 가운데 사라는 계속 다이어트 약물을 복용하고 중독 증상이 점점 심해지기 시작한다. 의사에게 고충을 말하지만 의사는 살이 잘 빠지고 있으니 아무 문제없다고 말한다. 약물 복용으로 체중은 빠졌지만 사라의 몰골은 초췌하게 변해가고 환각 증세가 점점 심해진다. 해리, 메리온, 타이론은 마약장사를 통해 상당한 돈을 벌었지만 타이론이 경찰에 체포되자 가지고 있던 돈 모두를 타이론 석방을 위한 보석금으로 사용해서 다시 빈털터리가 된다. 돈은 떨어지고 약물은 없는 상태가 되자 해리와 메리온은 금단의 고통을 겪으며 신경이 날카로워지고 서로 날선 다툼을 벌인다. 그 와중에서 해리는 메리온에게 상담주치의에게 몸을 팔아 돈을 벌어오라고 제안한다. 메리온은 그 제안을 받아들여 몸을 팔고 돈을 벌어 온다. 그 돈으로 마약장사를 계속하려던 해리와 타이론은 현실의 장벽에 부딪치자 본격적으로 사업을 벌이기로 하고 마약공급원을 찾아 플로리다로 여행을 떠난다.

〈겨울〉 이제 이들 모두에게 지옥문이 열린다. 엄마 사라는 착란 증세가 심해져서 어느 날 귀신에 홀린듯이 집을 나서 방송국을 찾아가 출연 요청시켜달라고 떼를 쓴다. 방송국 직원의 신고로 경찰에 의해 병원으로 옮겨진 사라는 이런저런 치료를 받았으나 효과가 없어 물리적 정신충격 요법을 받기에 이르고 그 결과 돌이킬 수 없는 뇌손상을 입어 정신장애자가 된다. 그를 면회 온 두 친구가 그 모습을 보고 서로 부둥켜안고 운다. 한탕 크게 벌기로 작정하고 플로리다로 가던 도중 해리는 헤로인 정맥주사 부위에 괴사 증상이 나타나 병원치료를 받던 중 헤로인 주사를 확인한 의사의 신고로 경찰에 체포되어 친구 타이론과 함께 수감 된다. 감옥에서 증세가 더 심해져 병원으로 옮긴 해리는 결국 팔을 절단하게 된다. 한편 플로리다로 떠나기 전 금단증상을 겪고 있던 메리온에게 해리는 마약공급을 빌미로 성 착취를 일삼는 마약상의 전화번호를 넘겨주는데 금단의 고통을 참지 못한 메리온은 마약상을 찾아가 몸을 팔고 약물을 구한다. 그리고 마약상의 제안을 받아들여 난교파티에 참가하게 되고 수많은 남자들이 눈앞에서 지켜보는 가운데 테이블 위에 올라가 동성 섹스를 벌인다.

이 영화의 원작은 『브루클린으로 가는 마지막 비상구』로 잘 알려진 허버트 셀비 주니어의 동명소설이다. 원작이 추구하는 것을 대런 아로노프스키가 충실히 반영했는지 여부를 필자는 알지 못한다. 다만 이 영화를 통해 대런 아로노브스키가 의도했던 것은 마약, 약물중독의 심각성을 알리려 했던 것이라고 볼 수 있다. 앞서 말한 대로 이 영화에는 특별한 스토리 라인이 없다. 그저 시간의 흐름에 따라 중독의 시작-전개-파국의 과정을 객관적 시각으로 잡아내어 관객에게 보여줄 뿐이다. 그리고 참신한 카메라 촬영 기법을 동원해 관객들을 중독의 현장으로 끌어들여 간접체험을 하게 하고 그들로 스스로 판단하게 할 뿐이다. 이 영화를 본 사람들은 누구나 마약중독, 약물중독의 무서움을 알게 되고 경각심을 가지게 될 것이다. 그런 점에서 이 영화는 마약, 약물퇴치 활동을 하는 당국이나 기관에게는 최고의 선전물이라 할만하다. 최대한 감독의 주관적 감정의 이입을 자제하며 만들어진 이 영화에 굳이 다른 의도가 있다면 현대 물질문명 사회와 인간에 대한 통렬한 고발일 것이다. 2000년 이 영화가 개봉될 때 영화의 마지막 난교파티의 장면사실 이 장면을 난교파티라 부르는 것도 점잖은 표현이다이 문제가 되어 문제 장면의 삭제를 요청받았지만 아로노브스키는 이 요청을 단호히 거절한다. 결국 이 영화는 18세 이상도 아닌 X 등급 판정을 받고 제한된 영화관에서만 상영되었다. 우리가 보는 영화는 일부 장면이 수정되어 18세 이상 판정을 받은 영화이다. 왜 아로노브스키는 X등급 판정을 받으면서까지 마지막 난교파티의 장면을 고수했을까? 그것은 그 장면을 통해 그가 이 세상의 어두운 일면을 고발하려 했기 때문이 아닐까? 메리언의 행위를 통해 보게 되는 이 영화의 마지막 장면은 충격적이다. 그리고 더러운 침전물처럼 우리 기억 속에 남게 된다. 그리고 이렇게 질문하게 만든다. 인간이 존엄하다고? 인간에게 양심이 있다고? 도덕과 윤리가 우리 사회를 지탱시켜 준다고? 이 영화의 마지막 장면은 인간의 부패와 타락이 어디까지 이를 수 있는가를 보여준다. 마약중독은 중독자의 인성을 파괴한다. 마약을 얻기 위해서라면 여자 친구의 몸을 팔아서라도 갈망을 해결하려 한다. 일말의 양심도 도덕적 기준도 이들에게는 적용되지 않는다. 나중에는 남자친구로부터 그런 제안을 받지 않더라도 메리언은 스스로 마약을 얻기 위해 그 자리를 찾아간다. 중독 물질에 대한 갈망과 그것을 흡입하려는 욕구충족을 위해 그들은 스스로의 인간존엄성마저 짓밟고 던져버린다. 이 마지막 장면의 마약파티, 난교파티는 현대 물질문명 사회와 거기서 살아가는 인간의 부패와 타락의 현장을 통렬히 고발한다. 마약중독은 인간을 더 이상 인간이지 않게 한다. 인간은 마약을 만들었고, 마약은 인간을 파괴한다. 마약이 있는 곳이 우리 시대의 소돔과 고모라가 된다.

이 영화에 감독의 숨은 의도가 또 있다면 처음과 나중의 두 장면에 숨겨져 있을지도 모른다. 영화의 첫 장면은 마약을 사기 위해 엄마의 TV를 훔쳐서 전당포로 가는 해리와 타이론의 모습을 그리며 시작한다. 감독은 지루하게 그들이 걸어가는 길을 긴 시간 따라간다. 아무 의미도 없는 장면에 긴 시간이 투자되고, 많은 필름이 소모되었다. 아로노브스키는 그 장면을 통해 이것이 마약중독자들의 헛된 인생임을 말하고 싶어 했는지도 모르겠다. 그렇게 아들이 팔아넘긴 TV를 엄마가 똑같은 길을 걸어가 다시 사온다. 이 얼마나 헛되고 허망한 인생인가! 깊은 중독의 늪에 빠져 파멸된 네 주인공이 감옥과 병원에서, 혹은 텅빈 자기 방에서 자궁 속 아기와 같이 웅크린 채 이미 수많은 영화 속에서 차용된바 있는 이미지인데 절망 속에 흐느끼는 모습을 비추며 이 영화는 끝난다. 중독을 자궁 회귀에로의 욕망이라고 정의하기도 하고 젖먹던 엄마의 따뜻한 품을 그리워하는 것이 인간의 본성이라고 이야기하듯이 이 영화는 현대인들이 상실한 것이 바로 엄마의 안전한 자궁, 젖먹던 따뜻한 품임을 말하고자 했던 것은 아닐까? 이와 연관된 장면을 우리는 영화 〈투더본〉에서 확인할 수 있다.

9. 셰임

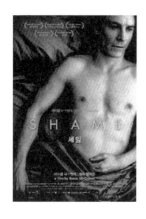

성중독자 남매의 스산한 슬픔

영화 '레퀴엠'이 가져다주는 마약중독의 종말은 처참하고 참혹하다. 마약중독은 악마적으로 인간본성 마저 괴멸시키고 파멸시킨다. '레퀴엠'의 결말은 그렇게 충격으로 다가온다. 아마도 대런 아르노브스키가 X등급 평가를 감수하면서까지 마지막 결말 장면을 고수한 것은 관객들에게 마약중독의 무서움과 비인간성에 대해 충격을 가하기로 작정하였던 것이 아닐까 싶다. 모든 중독은 해악적이다. 중독에는 선한 것이 아무 것도 없다. 성중독 또한 마찬가지다. 세상의 모든 문학과 예술, 영화 중 성을 매개하거나 다루지 않는 것이 단 한편이나 있을까? 가능이나 할까? 성은 인류의 시작, 창세의 역사와 함께 오늘까지 인간 삶의 중심에 자리 잡아 왔다. 성性을 어떻게 정의할까에 대해서는 간단히 한자 性의 의미를 풀이하는 정도에서 머무르기로 하자. 그것은 마음 心에 생명 生 이 합쳐진 단어로 남자와 여자가 마음을 나누는 가운데 생명을 만드는 것으로 풀이할 수 있겠다. 그 외적 표현은 Sex인데 Sex의 내적 효용성은 마음을 나누는 것, 곧 첫째는 남자와 여자의 인격적 관계를 통한 유대감과 친밀감의 확인이요, 둘째는 외적 결과로서의 종족의 번식이라고 할 수 있다. 이렇게 정의할 수 있는 '성'이 중독에 물들면 이제 완전히 다른 의미가 된다. 현대사회에 만연한 '성중독'의 문제를 들여다보려면 스티브 맥퀸오래전 타계한 미국 영화배우 스티브 맥퀸과 동명이인이 감독하고 마이클 패스펜더브랜든 역와 캐리 멀리건씨씨 역이 열연한 2011년작, 〈셰임Shame〉을 보라. 이 영화는 2011년 베니스 영화제에서 마이클 패스펜더에게 남우주연상의 영예를 안겼고, 스티브 맥퀸은 국제비평가협회 감독상을 수상하였다. 유럽영화상에서 촬영상, 편집상을 수상하였고, 선댄스영화제에서도 남우주연상을 수상하였다. 성중독자의 복잡한 내면을 연기한 마이클 패스펜더의 연기는 〈라스베가스를 떠나며〉에서의 니콜라스 케이지의 연기에 가히 필적할 만하다.

영화 〈셰임〉은 성중독에 대한 이해가 전제 되어야 이해하기 쉽다. 이 영화에 대해서는 수많은 영화평이 있는데 이 영화를 '성중독자'에 관한 영화로 이해한다고 하면서도 정작 '성중독'이 무엇인지에 대해서 제대로 이해하고 쓴 글은 찾아보기 어렵다. 〈셰임〉은 '성중독'의 문제를 정면으로 다룬 '성중독자 남매의 이야기'이다. 성중독을 다룬 영화로는 〈S중독자의 고백〉, 〈나는 섹스중독자〉, 〈당신의 다리 사이〉등이 있지만 〈셰임〉과 견줄 바가 못된다. 〈셰임〉은 성중독자의 내면을 섬세하게 연출한 수작이다.

'성중독'은 그 유형의 다양성으로 인해 다른 중독과 구별된다. 다른 중독들은 지극히 단순하다. 마약이면 마약, 도박이면 도박, 게임이면 게임이다. 술과 도박과 게임의 종류가 얼마나 되든막걸리든 소주든, 포커든 빠찡꼬든, 스타크래프트든 리니지든 중독의 본질과 현상을 이해하는데 큰 어려움이 없다. 그러나 '성중독'은 다른 중독과 비교해 훨씬 복잡하다. 가장 쉽게 이해할 수 있는 '성중독'은 섹스중독이다. 섹스에 집착하고 탐닉하는 것이다. 섹스중독이 주로 육체적 성관계에의 집착과 탐닉을 의미하는 것이라면 '사랑중독'은 다른 사람과의 관계에 집착하고 탐닉하는 것이다. 그것은 섹스중독을 포함할 수도 있고 아닐 수도 있는 것으로 사람중독, 사람의존에 가깝다. 〈셰임〉에서는 여동생 씨씨가 사랑중독자·사람중독자, 사람의존자의 모습에 가깝다. 이 외에 '성중독'에는 자기의 신체를 노출하는 노출증일명 바바리맨증과 관음증성적 도촬증이 포함된다. 여기에 더해 포르노물에 중독된 포르노 중독그것은 관음증과 궤를 같이 한다.과 자기 스스로 쾌락을 만들어 내는 자위중독이 포함된다. 영화 속에서 남자주인공 브랜든은 여동생 씨씨와는 다른 중독자의 양상을 보여준다. 씨씨가 사랑중독자, 사람중독자의 모습이라면 오빠 브랜든은 섹스중독, 자위중독, 포르노중독, 노출중독의 성향을 드러낸다.

이 영화는 바로 이 남매의 성중독 양상과 증상이 일상 가운데 어떻게 나타나는지를 추적한다. 이 영화가 높은 작품성을 인정받게 된 데에는 '성중독자'의 내면을 절묘하게 표현해낸 마이클 패스팬더의 연기에 힘입은 바 크다. 특히 주인공 브랜든이 영화 막판 두 여자와 sex 하면서 얼굴 표정으로 나타내는 내면 연기는 이 영화의 압권이다. 그리고 그의 연기로 이 영화는 포르노그라피의 딱지를 벗고 영화 예술의 경지로 뛰어오른다. 물론 〈셰임〉도 미국에서 미성년자17세 이하 관람불가 NC-17 등급을 받았다. 미국 등급위에서는 전면 전신 누드, 오럴 섹스, 그룹 섹스가 나온다며

〈셰임〉에 NC-17을 줬다. NC-17 등급 영화는 일반 영화관에서 상영해주지 않는다. 대도시나 대학가 소규모 극장에서만 상영된다. 그러나 이 영화를 보면서 관객들은 포르노그라피를 볼 때와 같은 성적인 흥분과 자극을 크게 느끼지 않는다. 베니스 영화제에서는 관객들로부터 15분간 기립박수를 받기도 했다. 이 영화를 본 관객들의 주된 소감은 슬픔과 처연함이다. 그것들은 포르노그라피가 가져다주는 성적 흥분과 거리가 먼 감정들이다. 인간에 대한 깊은 이해와 연민, 동정, 혹은 안타까움과 함께 느껴지는 감정들이다.

주인공 브랜든은 현대인들이 선망하는 도시 뉴욕에 거주하면서 괜찮은 직장을 다니며, 자기 집을 가지고 있는 외형적으로는 건실한 젊은이다. 그러나 그는 '성중독자'로서 일상의 모든 상황에서 성적 행위를 한다. 그는 집에서도 자위하고, 직장에 가서도 한다. 언제든, 어디서든, 어떤 여자든 혹은 동성 남자에 이르기까지 기회만 되면 섹스를 한다. 음습한 밤의 골목길에서도 섹스하고, 창녀를 집으로 불러들여 섹스하기도 하고, 전망 좋은 호텔의 대형 창에서 건물 밖에 있는 사람들이 볼 수 있도록 대담하게 섹스한다. 그의 노트북과 업무용 컴퓨터는 포로노물로 가득 차 있고, 음란채팅은 일상이다. 집안 구석구석에는 음란외설 잡지와 물품들로 가득하다. 영화 막판에 그는 두 여자와 섹스하는 등 성적 탐닉의 극한을 보여준다. 그는 영락없는 '성중독자'의 표상이다.

그의 여동생 씨씨는 전국을 떠도는 유랑가수다. 그도 오빠 브랜든처럼 남성 편력문제가 있다. 수많은 남자를 만나왔고 동거생활을 해왔으나 안정된 가정을 꾸리고 있지 못하다. 외로움이 뼛속 깊이 각인 되어 있어 외로움을 달래줄 남자를 늘 필요로 한다. 그녀도 오빠 브랜든이 그러는 것처럼 아무 남자와 섹스한다. 만난지 20분 밖에 안된 오빠 브랜든의 직장상사 에드워드와 섹스한다. 잠시 머물고 있는 오빠 브랜든의 집으로 남자를 끌어들여 섹스한다. 오빠 브랜든이 동생 씨씨의 성생활을 문제 삼자 씨씨는 오빠에게 말한다. 오빠는 내게 그런 말 할 자격이 없다고. 적어도 이 대목에서는 그 오빠에 그 여동생이다.

중독을 진단하는 결정적 측면은 외면의 증상뿐만 아니라 그들의 내면의 상태에 있다. 영화에서 씨씨와 성적 관계를 맺는 브랜든의 직장상사 에드워드는 성중독자가 아니다. 영화 '레퀴엠'의 여주인공 메리언도 성중독자는 아니다. 〈쉐임〉의 에드워드는 불륜을 즐기는 바람둥이라 볼 수 있고, 〈레퀴엠〉의 여주인공 메리엄은 마약을 얻기 위해 자기 몸을 팔고 있을 뿐 성중독자는 아니다. 메리엄은 마약공급자들의 덫에 걸려들어 성적 착취를 당하는 피해자에 불과할 뿐이다. 그렇다면 이들과 성중독자들을 구분 짓게 만드는 내면의 차이는 무엇일까?

영화의 몇몇 장면을 통해 우리는 브랜든과 씨씨가 성중독자임을 확인하게 된다. 첫 장면은 브랜든이 자기에게 호감을 가지고 있는 별거 중인 여직원 마리앤과 데이트를 하는 과정에서 나타난다. 그 때 데이트 하면서 브랜든은 다소의 부적절감을 보이기도 하지만 비교적 평범하고 정상적인 젊은이의 모습을 보여준다. 그러나 그 데이트가 있고 나서 브랜든은 바로 다음날 사내에서 마리앤에게 도발적으로 키스하고, 곧이어 그를 호텔로

데려간다. 그것은 이성과의 만남의 필요를 성적 관계로만 해석하는 성중독자의 전형적인 모습이다. 마리앤과의 섹스를 위해 브랜든은 마약을 흡입하면서까지 관계를 맺고자 하나 끝내 성관계를 맺지 못한다. 이 장면이 그가 성중독자인 확실한 내적 증거가 된다. 성중독자들은 진지한 인간관계, 결혼과 가정생활이 연계된 이성관계를 잘 맺지 못하는 경향이 있다. 그들은 결혼해서도 정작 아내와는 친밀한 성관계를 맺지 못하고 오히려 윤락녀나 불륜의 관계 속에서 성적 만족을 얻는 경향이 있다. 물론 모든 성중독자들이 그렇다는 것은 아니다. 그러나 이런 성향을 보이는 사람들은 거의 성중독자라고 볼 수 있다. 진지한 관계를 전제로 만나려 했던 마리앤과의 섹스가 실패하자 브랜든은 곧 창녀를 부르고 그 자리에서 그녀와 격렬한 성관계를 나눈다. 그의 육체적 능력에는 아무 문제가 없다. 다만 그의 내면에 진지한 관계에 대한 두려움, 가정을 갖는다는 것에 대한 두려움이 그를 섹스 불능의 상황으로 몰아갔을 뿐이다.

마리앤과의 대화 중에 나타난 바, 결혼과 가정에 대한 브랜든의 사고방식과 가치관이 바로 그가 성중독자임을 드러내 주는 또 하나의 증거이다. 마리앤은 브랜든과의 진지한 관계, 곧 결혼을 전제로 한 만남을 원한다. 그러나 브랜든은 말한다. 자신은 진지한 만남을 가져본 적이 없다고. 한 번 있었으나 4달 동안 만난 것이 가장 긴 만남이었다고. 그러면서 말한다. 자기는 사람들이 왜 결혼하고 싶어하는지 이해할 수 없다고. 매리언이 묻는다. 그러면 당신은 지금 이 자리에 왜 나왔냐고? 브랜든이 말한다. 맛있는 음식 먹으러 나왔다고. 대부분의 성중독자들은 결혼생활과 가정생활에 대한 진지한 고려가 결여되어 있고 그것을 부담스러워하며 두려워

한다. 그들의 가치관은 사회적 통념이 허용하는 정상적 범주의 바깥에 있다. 그렇다고 그들이 진보적 사상을 주창하는 것은 아니다. 그런 가치관은 그들이 어린 시절 경험한 가정 내 상처, 학대와 유기로부터 비롯된 애정결핍에 기인한다. 건강한 가정생활을 경험한 적이 없기 때문에 그들은 결혼 이후의 부부생활과 가정생활을 행복하게 꾸려갈 자신이 없고, 결국 가정이 파탄날 것에 대한 두려움으로 가득 차 있다.

세 번째 증거는 여동생 씨씨와의 관계에서 나타나는 브랜든의 이중적 태도이다. 브랜든은 속으로는 여동생 씨씨를 사랑하며 돌보아 주고 싶다. 그러나 겉으로는 항상 여동생 씨씨를 멀리하려 하고 퉁명스럽고 거칠게 대한다. 그러면 그럴수록 동생 씨씨는 오빠 브랜든에게 집착하며 들러붙는다. 사정하고 협박한다. 날 좀 바라봐 달라고. 날 좀 안아달라고. 나는 너무 외롭다고. 오빠도 외롭지 않냐고. 오빠 브랜든의 속마음을 속속들이 알고 있는 것은 동생 씨씨이다. 그러나 오빠 브랜든은 바로 그 이유 때문에 동생을 멀리하려 한다. 브랜든은 자기의 속마음을 알아주는 사람도 싫고, 자기의 진짜 모습을 누군가에게도 드러내고 싶지 않기 때문이다. 그것이 중독의 마음이다. 모든 중독자들은 겉과 속이 다른 이중생활에 익숙하다. 중독이 깊이 진전되면 중독자들은 진정한 자기 자신이 누구인지, 그 자신조차 모를 정도까지 나아간다. 이 영화의 제목 〈셰임〉은 무엇에 대한, 누구의 수치인가? 그것은 영화 중후반부 브랜든과 씨씨가 격렬히 말다툼하는 과정에서 드러난다. 브랜든은 아무 남자에게나 몸을 내어 주는 여동생 씨씨가 수치스럽다. 그녀는 변변한 직업도 가정도 집도 없이 떠도는 생활이다. 자기에게 도움이 되기는커녕 짐이 되는 여동생이 싫다. 여동생 씨씨는 오빠의 관심과 사랑이 필요하다. 그녀는 반복해서 말한다. 우리는 가족이라고. 너는 내 오빠라고. 나도 오빠에게 도움이 되는 삶을 살고 싶다고. 오빠는 말한다. 너는 내게 도움은커녕 내 인생의 짐이요 수치일 뿐이라고. 상처받은 척 살지 말라고. 너는 세상의 기생충일 뿐이라고. 그러므로 내 집을 떠나라고. 여동생은 말한다. 난 아무데도 갈 데가 없다고. 나는 집이 없다고. 왜 나는 늘 오빠를 화나게 하는지 모르겠다고. 브랜든은 여동생 씨씨의 단정치 못한 생활이 수치스럽다. 그러나 더 깊은 곳에는 자신의 존재 자체에 대한, 성장 과정에서 그의 내면에 씌어진 수치의 굴레가 있다. 그 구체적인 내용에 대해서 우리가 알 수는 없다. 다만 여동생 씨씨의 "우린 결코 나쁜 사람들이 아니야. 우리는 상처받은 사람들일 뿐이야 We're not bad people…we just come from a bad place" 라는 고백을 통해 유추할 수 있을 뿐이다. 브랜든이 여동생과 함께 있기를 거부하는 이유는 여동생의 수치를 통해 자기 자신의 수치가 드러나는 것이 싫기 때문이다.

나는 갈 데가 없다고 함께 있기를 간청하는 여동생에게 집을 나가라고 모질게 최후통첩을 보낸 후 브랜든은 거리로 나선다. 알코올중독자라면 술을 찾아 술집으로 간다. 브랜든도 그랬다. 그러나 그는 술집에서 술을 찾는 것보다는 여자를 찾는다. 남자가 있는 여자에게 분별없이 성적 수작을 걸다가 그녀의 남자 친구에게 흠씬 두들겨 맞은 브랜든은 이번에는 남성 성매매업소를 찾아가 동성 섹스를 한다. 그의 성적 탐닉은 여기서 멈추지 않는다. 거기를 나온 브랜든은 이번에는 사창가로 가서 두 명의 여자와 혼성 섹스를 벌인다. 중독자들은 적당히 멈추지 못한다. 끝까지, 남은 한 방울의 정력이 다 고갈될 때까지 섹스한다. 자신 안에 생긴 부정적 감정 - 여동생에 대한 미안함과 죄책감, 그리고 그렇게밖에 할 수 없는 자기 자신에 대한 분노 등등 - 을 성행위를 통해 해소하려는 것이다. 그 부정적 감정을 털어버리려는 갈망이 크면 클수록 성행위에 대한 집착의 정도와 강도는 증가한다. 그렇게 밤이 새고 동이 튼다. 성중독자의 음울한 아침이 시작된다. 이것이 성중독이다!

브랜든의 진실이 드러나는 것은 긴 밤을 보내고 집으로 돌아오는 중 여동생 씨씨의 자살을 예감하고 초조하게 달려오는 모습 속에서 드러나기 시작한다. 브랜든은 욕실 바닥에 피범벅이 된 채 고꾸라져 있는 씨씨를 일으켜 앉히며 울부짖는다. 여동생 씨씨의 두 팔과 온 몸이, 브랜든의 두 손이 씨씨가 흘린 피로 하나가 된다. 동생 씨씨를 병원으로 옮긴 후 브랜든은 병실을 지킨다. 링겔이 꽂혀 있는 씨씨의 팔에는 10여개는 족히 될 자해의 상처가 선명히 남아 있다. 브랜든은 그 상처를 부드럽게 어루만진다. 그때 씨씨가 눈을 뜬다. 오누이는 아무 말 없이 서로 머리를 맞댄다. 그것이 두 사람 사이의 진심의 마음이다.

영화의 후반부 주인공 브랜든은 세 번 운다. 첫 번째는 그가 두 여자와 섹스하는 마지막 순간에서 나타난다. 두 여자와 섹스하는 장면은 이 영화가 X 등급 판정을 받을 만큼 충분히 관능적이다. 그러나 이 영화가 단순한 포르노그라피를 넘어 설 수 있음은 관객들로 하여금 욕정과 관능의 세계로의 전이와 이입을 제어하는 마이클 패스펜더의 표정 연기 때문이다. 마이클 패스펜더가 그의 얼굴 표정 연기로 보여준 것은 브랜든의 성행위가 일련의 의식Ritual, 儀式이었음을 보여준 것이라고 볼 수도 있다. 브랜든은 그 성행위를 통해 자신의 성적 충동을 해소한 것뿐 아니라 그의 내면에서 그를 괴롭히는 죄책감과 수치심을 해소하는 정화의식으로 활용하였을 수도 있다는 것이다. 성중독자들이 성행위를 통해 자기 내면의 부정적 감정들, 이를테면 수치심과 죄책감, 외로움과 분노 등을 표출하려 하는 것은 일반적이다. 그래서 도덕적, 윤리적으로 수치스러운 그들의 성행위가 그 수치를 가려주고 덜어주는 의식이 되기 때문에 그들에게는 성행위에 대한 수치심과 죄책감이 뒤따르지 않는 것이다. 성적 행위의 절정의 순간에 브랜든은 운다. 그것은 자기 안의 수치심과 죄책감을 방출하여 털어버리는 일종의 의식이 완성되는 순간이기 때문에 흘리는 눈물이라고 볼 수 있겠다. 두 번째 눈물은 앞서 살펴본 대로 자해한 씨씨를 부둥켜안고 울 때이고, 세 번째는 동생 씨씨를 병원에 남겨 두고 혼자 허드슨 강변을 비를 맞으며 걷다가 길가에 털썩 주저앉아 우는 장면이다. 성적 절정의 순간에 울었던 브랜든의 울음은 부정적 의식儀式이다. 그것은 수치로서 수치를 제어하려는, 그리하여 궁극적으로는 수치를 가리고 중독을 강화하는 부정적 대처방식이다. 그러나 마지막 세 번째 울음과 눈물은 앞의 것과는 다르다. 그것은 브랜든을 새롭게 하는 회개의 눈물이요, 자기 방어를 해제하는 해방의 눈물이며, 깨끗한 삶으로의 진입을 결단하는 거룩한 세례의 눈물이다. 눈물이 브랜든을 정화하였다.

마지막 장면은 첫 장면의 지하철 장면을 반복한다. 첫 장면에서 브랜든은 결혼반지를 끼고 있는 묘령의 여자를 따라 지하철을 내린다. 그러나 마지막 장면에서 브랜든은 첫 장면과 동일한 묘령의 여인을 만난다. 그러나 그 여인은 첫 장면에서와 같이 결혼반지를 끼고 있지 않다. 그것은 브랜든을 향한 강렬한 유혹이다. 그러나 브랜든은 그 유혹을 물리치고 그녀를 따라 지하철을 내리지 않은 채 자기 길을 간다. 그렇게 브랜든의 회복의 첫날이 시작된다.

ps : 이 날은 브랜든의 회복의 첫날일 뿐이다. 이후에도 그는 숱하게 넘어질 것이다. 회복을 위한 더 많은 노력과 투자가 있어야 브랜든은 성중독의 굴레에서 벗어나 자유롭게 된다.

루저 청년들에게도 내일은 있는가?

도박중독은 마약중독, 알코올중독과 함께 비교적 잘 알려진 중독이다. 대체로 패가망신 하는 중독으로 인식되고 있다. 패가망신이라는 말이 경제적, 재정적 파탄상태를 초래하여 자기 자신과 가족을 망하게 하는 것으로 이해되고 있는 한, 도박중독은 이에 가장 부합하는 중독이다. 도박중독으로 인해 고통 받고 있는 이들을 주변에서 심심치 않게 발견할 수 있음에도 도박중독자에 대한 영화는 찾아보기 힘들다. 〈타짜〉, 〈도신〉, 〈겜블러〉, 〈라운더스〉, 〈21〉, 〈몰리스 게임〉등의 영화가 있지만 도박중독을 다룬 영화라기보다는 '도박'을 다룬 엔터테인먼트 영화들이다. 도박중독자가 누구인지를 그나마 알 수 있는 영화로는 김성수 감독의 1998년작 〈태양은 없다〉를 꼽을 수 있겠다. 이정재가 도박중독자 홍기로, 정우성이 퇴락한 권투선수 도철로, 한고은이 연예인을 꿈꾸는 미미로 출연했다. 이범수가 폭력배 사채업자 병국으로 연기했다. 이정재는 지난해 세계적으로 선풍적 인기를 모았던 〈오징어 게임〉에서도 도박중독자로 열연하였고 2022년 골든글로브 남우주연상에 노미네이트 되기도 하였다. 골든글로브에서는 58년 연기력의 노장 오영수가 남우조연상을 수상하였다. 방황하는 도시 젊은이들의 자화상을 그린 영화로 평단의 좋은 평가를 받았던 이 영화를 오늘은 도박중독과 도박중독자의 관점에서 살펴보기로 하자. 물론 이 영화가 알코올중독자의 생의 결말을 그린 〈라스베가스를 떠나며〉와 같이 중독 문제를 정면으로 다룬 영화는 아니다. 그렇지만 주인공 홍기는 명백히 도박중독자의 증상을 그대로 드러내 주고 있으며, 도철과 미미에게서도 도시가 가져다주는 중독의 어두운 그림자를 발견할 수 있기에 중독과 치유의 관점에서 살펴볼 만한 가치가 있다.

영화는 도철정우성 분이 처절하게 KO 당한 후 코치들로부터 심한 질책을 받는 장면에서 시작된다. 그리고 이어서 홍기이정재 분가 재혼해서 살고 있는 엄마의 아파트로 찾아가 강짜를 부려 돈을 타낸 후에 의기양양하게 길을 가다가 사채업자인 병국이범수 분에게 쫓기다가 결국 붙잡혀 구타당한 후 딱 한 달만 시간을 주면 목숨 걸고 빚을 갚겠다고 애걸하는 장면으로 이어진다. 펀치트렁크 후유증으로 뇌손상을 입은 도철이 체육관 관장의 소개로 흥신소 일을 시작하면서 홍기를 만나고 두 사람은 친구가 된다. 그리고 홍기가 연예인 매니저격으로 지내고 있는 미미가 두 사람과 어울리게 되고 도철과 미미는 연인 사이로 발전한다. 영화는 학벌 없고 돈 없고 가문 없고 스펙 없는 세 명의 도시 젊은이들이 자신들의 꿈을 추구하며 살아가는 일상을 따라가며 전개된다. 그 전개의 중심에는 도박중독자 홍기가 있다. 홍기가 이 세 사람 생활의 중심에 있다. 모든 중독자들은 그가 있는 일상생활과 여러 사람들과의 관계에서 중심이 된다. 그러나 그 중심은 의미 있고 유익한 중심이 아니라 해를 끼치고 삶의 문제를 야기하는 부정적 의미의 중심이다. 모든 중독자들은 그가 있는 삶의 현장에서 트러블 메이커이다.

영화 속에서 드러나는 홍기의 일상은 전형적인 도박중독자의 그것이다. 홍기는 경마중독자다. 그는 돈이 생기면 경마에 탕진한다. 수 많은 사람들이 경마장을 출입하지만 모두가 경마중독자는 아니다. 자기가 가지고 있는 돈의 대부분을 경마에 쓴다면, 자기가 가지고 있는 시간의 대부분을 경마에 쓴다면 그는 경마중독자라 할 수 있다. 홍기가 경마중독자인 근거는 그가 위험한 사채를 쓰면서까지 경마를 하고 있기 때문이다. 도박중독자의 일상은 도박에 시간을 쏟아 붓고, 남들에게 돈을 꾸는 일에 매달리며, 채권자들의 독촉을 피해 도망 다니는 일로 채워진다. 직장을 다니며 수입이 생기더라도 그것은 도박을 위한 수단이요, 빌린 채무를 갚는데 사용될 뿐이다. 도박중독에 입문하는 처음의 시기에는 돈을 따기도 하고, 큰돈을 벌기도 한다. 그러나 그 시간은 오래 가지 못한다. 그들은 오래지 않아 금전적 손실을 보기 시작하고 주변 지인과 모든 금융기관, 심지어는 고금리 사채를 이용하기에 이른다. 도박중독자들의 생애는 잃은 돈을 회수하려는 노력과 과거에 크게 벌었던 순간을 재현하려는 욕망에 이끌려 사는 시간으로 채워진다. 시간이 지날수록 재정적 손실의 규모는 더욱 커지고 판돈도 점점 커져간다. 채권자들의 빚 독촉은 일상의 생활을 어렵게 만들고 그들의 영혼을 옥죈다. 세상에서 가장 무서운 것은 빚쟁이들의 빚 독촉과 성화라는 사실을 도박중독자들은 온몸으로 체험한다. 도박 빚을 갚기 위해, 또 다른 도박자금을 마련하기 위해 도박중독자들은 이제 탈법과 불법 행위도 불사한다.

영화를 보는 관객들은 홍기의 행동에 분노하며 혀를 끌끌 차기도 할 것이다. 왜냐하면 그의 행동은 상식을 넘어도 한참 넘어있기 때문이다. 그의 첫 번째 일탈 행위는 직장 상사의 뒤통수를 후려치는 것으로 나타난다. 불법 흥신소 일을 하던 중 홍기는 직장 규칙을 어기면서까지 돈을 벌기에 혈안이다. 남편의 미행을 의뢰 받았지만 홍기는 오히려 미행하던 남편을 만나 그에게 미행 사실을 역으로 알려주면서 더 많은 돈을 뜯어낸다. 돈이 되는 일이라면 그에게 양심은 중요하지 않다. 도박중독자들에게 양심은 온전히 작동하지 않는다. 그 일로 홍기는 흥신소에서 쫓겨난다. 미미의 연예인 행사장에 참석했다가 폭행당한 도철이 합의금으로 받은 돈을 홍기는 슬쩍 한다. 본래 400만원을 받았지만 처음에는 100만원만 받았다고 거짓말 하고, 두 번째는 200만원 받았다고 정정한다. 그러나 도철이 더 다그치자 사실은 400만원 받았다고 실토한다. 도철이 200만원씩 나누면서 자기가 병원에 입원해 있는 동안 이 돈을 관리해 달라고 홍기에게 부탁하자 홍기는 아예 그 돈을 들고 함께 살던 집에서 도망쳐 나와 차를 장만하고, 옷을 빼입고 연예기획사 대표 신분으로 살아간다. 연예기획사 대표 신분으로 살아가면서도 연예인 지망생들을 꼬드겨 그들의 돈을 착복하는 사기꾼 행각을 멈추지 않는다. 그러한 삶이 여의치 않자 홍기는 육교 위에서 포르노물을 판매하며 생활을 연명하기도 한다. 그러던 중 사채업자 병국에게 덜미를 잡힌 홍수는 도철을 끌어들여 대범하게 보석상을 털려고 시도하지만 실패한다. 두 사람은 밤새 차를 달려 동해안에 이르고 홍기는 자살을 시도하지만 도철의 도움을 받아 회생한다. 떠오르는 동해안의 태양을 바라보고 다시 서울로 돌아온 두 사람. 도철은 차마 내려놓지 못한 권투의 꿈을 계속 이어가려 도장에 나가고 홍기는 병국의 빚을 갚을 돈을 마련하는 일에 분주하다. 그러던 중 세 사람은 홍기의 생일 축하 자리를 미미의 집에서 갖게 되는데 배우로 캐스팅 되어 미미가 받은 계약금을 홍기가 훔치려다가 도철에게 발각된다. 도철은 홍기와 싸우고 결별하고, 미미는 홍기와 결별하라는 충고를 듣지 않는 도철과 결별한다. 이제 영화는 막바지로 향한다. 약간의 돈을 마련한 홍기는 병국을 찾아가 말미를 달라고 부탁한다. 그러나 병국은 더이상 봐주지 않고 홍기의 장기를 팔아버리려 한다. 놀란 홍기는 병국을 뒤에서 때려눕히고 도망쳐 나온 후 또다시 건물 옥상에서 자살을 시도하려 하지만 차마 자살하지 못하고 도철을 찾아온다. 그 시간 도철은 링 위에서 마지막 투혼을 불태운다. 상대방을 한 차례 다운시키기도 하지만 펀치트렁크 후유증으로 정신이 혼란해지면서 도철의 꿈은 그의 피 멍든 육신과 함께 링 바닥으로 처절하게 무너져 내린다. 미미 또한 기대했던 최종 오디션에서 떨어지면서 날개가 꺾인 채 제자리로 돌아온다. 경기장을 찾아온 홍기 앞에서 도철은 나 진짜 이길 수 있었다며 흐느껴 운다. 오갈 곳 없는 두 사람은 미미의 옥탑방을 찾아오지만 방은 비었고 빈방 앞에서 쪼그려 밤을 새운 두 사람 앞에 도시의 태양이 솟아오른다.

이 영화가 그리는 것은 꿈을 향해 나아가는 도시 세 젊은이의 방황과 좌절이다. 새로운 천년을 향해 나아가는 21세기의 개막을 코앞에 둔 시점에서 김성수 감독은 도시의 젊은 루저들의 이루어질 수 없는 꿈과 이루어지기 힘든 꿈을 조명하고 있다. 경제산업화와 정치민주화의 두 마리 토끼를 잡고 중진국 반열에 올라서 새로운 희망과 기대, 설레임으로 밀레니엄의 새시대가 열리기를 고대하고 있는 그 당시 동시대 사람들에게 새롭게 생긴 사회의 어두운 그늘을 상기시키고 있는 것이다. 꿈꾸는 것은 자유다. 그러나 어떤 이의 꿈은 허황된 것이기도 하고흥기, 어떤 이의 꿈은 실현 불가능한 꿈이기도 하며도철, 어떤 이의 꿈은 시대가 조장한 것이기도 하다미미. 어떤 사람이 인생의 꿈을 꿀 때 그것은 개인적인 것이기도 하지만 사회적 맥락과 필히 연결될 수밖에 없다. 도박중독자의 허황한 꿈은 특히 물질만능의 세태 속에서 깊이 배태되고 만개한다. 밀레니엄의 새 시대가 대한민국호의 선진국 진입이라는 새로운 시대를 활짝 열어젖혔지만 다른 한편으로는 도박중독의 지옥문도 활짝 열어젖혔다. 새로운 밀레니엄의 새 시대는 이전 그 어떤 시기와도 비교할 수 없는 수백만의 도박중독자를 만들어 냈다. 핸드폰만 있으면 언제, 어디서나 도박할 수 있는 도박의 신천지가 활짝 열린 것이다. 2022년 현재 우리나라의 도박중독자는 200-250만 명으로 추산된다.

영화 속 홍기는 도박중독 입문 단계라고 볼 수 있다. 25살 젊은 나이라는 점에서 그렇다. 아직 그가 도박중독에 깊이 빠진 것은 아니라는 말이다. 그러나 홍기가 동일한 삶의 방식을 계속 고수해 10년, 20년이 지났다고 가정해 보면 중독이 삶에 끼친 해악이 어느 정도일지 어렵지 않게 가늠해 볼 수 있을 것이다. 이정재가 지난해 〈오징어 게임〉에서 중년의 성기훈 역으로 보여준 모습이 거의 20년 후의 홍기의 모습에 근접한 것일 수 있다. 홍기에게서 두드러지게 나타나는 삶의 특징적 모습은 무엇인가? 도박에 강박적으로 집착하는 것, 위험한 사채를 끌어들여 도박에 사용하는 것, 끊임없이 거짓말 하는 것, 윤리적, 도덕적 의식이 마비되는 것, 탈법과 불법적인 일을 저지르는 것, 남의 돈을 훔치는 것, 그것이 발각된 후에도 뼈저린 죄책감을 느끼지 않는 것, 삶의 문제를 해결할 수 없어 자살을 시도하는 것, 장기 밀매 등 극단적 선택을 할 수밖에 없는 상황에 내몰리는 것 등등이 전형적인 도박중독자의 삶의 양식이다. 홍기의 삶은 보통의 25살 젊은이의 삶과는 달라도 한참 다르다.

　도박중독자들의 주요 특징 중의 하나는 돈에 대한 가치관이다. 아마도 이 지점이 도철과 미미와의 차이점일 것이다. 세 젊은이 다 꿈을 좇는다. 도철은 챔피언이 되려고 하고, 미미는 연예인이 되려고 한다. 챔피언이 되고 연예인이 되면 돈도 잘 벌게 될 것이다. 돈은 그들의 꿈의 성취의 결과로 따라오게 될 것이다. 그러므로 도철과 미미는 돈 자체를 추구하는 것이 아니다. 그러나 도박중독자는 돈 자체를 추구한다. 돈이 최고의 가치이다. 세상 모든 일의 가치는 돈을 벌 수 있는가, 없는가에 의해 판단된다. 홍기에게 권투선수 도철은 돈도 벌지 못하면서 죽도록 얻어터지기만 하는 어리석은 친구일 뿐이다. 돈을 벌기 위해서라면 홍기는 어떤 일도 할 수 있다. 불법적인 일이든, 탈법적인 일이든. 그러나 홍기가 돈을 벌기 위해 행할 수 있는 가장 좋은 수단은 도박이다. 그는 스스로가 경마의 전문가라 생각한다. 그렇기에 그가 가장 잘 알고 있다고 생각하는 경마에 집착한다. 보통사람들은 경마를 확률게임 정도로 여기거나 오락으로 여기지만 경마중독자들은 그것을 과학이라 여기고 더 깊이 연구하면 확률을 높일 수 있을 것이라 여기고 이에 집착한다. 그들은 대부분의 순간에 배팅에 실패하지만 오늘 잃었기 때문에 내일은 딸 거라고 생각한다. 그리고 결정적으로 그들은 그가 경험했던 최고의 순간에 고착되어 있다. 영화 속에서 홍기는 말한다. 경마 최고 배당이 얼만지 아냐? 3,600배야 3,600배.

100만원만 있으면 한방에 36억을 벌 수 있다고. 그러면 저 빌딩이 당장 나의 차지가 될 거야. 그 때 나는 건물 임대수입만으로도 부자가 된다구. 도박중독자들은 이 말을 그냥 하지 않는다. 그들은 이 말을 확신을 가지고 말한다. 언젠가는 그 일이 자기에게 확실히 이루어지리라고 믿는다. 그들은 꿈꾸지만 그것은 한낱 망상일 뿐임을 그들은 알지 못한다. 그리고 똑같은 짓을 평생에 걸쳐 반복한다.

만일 홍기가 운 좋게 3,600배 배당을 받아 36억을 소유했다면 그의 삶은 행복해질 수 있을까? 그가 도박중독자의 내면을 가지고 있는 한 그는 그 돈을 도박으로 다시 날려버릴 것이다. 왜냐하면 도박중독자가 돈을 가지고 할 수 있는 일, 그가 아는 것이라곤 도박밖에 없기 때문이다. 도박중독자는 돈에 혈안이 되어 있지만 정작 돈을 따면 어떻게 쓸지를 모른다. 행복은 돈을 어디에, 어떻게 쓰느냐에 달려 있다. 돈을 자기를 위해, 가족을 위해, 이웃을 위해 쓸 수 있다. 그러나 도박중독자들은 돈을 쓸 줄 모르고 베푸는 데 인색하다. 홍기는 그 돈을 머지 않아 않아 도박으로 다 탕진할 가능성이 지극히 높다. 그것이 도박중독자들에게 정해진 길이기 때문이다.

그렇다면 홍기에게 도박중독의 굴레를 벗어던지고 새로운 삶을 살아갈 가능성은 없는가? 있다. 영화 속에서 홍기는 자살을 결심하고 병상에 있는 새 아버지와 엄마를 찾아간다. 이종 여동생에게도 화해의 말을 건넨다. 죽음을 앞에 두고 그의 선한 마음이, 중독에 오염되기 이전의 선한 본성이 구름 속에서 빛을 비추듯이 드러난다. 이때가 가족들이 홍기를 붙잡아 주고, 그를 치료의 길로 인도할 때다. 아무리 깊은 중독의 늪에 **빠졌다** 할지라도 건져올릴 수 있는 때, 기회는 누구에게나 온다. 그때 그를 도와줄 그 누군가가 반드시 필요하다. 그리고 그 옆에 있는 이들은 이러한 순간이 올 때까지 인내로 기다려야 한다. 홍기는 술을 마신 후 건물 옥상에서 자살을 시도하지만 차마 실행하지 못하고 도철을 찾아와 함께 밤을 지샌다. 중독자들이 회복하기 위해서는 '한 사람'이 필요하다. 여럿이 있으면 더 좋겠지만 한 사람만으로도 충분하다. 홍기를 있는 그대로 받아주고 그에게 선한 영향을 미칠 수 있는 한 사람, 도철이 있는 한 그에게 기회는 있다. 홍기가 가족들과의 관계를 개선하려는 시도는 인생 막장, 맨 밑바닥에서 일어난 것이었다. 어느 날 자기 자신이 어쩔 수 없는 상황에 **빠졌다**는 인식이 들 때 도박중독자들은 자살을 선택하거나 다시 시작하는 길을 선택하게 된다. 도박중독을 치료하기 힘든 이유 중의 하나는 도박중독자들에게는 언제나 희망이 있기 때문인데 언젠가는 한 방 터뜨릴 것이라는 기대가 그것이다. 도박이 인생 문제의 근원인데 그들에게는 도박이 인생 문제의 해결책인 것이다. 그러므로 도박중독자들이 더 이상 도박을 할 수 없는 상황 – 돈도 없고, 더이상 돈 꿀 데도 없고, 빚쟁이를 피해 더이상 도망 다닐 수도 없는 상황 – 이 터닝 포인트가 될 수 있다. 그때가 돼서야 그들은 죽을지 살지를 결정하게 되는 것이다. 그때 선한 양심의 소리가 들려오기 시작하고, 옆에 있는 한 사람의 조언과 충고가 들려오기 시작하며, 이렇게 살 수는 없다. 다시 살고 싶다는 절박한 절규의 순간을 맞게 되는 것이다. 바닥을 쳐야 치료가 시작되는 것이다. 도박중독자 홍기에게 '치료 없이는 태양도 없고, 내일도 없다.'

정복중독자 알렉산더 이야기

중독은 우리 일상 가운데 있다. 어떤 중독은 눈에 두드러지게 보이지만, 어떤 중독은 보이지 않는다. 또 어떤 중독은 스스로를 위장하기까지 한다. 위장된 중독이라고나 할까? '일중독'은 위장된 중독의 대표격이라 할 수 있다. '중독'이 '일'로 위장되어 있어서 그것을 중독으로 인식하기가 무척이나 어렵다. 그러나 모든 중독은 해악적이다. 어떤 사람이 만일 일중독자라면 그 자신을 망칠 뿐만 아니라 주변의 사람들도 망치고, 나아가서는 일 그 자체를 망치기까지 한다. 위장된 중독, 곧 '일중독'의 사례를 영화 속에서 찾고자 하는 이들은 명장 올리버 스톤이 감독하고 콜린 파렐알렉산더 역, 안젤리나 졸리엄마 올림피우스, 발 킬머아버지 필리포스, 안소니 홉킨스친구 프톨레미, 자레드 레토친구 헤파이스티온, 조나단 리스 마이어스카산드로스 등이 출연한 2004년작 〈알렉산더〉를 보라. 아카데미 4회 수상에 빛나는 올리버 스톤이 메가폰을 잡고 1억 5천만 달러 이상의 제작비를 들였으며, 쟁쟁한 배우들을 출연시켰음에도 평단으로부터 박한 평가를 받았고, 흥행에서도 참패하였다. 그러나 중독과 치료의 관점에서 이 영화는 나름 소중한 자산이 된다. 이 영화를 통해 우리는 위장되기 쉬운 중독들, 이를테면 일 중독이나 종교중독, 이념중독 등의 실체를 발견하고 확인할 수 있다. 알 렉산더는 일중독자요 이념중독자, 그리고 정복중독자라고 할 수 있기 때문이다. 올리버 스톤이 알렉산더의 생애를 정신분석적 틀을 가지고 설명하려는 집요한 노력은 영화 전반에 걸쳐 확인된다. 올리버 스톤의 그러한 노력이 어쩌면 이 영화에 대한 관객과 평단의 기대치를 충족시키지 못하는 결정적 요인이 되었을 수도 있다. 이 영화에 대한 기대치가 사람마다 서로 다르므로 평가도 제각각일 수밖에 없지만 심리학적, 정신분석적 측면에서 알렉산더의 성장과 동방원정을 다룬 이 영화의 성취는 탁월해서 가히 정신분석의 교과서라 할만하다.

이 영화에서 그려지는 알렉산더는 일중독자요, 이념중독자, 정복중독자다. 그는 한평생을 정복이라는 일을 하다가 죽었다. 모든 중독의 특징은 끝까지 가는 것이다. 알코올을 더이상 마실 수 없을 때까지 마시고, 가진 돈을 다 잃을 때까지 도박하며, 새벽 동틀 때까지 게임한다. 알렉산더도 끝까지 나간다. 동으로, 동으로! 그의 전진과 정복은 맹목적이고 무조건적이다. 처음 그의 동방원정은 우월한 헬레니즘 문화의 전파라든가, 선친의 유훈을 따르는 행동으로, 혹은 적대국에 대한 응징과 정복의 의미로 시작되었지만 그것은 대제국 바빌로니아를 정복하는 데까지였다. 거기까지는 많은 사람들, 그의 장군, 참모, 병사들도 기꺼이 동의하는 전쟁이요 정복이었다. 그러나 그 이후 인도까지 이르는 전진과 정복 과정은 지극히 비합리적이고 독단적이며, 독선적인 알렉산더 일방의 주장에 의한 것이었다. 그것은 그리스 문화가 추구하던 아테네 민주주의와는 아무런 상관이 없는 것이었고, 자기가 전파하고자 했던 자유, 평등, 해방의 헬레니즘 가치와도 모순되는 것이었다. 바로 그러한 점이 알렉산더를 일중독자요, 정복중독자로 보는 이유와 근거이기도 하다. 중독의 본질은 오용과 남용이다. 그는 전쟁과 정복이라는 국가적 대사를 신민의 동의와 협력 없이 그 자신의 내면의 취약성에 이끌려 오용하고 남용했다. 그리고 그 결과는 당연히 비참하고 처참했다. 모든 중독의 결과가 그러하듯이.

영화는 알렉산더의 충직한 친구이자 벗이며 부하였던 프톨로미안소니 홉킨스의 회고로부터 시작된다. 알렉산더 사후 마케도니아 제국은 네 왕국으로 분열되는데 그때 프톨로미는 고향 이집트로 돌아가 프톨로미 왕조를 세운다. 프톨로미는 알렉산더가 죽을 때까지 대부분의 시간을 알렉산더와 함께 하면서 가깝지도 멀지도 않은 거리에서 그를 보좌했다. 그의 위치는 그러므로 그의 진술과 평가의 객관성을 담보한다. 영화의 볼거리는 초중반부 페르시아와의 가우가멜라 전투 장면과 후반부 인도와의 히다스페스 전투 장면인데, 이 두 장면을 빼고 나면 영화 자체는 지루하다. 갈등의 서사와 반전이 없기 때문이다. 대신 올리버 스톤은 영화 중간중간 프톨레미의 회고형식을 통해 그때그때 일어나는 사건들의 의미를 정신분석적 틀로 해석하고 설명한다. 이 영화 속에서 나타나는 갈등 구조의 기본은 끝없이 맹목적으로 앞으로 나아가려는 알렉산더의 고집과 그에 대한 부하들의 반발이다. 그리고 중간중간 동방정복의 대의와 원칙에 대한 이념적 갈등이 결합된다.

영화는 크게 세 단락으로 나뉘어 있는데 첫째 단락은 알렉산더의 유소년기로부터 청년기에 이르는 과정을 담고 있고, 둘째 단락은 20세에 왕위에 등극해 바빌로니아를 정복할 때까지의 승승장구의 시기, 셋째 단락은 부하들의 동의 없이 인도까지 계속 동진하다가 히다스페스 전투에서 승리하지만 큰 부상을 입고 부하들의 반발을 받아들여 바빌로니아로 돌아온 후 죽음에 이르는 세 단락으로 나뉘어 있다. 올리버 스톤은 각 단락마다 알렉산더의 성장과정에 얽힌 에피소드를 삽입하여 각 단락에서 발생한 사건의 의미를 알렉산더의 내면의 탐색을 통해 설명하고 있다. 올리버 스톤이 플루타르코스의 「영웅전」을 원작으로 삼았으리라는 점은 명확하다. 올리버 스톤은 「영웅전」에 기술된 알렉산더의 모습을 그대로 영화 속에 재현시켜 놓고 있기 때문이다.

> "알렉산더는 일단 무슨 일이 있을 때는 다른 장군들과는 달리 술도, 잠도, 여자도, 구경거리도 다 잊어버리고 오로지 그 일에만 사로잡혀 열중했다. 그렇기 때문에 그는 짧은 인생을 살았으면서도 그토록 위대한 업적들을 이룩할 수 있었던 것이다." 「플루타르코스 영웅전」, 266p, 현대지성, 2016

플루타르코스의 이 진술을 올리버 스톤은 극중 화자인 프톨레미를 통해 확인한다. 프톨레미는 자기의 회고록 구술을 마치면서 알렉산더의 죽음에 대해 이렇게 말한다.

> "사실은 우리 모두가 알렉산더를 죽인거야. 왜냐하면 그의 정복욕을 계속 따라가기엔 너무 벅찼거든. 오랜 세월 힘들게 축적한 재산을 아시아의 아첨꾼들에게 나눠주기도 싫었고, 그는 다양한 인종

끼리 어울려 살라고 했지만 우리는 그의 꿈에 공감하기 힘들었어. 아무도 공감 못했지. 솔직히 그냥 새로운 땅을 정복하는 것이 재밌었을거야. 몽상가는 주변 사람을 힘들게 해. 그러니 그의 헛된 꿈에 시달리기 전에 먼저 죽이는 수밖에 ··· 그게 바로 진실이야"

올리버 스톤은 이 영화를 통해 13년 35,000km에 달했던 역사상 전무후무했던 정복전쟁의 승리자 알렉산더를 영웅으로 그림과 동시에 그것을 가능케 한 그의 내적 동력 - 아무도 공감 못했던 몽상가의 꿈 - 을 대비시킴으로써 인간 알렉산더를 있는 그대로의 모습으로 총체적으로 그리려 했던 것이다.

이제 우리의 논점을 일중독자, 정복중독자 알렉산더에 집중하기로 하자. 영화가 중후반부로 넘어가면서 극 전반의 긴장은 바빌로니아를 넘어 계속 동으로 동으로 전진하려는 알렉산더와 이제 그만 멈추고 그동안 모은 부와 명예를 고향으로 돌아가 누리려는 부하들과의 갈등으로 나타난다. 그럴 때마다 알렉산더는 야만족에 대한 우월한 그리스 문화, 사상의 전파라는 명분과 대의를 코스모폴리탄 사상으로 포장해 부하들의 욕구를 억압한다. 부하들은 말한다. 그것은 당신만의 꿈이라고, 우리의 꿈이 아니라고. 그러자 알렉산더는 자기의 대의를 추종하는 이방 족속들을 등용하고 가까이 지낸다. 핵심 부하들마저 마음을 돌리기 시작하고 마침내 가장 총애하던 측근들이 암살 음모를 꾸미기도 하고, 공개적으로 알렉산더에 대항하던 클레이터스그는 알렉산더의 생명의 은인이었는데마저 연회석 상에서 참살되기에 이른다. 중독은 중독 대상과 행위에 강박적으로 집착하는 병이라고 말했다. 알렉산더는 정복이라는 일에 강박적으로 집착했다.

가까운 사람들과의 합의와 공감 속에서 이루어진 것이 아니라 철저하게 자기 자신의 내적 욕구를 관철하는 가운데 진행되었다. 그것은 폭력적, 강압적, 독단적, 비합리적 판단과 결정에 의한 것이었다. 플라톤의 제자, 아리스토텔레스에게서 사사한 알렉산더는 지도자의 4덕목 - 지혜, 용기, 절제, 정의 - 에 대해서 잘 알고 있었고, 플루타르코스의 평에 의하면 알렉산더는 이 모든 덕목을 잘 구비하고 있던 지도자였다. 그리고 영화 속에서도 스승인 아리스토텔레스는 특히 지도자의 자질과 관련해 절제의 덕목을 강조한다. 그는 여자도, 술도, 돈도 잘 절제하는 사람이었다고 플루타르코스는 평가한다. 그러나 그는 정복욕을 절제하지 못했다! 평생 영웅 아킬레스를 추구했던 알렉산더의 아킬레스건은 절제되지 않는 끝없는 정복욕이었다. 술을 절제하지 못하는 사람을 알코올중독자라 부르며, 도박을 절제하지 못하는 사람을 도박중독자라 부른다. 그러므로 정복을 절제하지 못하는 사람을 정복중독자라 부르는 것은 합당하다.

왜 그는 정복욕을 절제하지 못했을까? 그 답을 올리버 스톤은 정신분석적 틀에서 구한다. 영화 중간중간 알렉산더는 부하들과, 특히 동성애 연인이었던 헤파이스티온과의 대화를 통해 자기의 속내를 드러낸다. 부하들은 저렇게 고향으로 돌아가고 싶어 하지만 나는 돌아갈 고향이 없다고. 그리고 내가 계속 동으로 동으로 가려는 것은 아마도 그 고향을 찾으러 떠나는 것일지 모른다고. 모든 중독자들은 집이 있으나 집이 없고, 고향이 있으나 고향이 없다. 기억하고 싶고 돌아가고 싶은 따뜻한 집, 고향 - 그것은 심리적인 집과 고향이다 - 이 없는 것이다. 알렉산더의 유년시절 그의 정신세계에 가장 큰 영향을 준 것은 아버지 필리포스와 엄마 올림피아스 사이의 적대적이고 폭력적인 관계였다. 그 둘은 서로를 의심하고 불신하는 관계였고 서로 살해당하지는 않을까 불안에 떠는 관계였다. 어린 알렉산더의 내면에 따뜻한 집에 대한 기억은 없었다. 그는 돌아갈 집이 없었기에 어딘가에서 그것을 찾고자 했다. 그러나 그것은 신기루와 같아서 끝없이 나아가도 결코 찾을 수 없는 것이었다. 아버지와 엄마는 각각 알렉산더를 사랑했다. 그러나 알렉산더를 중간에 끼워놓고 아버지와 엄마는 서로 상대방을 비난하고 의심하며 아버지가 네게 왕위를 계승하지 않을지 모른다고, 네 엄마가 네 왕권을 빼앗아 갈지 모른다고 알렉산더의 마음을 분열과 혼돈의 어둠 속으로 몰아넣었다. 알렉산더의 영혼은 일찍부터 어둠에 갇혔다. 그에게는 집이 없었고, 집이 어둠이었다. 따뜻한 집을 찾아 그는 끝없이 정복의 길을 걸었다. 아버지 필리포스가 심복에 의해 암살당했을 때 알렉산더는 그것이 엄마 올림푸스의 사주에 의한 것이었다고 믿었다. 그의 마음속에는 여성이 채워야 할 아내의 빈자리가 마련될 수 없었다. 알렉산더는 그 빈자리를 동성의 연인 헤파이스티온에게 넘겼다.

현대 정신분석학에서도 병리학 동성애의 기원을 이성인 엄마로부터 받은 상처의 반동으로 이해한다. 왕위계승을 둘러싸고 벌어지는 일상의 불신과 불안을 겪던 유소년기, 알렉산더는 아리스토텔레스의 궁정학교에서 헤파이스티온을 만난다. 그리고 그와 하나가 된다. 그것은 헤파이스티온의 정직으로부터 비롯된다. 레슬링 등 여러 기예 겨루기에서 헤파이스티온은 알렉산더가 왕자라서 일부러 져주는 행위를 하지 않는다. 그 행동과 태도가 알렉산더를 사로잡았고 알렉산더는 헤파이스티온과 완전한 신뢰의 관계를 맺는다. 그리고 동성 연인관계로 발전한다. 정상적 부부생활, 가정생활을 힘들어하고 어색해하는 것은 모든 중독자들에게서 나타나는 공통의 특질이다. 알렉산더에게는 여러 명의 아내가 있었는데 적장 다리오스의 딸로서 교양 있고 품격 있는 아내도 있었지만 그는 야만족 족장의 딸 록산느를 가까이했고 그에게서 아들을 얻었다. 그러나 록산느와는 육체적 관계를 맺었을 뿐 그가 정신적으로 사랑한 연인은 헤파이스티온이었다. 알렉산더가 급사한 설득력 있는 이유 중의 하나는 헤파이스티온의 죽음이었다. 한 몸이었던 헤파이스티온이 죽자 그는 그 공허를 술로 메우다가 죽었다. 그의 죽음에 대해 알렉산더는 록산느를 의심한다. 마치 엄마 올림피아스가 아버지 필리포스의 암살을 사주했다고 믿은 것처럼. 과거의 상처는 그렇게 무의식 속에 남아 있다가 현실 속에서 불쑥 전치되고 투사된다. 그가 동방원정을 떠난 이후 단 한 번도 그의 엄마를 만나지 않은 것처럼, 그는 록산느를 버려두고 만나지 않았다. 심지어 그녀가 잉태하고 있던 아들을 죽는 순간에도 후계자로 지명하지도 않았다. 그렇게 알렉산더는 록산느에게 고통을 안겨 주었는데 그것은 그의 엄마 올림푸스에 대한 무의식적 반발과 응징이었다. 영화 속에서 헤파이스티온은 알렉산더의 끝없는 동방원정이 마치 엄마 올림피아스로부터 멀어지기 위해 도망가는 것 같다고 말하는 데 그것은 알렉산더가 가지고 있던 무의식적 충동에 대한 가장 적확한 분석이라 할 수 있다. 끊임없이 자기의 전존재를 조종하고 통제하려는, 그러면서도 자기에게 의존하는 엄마가 자기를 함입해 버릴 것만 같은 '함입불안'으로부터 그는 도망가려 했던 것이다. 알렉산더의 동방원정은 엄마로부터의 무의식적 도피이자 응징이었다.

알렉산더를 일중독자, 정복중독자로 볼 수 있는 아주 중요한 단서의 하그래봤자 33년이지만, 나는 그의 전 생애를 통해 일관되게 나타난 정신의 '이상화 현상'이다. 하인즈 코헛이 말하는 '이상화'는 자아, 혹은 자기의 형성과 발전에서 성숙하지 못한 채 남아 있는 미숙의 정신상태를 의미한다. 이상화는 주로 부모의 힘을 내면화함으로 나타나는데, 알렉산더는 정복왕 소리를 들었던 아버지보다 더 큰 존재가 되기를 원했고, 네 진짜 아버지는 제우스 신이라고 말하는 엄마의 세뇌를 내면화했으며, 아리스토텔레스의 사상을 코스모폴리탄 사상으로 내면화함으로써 그 누구의 간섭도 허용하지 않는 끝없는 정복 전쟁의 내적 동력을 구축했다. 끝없이 전진해 나가면서 알렉산더는 제우스의 아들이라고 칭함 받기를 마다하지 않았으며, 제우스와 대항해 인간에게 불을 가져다 준 프로메테우스와 자신을 동일시하기를 주저하지 않았다. 그 자신이 세운 놀라운 업적으로 그는 신의 반열에 올라서는 인간이 되었다. 그러나 그의 내면 상태에 가장 근접한 신의 이름은 오이디푸스였음에 주목하지 않을 수 없다. 그리스의 위대한 신들 중 그의 전인격이 가장 많이 투영된 신은 바로 오이디푸스였다. 그는 영화 속에서 오이디푸스의 이름을 한 번도 끄집어낸 적이 없지만 그의 삶은 전적으로 훗날 프로이트에 의해 명명된 오이디푸스 콤플렉스 속에서 이루어졌던 것이다. 물론 그 표현 양상이 프로이트의 해석과는 반대로 알렉산더는 엄마를 두려워하고 아버지를 갈망하는 내적 상태에 있었다. 마지막 전투를 치루고 부상 상태에서 회군하여 돌아오는 길에서 알렉산더는 아버지의 환영을 본다. 그것은 아버지가 있는 곳으로 돌아온다는 것을 의미한다. 아버지가 못다 이룬 동방원정의 꿈을 마치고 돌아오는 길에서 아들 알렉산더는 아버지에게 합당한 아들이 되었다는 뿌듯함을 안고 돌아오게 되는 것이다.

이제 마지막으로 명마 부케팔로스와의 일화가 의미하는 것을 살펴봄으로써 이 글을 마무리 짓기로 하자. 명마 부케팔로스와의 일화는 알렉산더의 일생을 이끌고 갔던 내면의 어두움에 대한 중의적 장치로 볼 수 있다. 알렉산더는 평생 내면의 유년시절의 상처와 불안의 어두운 그림자 속에서 살아왔지만 그는 이상화 방어기제를 발휘해서 그 자신을 신격화 하고, 영웅시 함으로써 전무후무한 정복 전쟁의 승리자가 되었다. 이 과정에서 애마 부케팔로스는 생사를 함께한 히다스페스 전투에서 상처를 입고 죽게 된다. 알렉산더는 명마 부케팔로스를 처음 만나 길들일 때, 부케팔로스가 자신의 그림자를 두려워하여 부적응 반응을 보이는 사실을 알아채고 그림자가 비추지 않는 방향으로 부케팔로스를 조종해 승마에 성공한다. 마지막 전투에서 부케팔로스는 자기의 그림자 따위에 아랑곳 하지 않고 거대한 코끼리에게 달려들어 장렬한 최후를 맞이한다. 부케팔로스가 죽고 알렉산더가 큰 부상을 당한 그 순간이 어쩌면 알렉산더가 자기를 발견한 순간일지도 모른다. 자기를 평생 끌고 온 내면의 어두운 그림자와 결별하고 새로운 시작을 결심한 순간이 … 부케팔로스의 죽음과 함께 그의 내면의 어두운 그림자도 함께 걷혔다. 그에게는 새로운 삶을 살아갈 새로운 시간이 다가온 것이다. 역사의 수많은 국면에서 인간이 이룬 위대한 성취 이면에 그것을 가능하게 한 어두운 그림자상처가 있었다는 사실은 더이상 공공연한 비밀이 아니다. 알렉산더의 위대한 동방원정은 그의 멸절불안, 함입불안을 내인으로, 아리스토텔레스의 인류공영의 코스모폴리타니즘을 외피로, 그가 가장 믿고 사랑했던 헤파이스티온과 동행하며, 무섭고 두려운 엄마를 피해, 자기와 같은 상처를 안고 있던 명마 부케팔로스를 타고 영혼의 안식처따뜻한 집, 고향을 향해 끝없이 끝없이 나아가야만 했던, 영혼의 깊은 내상을 입은 청년 알렉산더의 슬프지만 찬란했던 전투적 방랑기라 할 수 있겠다.

12. 똥파리

치료와 회복의 패러독스

폭력은 폭력을 낳고, 중독은 중독을 낳
는다. 폭력에서 중독이 나오고, 중독에서 폭
력이 나온다. 그리고 누군가에겐 폭력 자체가 중독이 된다. 지금 이 순간
에도 수많은 가정 안에서 가정폭력이 자행되고 있다. 대개는 아버지, 남편
에 의해서 아내와 자녀들을 향해 자행되는 폭력이다. 때때로 그 역의 경우
도 있다. 이 시대의 수많은 문학작품과 영화들 속에서도 가정폭력의 문제
가 다루어지고 있다. 문학과 영화, 드라마 중 스릴러물들에는 사건의 발
단이 가정폭력에 있음을 드러내는 작품들이 꽤 있다. 폭력은 가정폭력과
사회폭력으로 나누어 볼 수 있는데 국가 간 전쟁이나 연쇄살인, 왕따 등
등 사회폭력의 다양한 양태는 열거조차 힘든 지경이다. 이들 모든 폭력의
가해자도 그가 어린 시절 경험한 폭력의 상처가 있어, 그것이 그들을 극
한의 또 다른 폭력으로 이끌어 가는 심리적 근원이 되고 있음은 주지의 사
실이다. 가정폭력과 폭력중독에 대해서 알고자 한다면 양익준이 감독, 각
본, 제작하고 그 스스로 주연으로 열연한 한국 독립영화사의 기념비적 작
품, 2009년작 〈똥파리Breathless〉를 보라. 양익준이 주인공 상훈으로, 김꽃

비가 고등학생 연인 연희로, 이환이 연희의 오빠 영재로, 정만식이 상훈의 동업자 만식으로 출연했다. 피렌체 한국영화제 관객상, 도빌 아시아영화제2009 비평가상, 최우수작품상, 로테르담 국제영화제2009 VPRO 타이거 상, 청룡영화상 남우신인상, 여우신인상, 대종상 영화제 신인여우상 등 수많은 상을 수상하였다. 일본과 해외에서는 〈똥파리〉 대신 영어 원제 Breathless숨 쉴 수 없어가 영화 제목으로 사용되었다.

〈똥파리〉 이후 양익준은 새로운 장편영화를 내놓고 있지 못한 데 대해 〈똥파리〉를 만들면서 너무 많은 에너지를 써서 아직 다른 작품을 만들 힘이 없다고 대답하였다는 여담이 있다. 그것은 아마도 이 영화가 그의 삶의 실제를 상당 부분 반영한 것이기 때문일 것이다. 어떤 형태로든 그 자신이 가정폭력에 연루된 희생자였을 것이고, 그 해묵은 상처를 드러내기 위해서는 죽을 만큼의 용기와 더 이상 숨 쉴 에너지조차 남아 있지 않은 에너지가 필요했기 때문이었을 것이다. 중독을 다룬다는 것, 중독자와 함께 산다는 것, 중독자로 살아간다는 것, 이 모든 일에는 죽을 만큼의 에너지가 필요한, 참으로 진빠지는 일임을 당사자와 가족들은 오늘도 일상에서 날마다 겪으며 살아가고 있다. 영화 속 주인공들의 삶을 먼발치에서 바라보는 것만으로도 관객들은 숨 쉴 수 없는 고통을 느끼지 않을 수 없게 된다.

영화는 폭력에서 시작해 폭력으로 끝나고 욕에서 시작해 욕으로 끝난다. 오죽하면 일본에서는 주인공 상훈이 입에 달고 다니던 욕 '씨발놈아'가 일본어 シバロマ로 표기 되어 회자되기까지 했을까. 때때로 폭력은

느와르 장르로, 혹은 폭력의 미학으로 포장되기도 하지만 이 영화는 그런 낌새조차 없이 욕과 폭력으로 시종한다. 그 어떤 중의적 장치도 메타포도 없다. 복선도 없다. 가슴 졸이는 긴장도 없다. 한 폭력중독자, 욕중독자의 일상을 있는 그대로 카메라에 담아 보여줄 뿐이다. 영화는 이해하기 너무 쉽고 단순하다. 주인공 상훈은 '양아치'다. 그가 하는 일의 하나는 용역 깡패의 일이고 다른 하나는 사채를 쓰고 빚을 갚지 못하는 사람들을 찾아가 수금하는 일이다. 그 방법이 폭력임은 말할 것도 없다. 영화의 첫 장면은 상훈이 데이트 폭력 현장을 목격하면서 시작된다. 여자 친구를 폭력하는 남자를 보자마자 상훈은 그 남자를 무자비하게 구타한다. 왜 연약한 여자를 때리냐고 하면서. 그런 후에는 여자에게도 폭력을 가한다. 왜 바보처럼 맞고 사냐고. 폭력이 행사된 이유를 따지고 말고도 없이 때린 자나 맞은 자나 다 상훈의 마음에 들지 않는 것이다. 그의 행동은 정확하게 그의 마음, 곧 폭력에 대한 그의 내면의 상태를 반영한다. 그는 가해자이면서 동시에 피해자이다.

상훈이 왜 그렇게 폭력을 행사하고 욕을 입에 달고 다니는 사람이 되었는지에 대해 영화는 상훈의 유소년기를 조명한다. 바람피우고 술 마시고 폭력을 일삼는 아버지가 식칼을 들고 행패를 부리고 가족들을 위협한다. 엄마가 위험한 상황에 빠지게 되자 상훈의 여동생이 아버지를 가로막다가 칼에 찔린다. 그 상황이 두려워서 자기 방 한구석에 웅크리고 숨어 있던 상훈이 이 모습을 보고 뛰어나와 칼에 찔린 여동생을 들쳐 업고 병원으로 달려가지만 여동생은 병원에서 죽고 만다. 상훈이 여동생을 들쳐 업고 나갈 때 엄마도 따라나서다가 교통사고를 당해 그 자리에서 숨진다.

이 상황이 오늘의 상훈을 만들었다. 폭력적인 아버지에 대한 거부는 폭력을 휘두르는 모든 남자들에 대한 응징으로 나타났고, 바보처럼 맞고 사는 여자들에게는 동생을 죽게 만든 자신의 비겁함을 투사한다. 그들에게서 자기에게서 지워버리고 싶은 비겁함과 연약함이라는 자기의 모습을 발견하기에 그들에게도 분노한다. 그의 내면에는 비겁함으로 동생과 엄마를 지키지 못했다는 죄책감과 수치심이 깊이 도사리고 있어서 분노로 표출된다. 그것은 폭력에 굴복하고 굴종한 결과였기에 그는 더이상 그와 같은 짓을 반복하지 않으려 한다. 그래서 그는 폭력으로 폭력에 맞서는 자가 되었고, 자기 자신에 대한 분노를 이 세상을 향해 퍼붓는 사람이 되어 버린 것이다. 영화는 그런 내면을 가진 상훈의 일상을 따라 전개된다.

상훈의 직업적 일상은 용역 깡패로 일하는 것과 사채 수금 행동대장으로 일하는 것이다. 그는 이 일들을 통해 많은 돈을 벌지만 돈을 쓸 줄 모른다. 돈이 생기면 이복 누나를 도와주고 조카에게 과자와 장난감을 사준다. 이복 누나는 가난하지만 성실한 삶을 살아가고 있고, 남편이 없다. 이들을 만나면서도 상훈의 입에는 늘 욕이 가득하지만 그것은 그저 언어적 습관일 뿐 위협적이지도 않다. 욕중독자들에게 때때로 욕은 친근감의 표시일 때가 있는데 이들에 대한 상훈의 태도는 그에 해당한다. 그는 좋은 동생이 되려 하고 있고, 조카에게 좋은 삼촌으로, 그의 아버지 자리를 대신해 주는 역할을 기꺼이 감당하고 있다. 그가 사회에서 인격적 관계를 맺고 있는 유일한 대상은 그보다 몇 살 위인 직장 보스 만식이다. 그와의 일상 대화도 욕에서 시작해 욕으로 끝나지만 그 둘 사이에서도 훈훈함과 따뜻함이 배어난다. 그들은 있는 그대로의 서로를 받아들인다. 만식은 그에게 따뜻한 형이고 상훈은 칭얼대는 동생과 같다. 비록 양아치로, 한갓 똥 파리 같은 인생을 살아가고 있지만 그의 옆에는 서로 돌보아주고 배려하며, 정을 나눌 사람들이 있다.

이런 그에게 두 가지 사건이 일어난다. 하나는 여고생 연희를 만나 연정을 꽃피우게 된 것이고, 다른 하나는 아버지가 복역을 마치고 15년 만에 출소한 것이다. 상훈이 여고생 연희를 만나 호감을 갖게 되는 이유는 분명하다. 상훈의 폭력과 거친 태도, 쌍욕에도 전혀 위축되지 않는 연희의 행동 때문이다. 상훈의 폭력에 전혀 위축되지 않고 두 눈 부릅뜨고 맞서는 연희의 당당함 앞에서 상훈은 당혹감과 함께 동질감을 느끼게 된다. 연희에게서는 상훈 자신의 내면의 비겁함이 투사되는 것이 아니라 유소년 시절 아버지의 폭력에 맞서 자신이 되고자 했던 당당하고 용기 있는 모습을 발견하면서 그녀에게 끌리게 된다. 상훈이 일상 가운데 만나는 많은 사람들은 자신의 폭력 앞에 굴복하는 상훈 자신의 내면에 '거절하고 싶은 자기'^{비겁함으로 굴종하는}를 가지고 있는 반면에 연희는 '긍정하고 싶은 자기'^{폭력에 당당히 맞서는 자기}를 갖고 있기에 내적으로 끌리게 되는 것이다. 상훈은 사채 수금을 하면서 폭력을 행사할 때 그들의 비굴한 모습을 보면서 무의식적으로는 비굴한 자기 자신을 처벌하고 있는 것이다. 그리고 그런 자기를 처벌하면서 그는 쾌감을 느끼기도 하고, 그들에게 실컷 폭력을 행사 한 후에 자장면을 사주면서 아량을 베풀기도 하는데 이는 그들을 위한 행동이면서 한편으론 불쌍한 자기 자신을 돌보는 행위이기도 하다. 이러한 내면을 가지고 있기 때문에 상훈을 폭력중독자라 보는 것이다.

출소한 아버지를 찾아가 돈을 방바닥에 던지며 아버지를 구타하는 모습을 통해 폭력중독자 상훈의 모습을 본다. 감독 인터뷰를 통해 아들이 아버지를 무자비하게 구타하는 장면에 대해 양익준은 아들이 아버지와 대화를 하러 간 것이었는데, 아버지와의 관계에서 적절히 훈련되지 못한 상훈의 대화방식이 폭력이었다고 진술한 바 있는데, 대부분의 중독자들도 그와 같다. 그들은 자기의 마음을 읽고 그것을 대화로 표현하는 일에 몹시 서툴다. 폭력중독자들에게는 폭력을 행사하는 것이 대화의 한 방편이다. 아버지를 때리면서 상훈이 말한다. 왜 그랬냐고, 왜그랬냐고. 아버지가 맞으며 말한다. 미안하다고. 그래도 아들의 맺힌 분노는 풀어지지 않는다. 아들과 아버지의 만남은 그렇게 폭력으로 물든 만남으로 이어지며 일상이 된다. 지난날 아버지가 가족들에게 일상적으로 폭력을 퍼부었듯이. 그러던 어느 날 상훈이 아버지 집을 찾아갔을 때 아버지가 음독하여 자살을 시도한 현장을 발견한다. 상훈은 1초도 지체하지 않고 아버지를 들쳐 업고 병원으로 뛰어간다. 뛰어가면서 부르짖는다. 안돼. 죽지마. 제발 죽지마. 폭력중독자 상훈의 본심이 분출되는 순간이다. 그리고 지난날 동생을 업고 뛰어가던 그 길을 이제 아버지를 들쳐 업고 상훈은 다시 달리고 있다. 완벽한 데쟈뷰다. 상훈은 가족 모두를 사랑했으며 살리고 싶었던 것이다. 엄마와 여동생을 숨지게 한 그 아버지조차. 이것이 진실이다! 모든 중독자들의 내면 깊은 곳에 감추어진 인간의 고상한 진실! 모든 인간과 마찬가지로 중독자들도 사랑받길 원하며, 사랑하길 원한다. 엄마와 여동생은 죽었지만 아버지는 살아난다. 그리고 아들과 아버지 사이에 용서와 화해의 새로운 장이 열린다.

아버지를 병원에 입원시킨 그날 밤. 상훈은 연희를 만난다. 그리고 그녀의 무릎을 베고 어린아이처럼 운다. 나 이제 어떻게 해야 하냐고. 그의 영혼이, 그의 상처 입은 자아가 새로운 길을 찾고자 떨고 있는 순간이 다가온 것이다. 중독을 치유하는 과정에서 빛나는 순간의 하나는 잃어버린 동심을 되찾을 때이다. 상훈은 자기보다 나이가 한참이나 어린 연희의 무릎에 누워 어린아이가 되었다. 그 자신이 애써 지워버리려 했고 묻어두었던 선하고 순수한 어린 자아가 새움 돋아나듯이 모습을 드러내고 있는 것이다. 자기를 있는 그대로 받아주는 연희 앞에서 그는 더이상 가면을 쓸 필요도, 자기 자신을 강한 척 은폐하고 위장할 필요가 없었기에 가능한 일이었다. 중독에서 벗어나 회복으로 가는 길에 그를 있는 그대로 받아주고 사랑해줄 '한 사람'만 있어도 새로운 길은 활짝 열린다. 아버지를 살리고, 연희와의 연정을 키워가면서, 이복 누나와 조카를 사랑하고 돌보며 이제 양아치 상훈의 새로운 삶이 바야흐로 싹트기 시작하는 것이다.

감독은 이 시점을 절정으로 행복에 이르는 대단원을 준비하거나 불행과 파국으로 이끄는 대단원을 설정할 수밖에 없었을 것이다. 양익준 감독은 행복과 불행이 결합된 대단원으로 영화를 마무리 한다. 영화의 마지막 장면은 조카의 학예회에 모든 이들이 참석하고 병원에서 퇴원한 아버지를 모시고 잔치하는 장면으로 끝난다. 이복 누나 서현과 상훈의 동업자 만식이 서로 사귀는 사이가 되고 연희도 이 가족의 일원이 되어 행복한 미소를 머금고 참석한 장면이다. 그러나 같은 시간 이 자리에 참석하기 위해 채권수금을 마치고 돌아오던 상훈은 연희의 오빠 영재의 살의 가득한 공격을 받고 비참한 죽음을 맞는다. 그리고 영재는 상훈이가 걸어간 길 그대로 용역깡패가 되어 폭력을 일삼는 괴물로 변한다. 영재의 폭력에 의한 상훈의 죽음이라는 결말은 다소 작위적인 느낌을 받게 되는데 그것은 영재의 살의 동기가 애매하기 때문일 것이다. 그럼에도 불구하고 영화의 말미를 영재에 의한 상훈의 살해로 설정한 것은 폭력의 대물림 현상을 강조하려 했기 때문이 아닐까 짐작해 본다. 중독 문제가 가지고 있는 가장 큰 폐해는 바로 그 중독이 대물림된다는 데 있다. 중독은 세대를 이어가며 전수되는 참으로 나쁜 병이다. 상훈이 폭력중독이 된 것이 아버지의 폭력을 대물림 한 것처럼, 영재도 아버지의 폭력을 대물림하여 또 한 명의 괴물이 탄생하게 되는 것이다.

중독과 치료의 관점에서 특별히 관심을 가지고 보아야 할 대상은 연희이다. 엄마는 포장마차를 하다가 용역깡패에 의해 시달림 받다가 죽었고 영화 속에서는 상훈에 의해 엄마가 죽임을 당한 것으로 설정되어 있는데 이러한 설정이 굳이 필요했는지는 의문이다. 아버지는 월남전 참전 군인으로 외상 후 스트레스 장애를 앓고 있으며 치매와 망상, 히스테리와 편집증상을 보이고 있다. 그도 욕을 입에 달고 살고 있고, 밥상을 걷어차는 폭력행위도 서슴지 않는다. 그런 가정에서 고등학교 3학년 연희는 학교에 다니며 가사를 챙기고, 아버지를 돌보고, 철없는 오빠와 실랑이 하면서 참으로 감내하기 힘든 고단한 인생을 살아가고 있다. 그녀가 짊어진 인생의 짐은 가혹하리만치 무거운데도 연희는 그 짐을 하루하루 감당하면서 살아간다. 그러던 어느 날 운명처럼 상훈을 만난다. 여느 여고생 같았으면 감히 상상도 못할 행동을 연희는 상훈에게 해댄다. 얼굴에 침을 뱉는가 하면, 초면부터 말을 놓는다. 상훈의 존재에 대해 연희는 전혀 두려움을 느끼지 않는다. 왜냐하면 상훈의 폭력적 행태는 연희에게 이미 가정에서 아버지로부터 학습된 익숙한 행태였기 때문이다. 상처 입은 이들이 서로를 알아본다. 그리고 이끌린다. 상처 입은 자들이 서로에 대해 상처 입은 치유자로 기능하는 순간이 다가온 것이다. 이 영화 속에서 연희는 상훈의 구원자다. 이것이 치료와 회복의 패러독스다. 누군가의 아픈 상처가 어떤 사람에게는 구원의 통로로 기능한다.

영화와는 관계없는 상상이지만 만일 상훈이 영재에 의해 죽임당하지 않고 상훈과 연희가 서로 만나 결혼하였다면 행복한 삶을 살 수 있었을까? 그럴 수도 있겠고 아닐 수도 있을 것이다. 그러나 분명한 사실은 두 사람의 인격과 내면에 보다 분명하고 확실한 내적 성장과 성숙이 병행되지 않는다면 두 사람이 만들어 가는 삶에는 수많은 곡절과 아픔이 있을 것이라는 점이다. 상훈과 연희의 연애시절은 솜사탕처럼 달콤할 것이다. 그러나 결혼이란 관문을 통과한 후 두 사람이 맞닥뜨려야 하는 삶은 전혀 다른 양상으로 나타나기 마련이다. 연애시절 두 사람을 서로에게 이끌리게 해주었던 요인들이 결혼 후에는 얼마든지 정반대 결과로 나타날 수 있다. 이끌리게 해주던 요인들이 멀어지게 하는 요인으로 작용할 수 있다는 말이다. 결핍을 가지고 성장한 두 사람은 결혼과 동시에 배우자가 자기의 결핍을 연애시절 보다 더 잘 채워주리라 기대한다. 그런데 받아본 적이 없는 두 사람은 줄 줄을 모른다. 연희는 상훈에게 따뜻하고 자상한 남편이 되어주길 기대하지만 그는 여전히 무뚝뚝하고 투박하다. 상훈 역시 연희에게 상냥하고 부드러운 아내가 되어주기를 기대하지만 연희는 여전히 강하고 전투적이다. 두 사람은 싸우는 데는 익숙하지만 화해하는 데는 서툴다. 상대방에게 바라는 기대가 일상적으로, 반복적으로 무산되고 좌절되면서 두 사람은 서로를 비난하면서 싸우게 된다. 둘 사이에 아이라도 생기게 되면 상대방에게 좋은 엄마, 좋은 남편이 되라고 강요하고 압박한다. 두 사람은 좋은 엄마, 좋은 남편이 되고 싶지만 어떻게 해야 좋은 엄마, 좋은 남편이 되는지 알지 못한다. 왜냐하면 보고 배운게 없기 때문이다. 이렇게 해서 생의 축복과 선물로 주어진 자녀들이 부부 갈등을 촉발시키는 촉매제가 된다. 싸우고 부수고 비난하고 소리치는 가정이 되어 버리는 것이다. 그들의 부모들이 만들었던 가정을 어느 날 뒤돌아보면 그들도 똑같은 가정을 이미 만들어 놓고 있는 것이다. 그리고 그 가정에서 자라난 아이가 또다시 중독자가 되는 인생의 악순환이 되풀이된다. 중독 상황에서 회복으로 가는 길은 결코 저절로 주어지지 않는다. 행복도 저절로 주어지지 않는다. 회복으로 가는 길은 끊임없는 자기 각성과 성찰이 요구되는 길이요 평생에 걸쳐 성장하고 성숙해야 하는 길이다.

현실을 직면하고 숨지 않는 용기

　　다양한 중독을 연원적으로 분류할 수 있다면 알코올중독, 도박중독, 성 중독 등은 오래된 중독이라 할 수 있다. 이에 비해 현대에 들어와 나타난 중독은 마약중독, 쇼핑중독, 게임중독, 음식중독 등이라 할 수 있겠다. 음식중독은 신경성 식욕부진증, 식이장애, 섭식장애 등등으로 다양하게 표기되기도 하는데 통상 세 유형의 증세로 나타난다. 첫째는 폭식증으로 음식을 더이상 먹을 수 없을 때까지 먹는 증상이고, 과식증은 배부르게 먹은 후 이를 다시 토해내는 증상이며, 거식증은 음식 먹기를 거절하는 증상을 말한다. 음식중독은 전형적으로 풍요사회에서 나타나는 질병으로 현대병의 전형이다. 먹을 것이 없어 일상적 굶주림을 경험하고 있는 가난한 나라들에서는 거의 찾아볼 수 없는 질병이기 때문이다. 음식중독에 대해 알고자 하는 이들에게는 마티 녹슨이 감독하고 릴리 콜린스엘렌 역, 키아누 리브스베컴 박사 역가 출연한 넷플릭스 2017년 작 〈투더본To the bone〉이 도움이 될 것이다. 이 영화 촬영을 위해 엄청난 감량을 하고 거식증 환자 연기를 한 릴리 콜린스의 모습만으로도 거식증 음식중독자의 황폐함을 단번에 알아차릴 수 있다. 넷플릭스 드라마 〈에밀리 파리에 가다〉에서 보여지는 릴리 콜린스의 상큼 발랄한 연기를 기억하는 사람들에게 이 영화 속에서의 릴리 콜린스의 모습은 가히 충격적이다. 평단으로부터 높은 평가를 받지는 못했지만 음식중독의 문제를 정면으로 다룬 영화라는 점에서 의미가 있다.

보통 중독은 행동의 과잉, 섭취의 과잉을 특징으로 하는데 음식중독은 섭취의 과잉과 거절을 포함하고 있다는 점에서 독특하다. 그래서 음식중독이라 부르기 보다는 섭식장애Eating disorder로 부르기도 한다. 전혀 정반대의 증상을 보이는 두 행위를 음식중독이라 부르는 이유는 그 원인이 공통적이기 때문이며, 그 치료의 과정 또한 동일하기 때문이다. 중독을 진단하는 주요 기준 중의 하나는 어떤 행위, 이를테면 먹거나, 먹지 않는 행위가 그 사람의 감정적 문제를 해결하기 위한 것인가의 여부이다. 어떤 사람은 우울한 감정에 빠졌을 때 음식을 마구 먹어치움으로써 해결하려 하기도 하고, 어떤 이는 아무 것도 먹지 않고 식음을 전폐함으로써 우울의 감정에 대처하기도 한다. 그러므로 이 양자가 보여주는 대처방식은 정반대이지만 그 원인과 치료과정은 공히 우울증 치료와 맥락을 같이 한다는 점에서 같은 음식중독으로 진단하게 된다.

영화 속에서 주인공 엘런은 20살의 거식증 환자다. 그녀는 걸어 다니는 칼로리 계산기다. 모든 음식의 칼로리를 줄줄이 꿰고 있어 자기가 먹는 음식의 칼로리를 실시간으로 재며 음식을 섭취한다. 그녀는 여러 번 병원에 입원도 해 보고 유명하다는 많은 의사를 만나 보았지만 증상이 개선되거나 호전되지 않았다. 재혼한 엄마의 부탁으로 엘런은 마지막 지푸라기를 잡는 심정으로 베컴 박사의 그룹홈 치료공동체에 입소하게 된다. 그녀는 이전 치료과정에서 여러 차례 영양공급관을 삽입해 생명을 연장하기도 했고, 이제는 더이상 빠질 살이 없어 대사를 위해 근육과 장기가 태워지고 있는 상태이다.

이 영화는 엘런이 5명의 여성과 1명의 남성이 입소해 있는 베컴 박사가 운영하는 그룹홈 형태의 치료공동체에 입소하면서 전개되기 시작한다. 베컴 박사는 소아과 의사이면서 이 치료공동체를 병행해 운영하고 있다. 이미 영화 〈28일 동안〉을 통해 미국 중독치료공동체에 대해서 살펴본 바 있듯이 비슷한 치료원리를 가지고 운영되고 있는 곳이다. 〈28일 동안〉에서 나타난 공동체와의 차이라면 베컴의 공동체는 자발적 입소자를 대상으로 하고 있다는 점이다. 강제적 입소인가, 자발적 입소인가는 해당 공동체의 생활분위기에 상당히 중요한 요소가 된다. 자발적 입소를 원칙으로 하는 공동체는 생활 전반에서 강제 입소를 허용하는 공동체에 비해 훨씬 자유롭다. 베컴 공동체에 입소해 있는 환자들 중 6명은 거식증을 앓고 있는 환자들이고 1명은 폭식증 환자다. 이들 모두는 먹고 토하고, 설사하고를 반복하는 과식증의 성향을 드러내고 있다. 이 공동체에 중요한 몇 가지 규칙이 있다. 첫째는 음식얘기를 금지하는 것이고, 반드시 식사 자리에 참석해야 하는 것이다. 식후 30분 동안 화장실에 가서는 안 되고, 외부 어디에서도 토하지 않아야 한다. 핸드폰과 아이패드 등 통신기기는 사용할 수 없다. 이 공동체 각 방에는 방문이 없다. 은밀히 행하는 중독 행동을 방지하기 위해서다. 이러한 규칙들은 중독을 치료하는 공동체에서는 일반적이다.

이 영화가 시작될 때 자막으로 두 가지 정보가 뜬다. 하나는 이 영화는 섭식장애자들과 함께, 그들에 의해 제작되었다는 설명과, 어떤 사람들에게는 이 영화에서 보여지는 섭식장애자들의 모습이 불편하게 느껴질 수 있다는 설명이다. 모든 중독은 이해하기 어렵고 때론 추하고 더럽고 기괴하기까지 하다. 섭식중독도 마찬가지다. 엘런은 더이상 빠질 살이 없을 정도로 말랐다. 먹지 못해 갈비뼈가 튀어 나온 가난한 아프리카 어린이들의 모습과 같다. 생리는 이미 끊긴지 오래다. 떨어지는 체온을 유지하려고 몸이 털을 내어서 팔에는 솜털이 무성하다. 몸이 대사를 위해 태울 살과 지방이 없어 근육과 장기를 태우고 있는 상황이고 오래지 않아 몸이 연체동물처럼 흐느적거리게 될 것이라고 사감은 경고한다. 베컴 박사는 이러다가는 결국 죽을 것이라고도 말한다. 가족상담을 위해 1년 반 만에 만난 친엄마는 엘런을 부둥켜안고 울면서 말한다. 어쩌다가 이렇게 유령이 되었냐고. 이복 여동생은 엘런에게 언니의 지금 모습은 시체와 같다고도 말한다. 공동체의 일상 가운데 그들의 대화는 온통 먹는 것, 살 빼는 것, 토하는 방법, 지사제의 효능 등등 중독과 관련한 얘기뿐이다. 음식중독자들을 경험해 본 적이 없는 사람들에게는 실로 이해할 수 없는 기괴함일 뿐이다.

그런 엘렌에게도 공동체 생활을 통한 변화가 서서히 일어나기 시작한다. 같은 병을 앓고 있는 동료들과의 생활을 통해 엘런의 닫혀 있던 마음이 서서히 열리고 앞서서 회복의 길을 걷고 있는 동료 루크의 도움과 그와의 사귐을 통해 빠른 속도로 회복이 진행된다. 그래서 그녀가 좋아하는 구구 크러스트를 공개적으로 시식하기까지 이른다. 베컴 박사와의 개인상담과 전문상담가와의 집단상담을 통해 현실을 인식하고 직면하도록 고무받는다. 여러 프로그램을 통해 생의 의욕을 되찾을 수 있도록 안내되며 자기의 감정을 있는 그대로 표현하고 남들과 지혜롭게 의사소통하는 방법들을 배우며, 진정한 자기 자신을 찾아야 함에 대해 배운다. 그리고 음식을 적절하게 먹고 자신에게 주어진 인생을 긍정하며 살아가는 새로운 인생 길을 선택하고 결단하여야 함을 배운다. 이 과정에서 엘런은 베컴 박사의 충고를 받아들여 이름을 일라이로 개명하기도 한다. 그러나 모든 것이 잘되어 가는 듯 보이는 시점에서 위기가 찾아온다.

루크의 적극적 구애가 엘런의 강력한 반발에 부딪치고 두 사람 사이의 관계가 급격히 냉각한다. 그때 임신 중이던 거식증 환자 매건이 아기를 유산하는 사건이 연달아 발생한다. 뱃속의 아기를 위해서 매건은 충분한 음식을 섭취하여야 했지만 거식증 환자 매건에게 그것은 쉬운 일이 아니었다. 먹고 토하기를 반복하는 와중에서 아이는 유산된다. 이 두 사건을 겪으면서 엘런의 감정은 지극히 위축되고 부정적 극단으로 치닫는다. 중독 치료의 위기의 순간이 다가온 것이다. 섭식은 중단되고 영양공급관을 삽입해야 하는 상황이 발생한 것이다. 베컴 박사와의 상담시간에 엘런의 부정적 감정상태가 여과 없이 드러나고 급기야 엿이나 먹으라고 베컴 박사를 욕 먹이며 엘런은 공동체 퇴소를 감행한다. 어제까지 괜찮았던 사람들이 갑자기 사기꾼이 되고 믿을 수 없는 사람들로 돌변한다. 공동체를 통해 많은 도움을 받고 있다는 생각이 하룻밤 사이에 뒤바뀌어 여기는 내치료에 아무런 도움이 되지 않는 곳이 되어 버린다. 이러한 급격한 인지행동의 변화는 모든 중독자들의 치료과정에서 흔히 일어나는 일인데 이러한 상황을 잘 극복해야 치료가 진전된다. 엘런은 이 위기상황을 지혜롭게 넘기지 못하고 공동체를 뛰쳐나가 친엄마를 찾아간다. 친엄마는 레즈비언으로 동성 여인과 재혼해서 살고 있다. 엘런은 이들과도 오랫동안 함께 생활한 경험이 있지만 이들도 엘런을 감당하지 못해 1년 반 전에 새엄마와 살고 있는 아버지 집으로 돌려보내졌던 것이다. 친엄마 집을 찾아가는 것이 엘런에게는 죽기보다 싫었겠지만 더이상 갈 곳이 없기에 LA에서 멀리 떨어진 피닉스까지 친엄마를 찾아간다.

친엄마는 시골 피닉스에서 도시인들을 상대로 체험농장을 운영하며 말을 키우며 살고 있다. 머물 마땅한 방이 없어 엘런은 관광객들이 머무는 텐트에 머무르게 된다. 저녁 잠들기 전 엄마가 딸을 찾아와 얘기를 나누기 시작한다. 엘런! 하고 부르자 딸이 말한다. 나 엘런 아니야 일라이야. 대반전의 시작이다. 엘런은 이제 더이상 거식증환자 엘런으로 살기를 원하지 않는다. 그는 새로운 일라이로 살고 싶은 것이다. 엄마가 고백한다. 네가 어릴 때 엄마가 제대로 안아주지도 못하고 너를 혼자 남겨둔 적이 많았다고. 그때는 그것이 산후우울증 때문이었다는 것을 몰랐다고. 어느 작가하고 이야기를 나누다가 그럴 때는 아이에게 어린아이처럼 품에 안고 젖병을 물려주는 행동을 재현하면 두 사람의 마음의 상처가 치료될 수 있다는 얘기를 들었다고. 너만 괜찮다면 엄마는 그렇게 해보고 싶다고. 그러면서 엄마는 진심을 담아 눈물 속에 말한다. 만일, 만일 네가 그렇게 음식을 먹지 않다가 세상을 떠나게 된다면 그 전에 네가 꼭 알아주었으면 좋겠다고. 엄마는 그것이 네가 바라는 것이라면 그 죽음마저 이해하고 받아들이겠노라고. 왜냐하면 엄마는 널 사랑하니까. 그리고 더이상 너의 거식증 때문에 싸우고 싶지 않다고. 친엄마의 이 고백이 일라이의 생명 샘을 건드렸다. 나가는 엄마를 불러 세우고 일라이는 우유를 먹여달라고 말한다. 일라이는 아기처럼 엄마 품에 안겨 울며 우유를 마신다. 엄마는 아가야 울지 말라고 노래를 들려준다. 엄마는 주고 싶은 것을 주었고, 일라이는 받고 싶은 것을 받았다. 일라이가 평생 갈구하던 것, 지난날 그의 인생에서 결핍되었던 것을 그날 밤 받음으로 그녀의 내면의 빈 구멍이 채워지게 되었다. 그리하여 거식증 극복의 대반전의 기초가 마련된 것이다. 왜 그 사건이 그녀에게 그렇게 중요한 것이었을까? 그것은 그녀의 거식증의 원인이 아주 어린 시절 성장기의 심리적 결핍에서 비롯된 것이었기 때문이다. 고전적인 의미에서 섭식중독의 원인은 이렇게 정의된다.

폭식증은 대상을 안으로 들임으로써 대상을 통제하려는 욕망의 표현이며, 과식증은 대상을 삼켜서 파괴하는 것에 대한 두려움으로 다시 토해야만 하는 증상이며, 거식증은 대상을 삼키려는 욕망에 대한 방어이다.

이 고전적 정의로부터 섭식중독의 원인에 대한 연구는 계속 깊어지고 발전되어 왔다. 거식증은 대상을 삼키려는 욕망에 대한 방어라고 했는데 그것은 이런 뜻이다. 아기가 부모에게 상처를 받았을 때, 그 부모들은 아기에게 고통을 주는 대상이므로 아기는 그 대상이 없어지기를 바란다. 그들을 없애는 방법은 그들을 먹어치우는 것이다. 폭식증 환자가 되는 것이다. 그러나 그렇게 되면 그 대상이 없어지므로 더 큰 불안이 엄습한다. 그래서 먹어치워 버리고 싶지만 그러지 못한다. 그래서 먹었다가는 다시 토해낸다. 과식증의 심리적 출발이다. 이에 비해 거식증은 먹어 치워버리고 싶지만 그 대상에 대한 사랑이 미움보다 더 크기에 먹어치울 수가 없다. 그래서 먹기를 거부하는 것이다.

이때 대상은 자기 외부에 있는 존재, 곧 자기를 사랑해줄 대상을 의미할 때도 있고, 사랑받고 싶은 자기 자신을 의미할 수도 있다. 엘런의 경우에는 음식에 자기 자신을 투사해서 음식섭취를 거부하는 경우라 볼 수 있다. 엘런은 사랑받지 못한 자기가 싫다. 그래서 자기가 자기 자신을 거절한다. 그리고 그 싫은 자기를 음식에 투사해서 그 음식을 거절한다. 이 경우 엘런이 음식을 거절하지 않으려면 자기 자신을 사랑해야 한다. 자기 자신을 존귀하게 여겨야 한다. 그런데 태어나자마자 엄마의 산후우울증으로 방치되었고 서로 갈등 관계에 있었던 부모 사이에서 아기 엘런이 자기 자신에 대해 얻은 무의식적 자아상은 엘런 자신의 표현대로 "사람이 아니라 골칫덩이", 쓸모없는 인간, 빨리 죽어 없어지는 게 나은 존재 등등과 같은 것이었다. 루크가 너는 자신을 진심으로 아끼는 사람의 손길을 느껴보아야 한다며 엘런에게 에로스적 접근을 했을 때 엘런은 그의 손길을 야멸차게 거절한다. 그녀는 사랑을 믿지 않으며, 그녀 자신이 사랑받을 자격이 없다고 믿고 있는 것이다. 아무리 주변에서 너는 사랑받을 만한 존재라고 이야기 해주어도 그녀의 귀에는 들리지 않는다. 그녀 자신이 사랑받는 존재라는 걸 느끼고 체험해야 한다. 그날 저녁 친엄마의 집 호젓한 텐트 안에서 일어난 일이 바로 그 일이었다. 엄마의 고백을 통해 어린 엘런이 겪어야 했던 애정 결핍의 원인이 밝혀지고 어린 시절 받지 못했던 엄마의 따뜻한 사랑, 그렇게 갈구했던 엄마의 품속에 안겨 흐느끼면서 젖병에 담긴 우유를 먹을 때 그의 결핍이 사랑으로 가득 채워지는 충만감을 경험하게 된 것이다. 그 경험을 통해 엘런은 다시 태어나게 된다. 뼛속 깊이to the bone 아픈 상처를 지니고 있던 엘런이 이제 심리적으로 새로운 사람으로 재탄생to the born 하기에 이른 것이다. 엄마와의 그 경험이 있은 후 엘런은 꿈을 꾼다. 꿈속에서 엘런은 루크를 만나 서로 사랑한다. 그리고 루크가 가리키는 곳을 바라보았을 때 차마 눈으로 볼 수 없는 앙상히 뼈만 남아 웅크리고 죽어 있는 자신의 시체 목불인견의 자기 모습을 발견한다. 그리고 꿈에서 깨어 눈을 뜨는 엘런, 그의 앞에는 아름다운 세상이 활짝 펼쳐져 있다. 엘런은 새로운 자기가 되어 베컴의 공동체로 다시 입소한다. 이제 그녀는 섭식중독과 맞서 싸울 내적 힘과 살아야 할 분명한 동기를 얻은 것이다.

중독치료의 현장에서 겪는 가장 큰 어려움의 하나는 감당키 어려운 위기가 찾아온다는 점이다. 위기 없는 인생이 어디 있을까마는 중독 치료의 과정에서 위기는 느닷없이 닥쳐온다. 위기를 넘기지 못하면 재발한다. 재발은 죽음으로 가는 길을 열어 놓는다. 엘런이 베컴 박사와 상담하던 도중 격분하여 공동체를 뛰쳐나오는 과정과 친엄마 집으로 찾아가는 여정이 재발의 위기에 해당한다. 이 상황이 수습되지 않으면 친엄마의 눈물의 고백처럼 아무것도 먹지 않고 죽어가는 엘런의 모습을 받아들여야 할지 모른다. 상담치료적 관점에서 이 영화의 하이라이트는 베컴 박사와 엘런이 상담하는 순간과 격분한 엘런이 공동체를 뛰쳐나오는 순간이다. 베컴박사는 루크와의 관계가 틀어지고 매건의 아기가 유산되는 상항에서 힘들어 하는 엘런의 마음을 조심스럽게 다루고 부드럽게 어루만져 줄 수도 있었다. 그러나 베컴박사는 그렇게 하지 않았다. 강렬하게 엘런을 몰아붙이고 직면시켰다. 엘런의 내적 갈등을 조장하고 끌어올렸다. 현실을 직면하고 비겁하게 숨지 말고 용기 있게 행동하라고 조언한다. 엘런은 이에 반발하고 격노한다. 자기에게 무엇인가를 더 하라고 요구하고 자기의 변화를 촉구하는 말들을 듣고 싶어 하지 않는다. 엘런은 공동체를 뛰쳐나온다. 베컴박사는 떠나는 엘런을 붙잡지 않고 내버려 둔다. 이 소식을 들은 새엄마는 베컴박사를 비난한다. 그러나 베컴박사가 말한다. 이제부터는 엘런 스스로가 일어서야 한다고. 중독이라는 정신장애를 치료하는데 가장 큰 어려움은 바로 이 지점에 있다. 암과 같은 병은 의사가 치료의 주도권을 쥐고 수술계획을 세우고 실행하면 된다. 그러나 중독치료는 그렇지 않다. 궁극적으로는 그 자신이 스스로를 치료해야 한다. 치료의 과정에서 많은 사람들이 도와주기는 하겠지만 궁극적으로는 그 위기를 스스로 극복해야 한다. 그것은 마치 암 환자에게 수술실과 도구가 마련되었으니 스스로 집도해서 암 덩어리를 제거하라는 것과 같다. 이 어찌 어려운 일이 아닌가! 중독을 치료하고 회복으로 가는 길은 이렇게 어렵다. 다시 일어서 회복의 길 걷는 일라이에게 박수를!

중독과 시대정신(?)

P.J 호건이 감독하고 아일라 피셔 레베카, 휴 댄시루크, 크리스틴 리터수즈가 출연한 2009년작, 〈쇼퍼홀릭〉원제 Confession of a Shopaholic은 말 그대로 쇼핑중독을 다룬 영화다. 동일한 제목의 소설을 영화화 했는데, 같은 해 발표된 소설 '악마는 프라다를 입는다'와 함께 영화화 되었다. '악마는 프라다를 입는다'가 소설과 영화 모두 흥행과 평단의 평가에서도 성공적이었던데 비해 '쇼퍼홀릭'은 기대에 미치지 못했다. 그러나 현대에 와서 뚜렷하게 등장한 쇼핑중독의 문제를 정면으로 다룬 영화라는 점에서 우리에겐 의미가 있다. '쇼핑'하면 떠오르는 생각이나 기대는 즐거움과 설렘어떤 사람들에게는 지루함일 수도 있지만이지만 여기에 '중독'이 붙어 '쇼핑중독'이 되면 상황은 완전히 반전된다. 모든 중독의 결과가 그러하듯이 '쇼핑중독'의 결과는 파괴적이고 처참하다. 이 영화가 성공하지 못한 이유는 아마도 '쇼핑'을 통해 '쇼핑중독'의 세계를 그리려 한 데에 있다. '쇼핑'의 화려함과 '쇼핑중독'의 어두움을 병치하여 화려함 속에 도사린 파괴적 어두움을 그려내기가 쉽지는 않았을 것이다. 게다가 멋진 남자친구와 만나 사랑에 빠

지면서 주인공이 쇼핑중독에서 벗어나는 설정은 '귀여운 여인'의 신데렐라 줄리아 로버츠를 연상시킨다. 그래서 이 영화는 이것도 저것도 아닌 영화가 되어 버렸다. 관객들은 영화를 보면서 영화가 전달하고자 하는 메시지의 수신에 혼란을 겪을 수밖에 없다. "중독을 치료하는 영화"라는 주제 아래 이 책에서 다루어온 모든 영화들은 예외 없이 개인심리치료적 관점에서 접근한 것이었다. 그러나 이 영화를 우리는 사회심리적 관점과 사회구조적 관점에서 접근해 보기로 하자.

이 두 관점을 통해 우리가 살펴보고자 하는 것은 '중독과 치료'와의 상관성이다. 우리나라의 사회구조가 중독을 예방하고 치료하는데 적합하고 적절한 구조인지, 우리 국민들의 사회심리적 상태가 건강성을 유지하고 있는지가 관심의 초점이다. 이와 관련해서는『중독공화국』강수돌, 세창미디어, 2021년, 『중독의 시대』데이비드 T. 코트라이트, 이시은 역, Connecting, 2020년, 『풍요중독사회』김태형, 한겨레출판, 2020년를 참조하면 좋겠다.

지금으로부터 100여년 전인 1921년 현진건이 단편소설『술 권하는 사회』를 발표하였다. 소설 속에서 허구한 날 술 마시고 돌아오는 동경 유학 다녀온 남편과 학력 짧은 아내가 대화를 나눈다. 누가 우리 서방님께 이렇게 술을 권할꼬? 남편이 말한다. 당신이 맞춰보게. 아내가 답한다. 홧증과 하이칼라 아니냐고. 남편이 답한다. 아니라고. 내가 술 마시는 건 홧증 때문도 아니고 하이칼라들이 권해서가 아니라 이놈의 사회 때문이라고. 그러자 아내가 묻는다. 아니 도대체 사회가 무엇이길래 내 남편을 이렇게 술 마시게 하느냐고. 남편이 대화가 안 된다며 또 술 마시러 나가자

아내가 혼잣말을 한다. 그 몹쓸 사회가 무엇이길래 내 남편에게 이렇게 술을 권하는고? 100년이 지난 지금 다시 읽어도 일제 식민치하 조선사회의 암울하고 답답한 사회 분위기가 읽어지고, 술 마실 수밖에 없었던 당대 지식인들의 고뇌와 애환을 고스란히 느끼게 된다. 일제 식민총독부의 서슬 퍼런 검열을 피해 그 고뇌와 애환을 위트와 재치로 표현해야 했던 시대상황이 읽어져 마음이 더 짠해지기도 한다. 100년 전 그때는 일제 식민치하의 암울한 사회가 술 권하는 사회였다면 지금 사회는 어떠할까? 위의 세 권의 책들이 말하는 것은 20세기말 신자유주의가 자본주의와 세계경제의 주류 흐름으로 자리 잡으면서 전 세계는 자본과 돈과 경쟁에 중독된 사회가 되었다는 점이고, 이 점에서 우리나라 역시 예외가 아니라는 것이다. 오죽하면 우리나라의 중독의 실태를 "중독공화국"이라 표현했을까. 각종 중독자를 다 망라했을 때 그 숫자가 1,000만명을 훌쩍 넘는 현실이고 보면 그러한 표현은 결코 과장이 아니다. 영화 〈쇼퍼홀릭〉을 통해 이 문제를 구체적으로 살펴보기로 하자.

사회심리학은 심리학을 사회적 차원에 적용한 것인데 심리학은 문화인류 심리학, 스포츠 심리학, 소비 심리학 등 다양한 영역에서 적용되고 있다. 심리학은 통계학과 관찰, 실험을 통해 결론을 도출하는 과학이다. 한 흥미로운 실험통계가 있다.

> 상황 1 : 본인의 월급은 400만원, 다른 모든 사람들의 월급은 600만원이다.
> 상황 2 : 본인의 월급은 200만원, 다른 모든 사람들의 월급은 100

만원이다.

이 두 상황에서 어떤 상황을 선택할 것인가의 실험에서 대부분 나라의 대다수 사람들이 두 번째 상황을 선택하였다. 한국의 경우 실험에 참가한 대학생의 70%가 2번을 택했다. 이제 사회심리학자들에게는 이 실험 결과가 의미하는 것을 해석하는 일이 남았다. 이 실험 결과가 의미하는 것은 무엇일까? 왜 사람들은 이런 선택을 하는 것일까? 인류가 화폐를 발명한 이래 돈을 싫어하는 사람이 한 사람이라도 있었을까? 아무도 없을 것이다. 인류가 자본주의 시대로 들어선 이후 돈의 가치는 급격히 상승하였고 급기야 물신物神에 빠진 시대라는 소리를 듣게 되었다. 물질, 곧 돈을 신으로 모시고 사는 시대가 되었다는 말이다. 신자유주의 시대가 열리면서 이 경향은 더욱 강화되었다. 저명한 신학자 하비 콕스가 『신이 된 시장』하비콕스, 유강은 역, 문예출판사, 2018년이라는 책을 출간한 것이 2016년의 일이었다. 신학자의 눈에 이미 세상은 돈과 시장을 신으로 모시고 사는 세상이 되어 버린 것이다. 돈을 모든 것의 최우선 가치로 여기는 세상은 당연히 중독이 자라나는 온상이 되고 토양이 된다. 사람들은 돈을 추구하다가 중독이 되고, 그것을 추구하다 좌절해서 중독이 된다. 중독을 흔히 "영적인 질병"이라고 하는 이유는 술과 도박, 마약, 성, 쇼핑, 돈과 같은 물질과 행위를 신을 섬기듯이 추구하기 때문이다. 그리고 그것들은 신이 인간을 통제하듯 중독자들을 통제한다. 귀신들린 듯 술을 마시고, 도박을 하고, 성에 탐닉하며 쇼핑을 하고 돈에 집착한다. 쇼핑에 빠진 사람을 지름신이 강림했다고 표현하는 것도 정확히 같은 맥락이다.

위의 실험 결과에서 나타난 바, 세상 대다수의 사람들은 더 많은 돈을 주는 직장보다, 더 적은 돈을 주는 직장을 선택하였는데 그 이유는 뒤의 종속 변수때문이었다. 사람들은 절대우위보다는 비교우위의 길을 선택한 것이다. 즉 나보다 다른 사람이 더 많이 받는 것보다 남보다 내가 더 많이 받는 직장을 선택했다는 것이다. 이 실험 결과는 사람들에게 돈보다 더 중요하게 여기는 그 무엇이 있다는 것을 시사한다. 그것은 남들보다 더 높임 받고 싶은 욕구, 더 높은 지위에 있음을 확인하고 싶은 욕구일 것이다. 월급을 더 많이 받는다는 것은 그 사람이 더 성공한 사람이고, 더 나은 사람이며, 더 우월한 사람이라는 것을 의미하기 때문이다. 바로 이 지점에서 돈의 효용성은 단순한 경제적 가치를 넘어 심리적 가치를 획득하기 시작한다. 사회심리학이 작동하는 상황이 펼쳐지는 것이다.

이제 영화 〈쇼퍼홀릭〉으로 돌아가 보자. 이 영화에서 가장 인상적인 부분은 주인공 레베카가 쇼핑중독자가 되는 순간을 포착한 도입부 장면이다. 어떤 사람이 쇼핑을 좋아한다는 것과 쇼핑중독자가 되었다는 것은 하늘과 땅만큼 다르다. 쇼핑중독은 내면의 결핍에서 시작된다. 내면의 결핍이 상처가 되어 중독자를 만든다. 내면의 결핍을 외적인 그 무엇으로 메꾸려 하고 포장하려 하는 것이 중독이기 때문이다. 영화의 도입부에 레베카의 어린시절 모습이 나온다. 레베카는 예쁜 구두를 신고 싶은 어린 소녀다. 엄마와 함께 구두를 사러 갔지만 엄마는 값이 비싸다는 이유로 사실은 돈이 없어서 다른 구두를 사준다. 이 구두가 더 실용적이라고 하면서. 레베카는 어쩔 수 없이 엄마가 사준 구두를 신고 집으로 돌아온다. 그리고 그 구두를 신고 학교에 간다. 학교 갔다 오는 길에 레베카는 몇몇 학교 친구들을 만나게 되는데 이 친구들이 레베카의 구두를 보고 레베카를 조롱한다. 레베카의 인격은 구두로 인해 짓밟혔다. 조롱당했고 무시당했으며 왕따 당했다. 구두라는 물질과 그 구두가 가진 브랜드 가치가 한 사람의 인격 과 존엄을 평가하는 기준이 되었고 그 물질을 소유하지 못한 레베카는 친 구 관계로부터 추방당했다. 레베카의 마음은 자기 존엄을 지키려는 욕구 로 가득 차고, 어떻게 해서든 이 친구들과의 관계 속으로 진입하려는 갈 망으로 가득 차게 된다. 유일한 방법은 같은 브랜드의 구두를 사서 신는 것이다. 그것이 가장 쉽고 간단한 해결 방법이다. 그러려면 돈이 있으면 된다. 돈만 있으면 인격적 수모를 더이상 당하지 않을 것이고 자기 인생의 문제를 즉각적으로 해결할 수 있다는 믿음이 팽배해진다. 그때 레베카의 눈에 마법이 보인다. 레베카의 동공이 기적을 보는 듯, 마약에 취한 듯 황 홀경에 취해 이모가 백화점에서 크레딧 카드를 사용하는 모습을 바라본 다. 어린 레베카에게 그것은 실로 마법이 현실에서 일어나는 현장이었다. 마법은 존재하는 것이다. 저 카드만 있으면 자기 인생의 문제를 완전히 해 결할 수 있다는 열망에 사로잡히게 된다. 지름신이 강림하신 것이다. 그녀 가 어른이 되어있을 때 그녀의 지갑에는 12개의 마법의 카드가 장착되어 있었다.

12개의 카드가 일으키는 마법의 세계는 헤로인이 가져다주는 환각의 세계나 알코올이 가져다주는 몽롱하고 아슴푸레한 세계의 도취감을 제 공한다. 명품 브랜드 옷이나 핸드백, 구두 등을 착용하고 거리로 나서면 모든 사람이 자기를 쳐다보는 것만 같고, 의기양양해지며, 온 세상을 다 가진 것 같은 자신감과 당당함이 살아난다. 그러나 다른 유행상품이 나오고, 나보다 더 비싼 명품으로 치장한 사람을 만나면 위축되고 수치감을 느끼며 얼른 그 자리를 피하고 싶고 쥐구멍이라도 찾아가고 싶은 심정이 된다. 물건이 나의 가치와 나의 감정을 지배한다. 사람의 인격의 수준도 그가 무엇을 소유하고 소비하고 있는지에 따라 결정된다. 그의 삶의 실제가 무엇인지는 관심이 없다. 그저 겉으로 드러나는 모습만으로도 충분하다. 공동체성은 파괴되고 익명성이 강화된 현대사회에서 사람의 진실이니, 내면의 건강성이니 하는 접근은 아무 의미가 없다. 삶의 실제가 엉망이든 말든, 그 사람의 내면이 건강하든 말든 상관없다. 겉만 번지르르 하면 되는 것이다. 이것이 중독사회다! 쇼핑중독자들이 쇼핑하는 이유다. 그리고 그들이 중독되는 이유다. 세상이 그들로 쇼핑하게 만들고 중독에 빠지게 만든다. 마약중독자나 알코올중독자는 남이 보든 말든 상관하지 않는다. 그들은 자기 충족적 효과에 만족한다. 그러나 쇼핑중독자들은 명품으로 치장하고 나면 다른 사람들의 시선을 잡아끄는 확실한 보상을 받는다. 이것이 쇼핑중독과 다른 중독과의 차이이다. 외부로부터 오는 보상이 강력하고 짜릿하며 확실하다. 쇼핑중독은 정확히 사회심리적 실체를 반영한다. 온 세상이 같은 마인드를 가지고 있는 것이다. 이렇듯 중독은 쇼핑중독은 말할 것도 없고 동시대 사람들의 가치관이나 생활양식, 사회구조와 깊은 연관을 갖고 전개된다.

돈을 가치의 중심과 최상위에 놓고 있는 사회는 필연적으로 사회구조도 그런 방향으로 조정한다. 정치가들은 이런 분위기에 편승하며 때론 조장한다. 현대사회가 정치가에게 바라는 제일 요구는 경제적으로 더 잘 살게 해 달라는 것이다. 버락 오바마의 선거캠페인 슬로건 – "바보야, 문제는 경제야!"- 는 정확히 그것을 반영한다. 정치권력이 건강한 경제구조를 잘 만드는 것은 아무리 강조해도 지나치지 않는다. 그러나 건강하지 못한 정치권력, 취약한 정치권력은 자국민들에게 당근을 쥐어주기도 한다. 그것이 이른바 사행산업의 활성화다. 한국처럼 국가가 도박을 합법화하고 권장하는 나라가 또 있을까 싶을 만큼 한국은 도박공화국이다. 전 국민이 주식투자자가 되고 비트코인 광풍에 휩쓸린다. 동네 구석구석마다 도박장이 개설된다. 로또 복권부터 시작해서 스포츠 토토에 이르기까지, 건강한 오락생활이라는 미명으로 경마, 경륜, 경정산업이 지방자치당국에 의해 경쟁적으로 개발되고 난립한다. 몇 년 전 어렵게 만들어진 게임 중독방지법 체계가 게임 산업을 위축시킨다고 폐지되기에 이르렀다. 그저 단순히 '술 권하는 사회'가 아니라 '중독의 늪'에 빠져들게 하는 구조가 만들어지기에 이른 것이다. 담배는 비교적 강력한 규제의 틀이 갖추어져서 전 국민의 건강을 지키는데 일조하고 있는데 정부는 흡연을 강력히 규제하듯이 알코올, 도박, 성, 게임 등 개인과 사회를 망치는 중독에 대한 규제 또한 강화해야 한다. 그것들은 경제논리로 접근하여야 할 것들이 아니고 생명 원리로 접근하여야 할 것들이다. 중독은 사람과 그가 속한 가정, 사회를 병들게 하고 피폐케 하며, 파괴한다. 사회적 관계망을 파탄시키며 정부의 사회복지적 지출 확대를 강요한다. 아무리 경제발전을 해도 중독 문제의 크기를 감소시키지 않는 한 국가 재정은 앞으로 남고 뒤로 손실을 보는 부실기업과 같이 외적으로는 성장한 듯하나 속으로는 곪아가는 부실 국가로 남게 된다. 오늘날 중독은 한 개인과 가족의 차원을 넘어 건강한 국가성장과 발전을 가름하는 주요지표가 되었다. 중독이 흥하면 국가가 쇠하고, 중독이 쇠하면 국가가 흥할 것이다.

오늘의 한국사회를 지배하는 화두는 단연 공정과 정의다. 산업화와 민주화의 시기를 거치면서 국가의 경제력 규모와 수준이 G10 국가에 합류하기에 이르렀고 풍요시대가 도래했다. 경제적으로 잘 살면 모든 것이 다 잘 되어갈 줄 알았지만 현실은 그렇게 녹녹하지가 않다. 중독과 같은 새로운 암 덩어리들이 새로운 풍요의 환경 속에서 뿌리를 내리고 있다. 국가 전체와 국민 전체의 경제력과 생활수준은 비할 바 없이 높아졌지만 부의 편중과 상대적 편차 역시 비할 바 없이 벌어졌다. 1990년대를 기점으로 한국 사회의 경제적 격차는 더욱 커졌고 평등 수준은 크게 낮아졌다. 1998년에는 상위 10%가 국민소득의 33%를 차지했지만 2013년에는 47.9%로 증가했다. 재산면에서는 62.8%를 차지한다. 또한 이들 500만 명이 전체 사유토지의 97.6%를 차지하고 있다. 2016년 기준 한국인들의 행복지수는 OECD 34개 회원국 중 33등이다. 공정과 정의의 시대적 요구가 정치, 경제, 사회, 문화 전 방면에 걸쳐 실현되는 사회가 될 때 중독의 기세는 한 풀 꺾이게 될 것이다. 그러나 그 역의 경우라면 중독은 코로나 19가 그랬던 것처럼 개인과 사회에 지속적으로 심대한 타격을 가할 것이고 괴멸적 결과를 가져올 것이다. 중독은 전염병과 같아서 주변을 전염시키거나 오염시킨다.poisoned 인류가 코로나 19에 면역학적으로 대비하여 왔던 것처럼 중독에 대해서도 같은 관점과 자세가 필요하다. 승자 독식의 사회구조가 바뀌어야 하고, 돈으로 모든 것을 평가받는 세상이 아니라 다양한 가치로 평가받는 사회가 되어야 한다. 경제적 불평등구조를 최대한 완화하여야 하고, 자유의 가치와 평등의 가치가 균형 있게 지향되어야 한다. 자유하나 평등하고, 평등하나 자유한 세상은 실현 불가능한 모순의 세상이 아니다. 그 둘은 서로 대립된 듯 보이나 실상은 서로 안에서 완성되어 가는 개념인데 이 둘은 사랑 안에서 완벽히 결합한다. 사랑이 중독 치유의 핵심이듯이 건강하고 성숙한 사회의 지표 역시 사랑이다. 강자의 부가 자유롭게 약자를 향해 흘러갈 때 평등의 대동세상, 사랑으로 하나 되는 대동사회가 열린다. 거기서 중독은 힘을 잃는다. 사회심리적 건강성이 확보되고, 사회구조가 자유와 평등의 가치를 사랑 가운데 실현하는 사회는 공정과 정의가 살아 있는 사회가 되고 중독에 대한 면역력이 배가 되는 사회가 된다. 중독은 개인의 문제임과 동시에 사회의 문제임을 직시하자.

상실 너머에 있는 다시 시작할 수 있는 힘

장 마크 발레가 감독하고 리즈 위더스푼딸 세릴 역, 로라 던엄미 바비 역이 열연한 2015년작 〈와일드〉는 중독에서 치료로 가는 길을 정확히 보여주는 이정표와 같다. 모든 중독자들이 영화 속 리즈 위더스푼을 따라 동일한 길을 걸으며 동일한 경험을 한다면 그들 모두 중독의 늪에서 벗어나 치유의 길을 걸을 수 있다. 장 마크 발레는 〈달라스 바이어스 클럽〉으로 86회 아카데미 3개 부문 수상의 영예를 안음으로 연출력을 인정받았고, 리즈 위더스푼 역시 〈앙코르〉로 78회 아카데미 여우주연상을 수상해 탄탄한 연기력을 벌써부터 인정받은 바 있다. 이 영화로 리즈 위더스푼은 2015년 아카데미 여우주연상에 노미네이트 되기도 했다. 〈와일드〉는 출간과 동시에 해외 언론과 독자들 사이에서 최고의 찬사를 받았던 셰릴 스트레이드의 2012년 동명 자서전 『와일드』를 원작으로 제작되었다. 26살의 셰릴 스트레이드가 인생의 모든 것을 송두리째 잃고 PCTPercific crest trail, 태평양종단여행로 떠나면서 겪은 실화를 자서전 형식으로 엮어낸 「와일드」는 출간과 동시에 뉴욕타임즈 논픽션 부문에서 압도적인 1위를 차지하고 세계 최대의 인터넷 서점인 아마

존을 비롯해 각종 베스트셀러 차트를 단숨에 휩쓰는 인기를 얻었다. 셰릴 스트레이드는 26살의 경험을 43살이 되어서 책으로 내놓았다.

퍼시픽 크레스트 트레일Pacific Crest Trail, PCT은 미국 3대 트레일중 하나로 멕시코 국경campo에서 캐나다 국경manning park까지 미국 서부를 종단하는 총 거리 4,286km2,666 mile의 장거리 트레일이다. 완주까지 약 4개월~5개월이 소요되고, 오직 스스로의 힘으로 숙영 및 취사도구를 이용하여 걸어서 진행해야만 하는 극한의 도보여행이다. 시에라 네바다, 캐스케이드 산군 등을 거쳐 캘리포니아, 오리건, 워싱턴 3개의 주를 가로 지르는 트레일이며, 전 구간을 통해 25개의 국유림과 7개의 국립공원을 통과하게 된다. 주인공 셰릴은 이 구간 중 시에라 네바다 산맥 구간을 폭설로 인해 차량으로 우회 이동하여 여행을 마쳤는데 1,800Km, 94일에 이르는 여정이었다.

26살 셰릴 스트레이드는 모든 것을 잃었다. 남편도, 가정도, 직장도 잃었다. 그가 모든 것을 잃은 이유는 분명하다. 26살 셰릴은 마약중독자요 성중독자였기에 정상적인 가정생활, 사회생활이 불가능하였고 인생은 파탄에 이를 수밖에 없었다. 셰릴이 마약중독자, 성중독자로 살아가게 된 가장 큰 이유는 엄마를 잃은 상실감 때문이었다. 셰릴은 엄마 바비와 남동생 리프랑 어렵지만 소박하고 행복한 삶을 살고 있었다. 엄마 바비는 아버지의 가정폭력을 더이상 참을 수 없어 두 아이를 데리고 집을 나와 독립적인 생활을 시작했다. 지긋지긋한 아버지의 폭력을 피해 세 사람은 소박하지만 단란한 가정을 꾸리며 새로운 삶을 시작하였다. 그때 셰릴의 나이는 6

살이었고, 엄마는 미네소타 숲속에 작은 집을 짓고 두 마리 말과 개, 닭을 키우며 살았다. 엄마 바비는 못 다 한 배움의 길을 걷고자 딸 셰릴과 같은 학교에 늦깎이로 입학해 함께 다니기도 했다. 엄마와 함께 학교에 다니는 것을 셰릴은 다소 수치스러워하기도 했지만 행복해하는 엄마의 모습을 보는 것만으로도 덩달아 행복한 나날들이었다. 그러던 어느 날 엄마가 암 진단을 받고 오래지 않아 세상을 떠난다. 엄마를 잃자 셰릴은 모든 것을 잃었다. 학교를 졸업하고 직장을 얻고 남자를 만나 결혼을 하였지만 엄마를 잃은 상실감과 그로 인한 내적 허전함을 메울 길이 없었다. 셰릴은 엄마에게 의존dependence되어 있던 것이다. 대상에 의존한 사람들은 그 대상이 사라지면 흔들리고 주저앉게 되며 마음속에 텅 빈 공허가 찾아들게 된다. 그 공허는 주체하기 힘든 것이다. 그래서 술, 마약과 같은 물질에 의존해 그 공허를 해결하려 한다. 성적 방종도 그 해결의 일환이다. 성적관계를 맺음으로 혼자 버려지지 않았다는 느낌을 확인하려는 것이다.

영화 속에서 나타나는 셰릴의 성적 방종은 엄마에 대한 그리움과 죄책감에 의한 자기 처벌의 마음으로 행해지는 것처럼 보인다. 자기 몸을 함부로 굴려 스스로를 책벌하는 것이다. 남들이 자신의 섹스 장면을 볼 수 있는 열린 공간에서 충동적으로 섹스하는 것도 자신에 대한 공개적 처벌의 행위라 볼 수 있다. 이는 엄마 바비가 늦깎이 학생으로 자기와 함께 공부할 때 엄마에 대해 느꼈던 수치심과 엄마가 아파 죽어갈 때 아무런 힘이 되어주지 못하고, 지켜주지 못했던 자기 자신에 대한 죄책감으로 인해 스스로를 벌주는 행위로 이해할 수 있다. 셰릴은 엄마로부터 심리적으로 분화 differenciation 되지 못하였기에 엄마를 애도하여 떠나보내지 못했던 것이다. 셰릴이 마약과 성적 방종에서 돌이켜 온전한 생활로 돌아오기 위해서는 엄마로부터 심리적으로 분화되어야 했고, 엄마를 애도해서 잘 떠나보내야 했다. 셰릴이 걸었던 94일 동안의, 장장 1,800km의 험난한 여정은 엄마를 애도해 떠나보내고 엄마와의 심리적 의존상태에서 벗어나 분화되어 홀로 일어서는 심리적 재탄생의 숭고한 여정이었다고 볼 수 있다.

만일 당신이 셰릴과 같은 마약중독자에 성적 방종을 일삼는 성중독자로서 새로운 삶을 살기 원한다면 당장 배낭을 꾸려 PCT 여정에 오르라. 그리고 끝까지 완주하라. 그러면 당신도 셰릴과 같이 중독의 사슬을 끊고 새로운 삶을 시작할 수 있다. 그러나 당신이 만약 중독자거나 중독자 가족이라면 중독자가 이런 힘든 장정에 나설 가능성이 제로라는 것을 알 것이다. 설혹 장정에 나섰다 할지라도 얼마 가지 않아 포기하고 뒤돌아설 가능성이 거의 100%에 가깝다는 것을 인정할 것이다. 마약이 제공하는 나른함과 환각 세계의 도취감, 성적 방종이 가져다주는 순간적 쾌락과 해방감, 모든 것을 잊게 해 주는 신묘한 마력을 경험한 중독자들이 육체적, 정신적 극한의 인내를 요구하는 PCT 대장정에 나선다는 것은 나무 위에서 물고기를 구하는 것만큼이나 비현실적이다. 치료를 위해 상담가 한 번 만나기도 하늘의 별따기 이고, 치료를 위해 병원에 입원시키려면 군대를 동원해도 불가능한 것이 이들의 현실이기 때문이다. 그러므로 26살 셰릴이 스스로 PCT 대장정에 나섰다는 것은 가능성 제로의 일이 일어났음을 의미하는 것이며, 대장정에 성공했다는 것 역시 승률 0%의 도전에 성공한 것이었음을 분명히 하자. 그것은 기적이었다고 말해도 지나치지 않는다. 누구나 그 길을 걸어 중독의 사슬에서 벗어날 수는 있다. 그러나 아무나 성공하는 것은 아니다. 그러므로 그 길이 중독치료의 유력한 방법이라 말할 수는 없다. 그러나 그 대장정의 여정에서 셰릴이 겪고 경험했던 내면의 변화과정은 그대로가 중독 치료의 핵심이 어디에 있는지를 실감나게 보여주는 생생한 사례가 된다.

중독을 치료하는 데 있어서 술을 끊고 약을 끊은 기간이 중요할까? 2년 이상 회복하고 있는 사람들에게 그 기간이 그렇게 큰 의미는 없지만 초기 한 달, 세 달, 여섯 달, 1년, 2년의 기간들은 의미가 있다. 여기까지 온 것이 아까워서 그만둘 수 없는 지점이 있어야 한다는 말이다. PCT 길을 어느 정도 걷고 나면 돌아가기엔 너무 멀리 온 지점이 있는데 거기까지 우직하게 나아가는 뚝심이 필요하다. 셰릴의 경우도 대략 2주가 지나기 전에는 매2분마다 내가 지금 뭐하는 거지? 꼭 이 길을 가야만 하나? 나는 언제든 멈추고 돌아갈 수 있어 하는 마음과 싸웠다고 말한다. 이 과정은 중독으로부터의 치료를 위해 모든 이들이 반드시 통과하여야 하는 관문과 같다. 만일 셰릴이 도시 안에 있었다면 그 과정을 통과하는 것은 대자연 속에 있는 것보다 훨씬 더 어려웠을 수도 있다. 왜냐하면 그 시간은 혹독한 금단증상과 싸워야 하는 시간들인데 도시에서는 마음만 먹으면 얼마든지 술과 마약과 같은 중독 물질을 쉽게 구할 수 있기 때문이고, 유혹은 어디에나 널려 있기 때문이다. 그 과정이 지난 후에야 중독자들은 자기 자신을 뒤돌아보고 성찰하는 시간을 갖게 된다. 자기를 성찰한다는 것은 자기 자신을 직면하는 것이다. 대자연의 고요 가운데 걸으면서, 인간의 손가락질과 비난이 없는 가운데 셰릴은 진정한 자기 자신을 만난다.

영화의 첫 장면은 실제로는 여행 36일째, 셰릴이 정말 엿 같은 하루로 명명했던 날의 기억이다. 이날은 실로 엿 같은 날이었지만 치료적 관점에서는 분기점이 되는 날이었다. PCT 대장정의 험난한 길을 변변한 사전 준비와 경험도 없이 용감하게 나선 셰릴이 부닥쳐야 했던 가장 강력한 위기상황이 그날 발생했던 것이다. 밑이 까마득한 어느 바위 절벽 위에 도착한 셰릴은 배낭을 풀고 트레킹화를 벗어 발의 상태를 살피는데 발 전체에 물집이 생기고 피멍이 들고 까지고 부어오르고 말이 아니다. 오른쪽 엄지발가락을 흔들어 보니 발톱이 덜렁거린다. 셰릴은 용기를 내어 고통을 악물고 발톱을 자기 손으로 뽑아버린다. 온몸이 고통으로 자지러드는데 등 뒤에 세워두었던 배낭이 쓰러지면서 옆에 벗어둔 트레킹화를 건드려 절벽 밑으로 떨어뜨리고 만다. 떨어져 내리는 트레킹화를 보고 벌떡 일어선 셰릴의 입에서 욕이 마구 터져 나온다. 엿 먹어라 망할년아! 꺼져 버려. 그리고 남은 한 짝 트레킹화마저 절벽 밑으로 집어 던진다. 트레킹화 없이 이 길을 걷는 것이 과연 가능한가? 거의 불가능에 가까운 절대 무기력의 상황이 그녀에게 닥쳐온 것이다. 앞으로 나아갈 수도, 뒤로 돌아갈 수도 없는, 그때 셰릴의 마음속에서 옛 기억들이 주마등처럼 떠올라 지나가기 시작한다. 그 기억들은 너무도 선명하고 또렷하다. 엄마가 암 진단을 받았을 때 의사는 1년은 살 수 있을 거라고 말했다. 그러나 겨우 한 달이 지났을 뿐인데 엄마의 병세는 위중 상태로 전환되었다. 의식 없이 사경을 헤매는 엄마 앞에서 셰릴은 엄마는 나의 모든 것, 내 사랑의 중심이라고 울며 고백한다. 그날 밤 엄마의 발병 이후 집에 들어오지 않고 친구들과 겉돌며 생활하는 남동생 리프를 집으로 부른 셰릴은 평생 찾아본 적 없는 하나님을 부르며 두 손 모아 참으로 간절히 기도한다. 우주 어딘가에 당신이 계신다면 우리 엄마를 살려달라고. 기적을 베풀어달라고. 엄마가 45살이라는 젊은 나이에 죽지 않도록 해 달라고 간절히 기도한다. 동생 리프도 엄마는 나의 전부였다고 고백하면서 함께 기도한다. 그녀가 할 수 있는 일이 기도밖에는, 신에게 의지하는 것 외에는 아무 것도 할 수 없는 절대 무력의 상황에 놓이게 된 것이다.

그렇게 기도한 다음날 아침 동생과 함께 병원에 도착한 셰릴은 엄마 병실 입구에서 간호사로부터 엄마 눈 위에 얼음주머니를 올려놓았다는 소식을 듣는다. 엄마가 각막이식을 결정하였고 시행했다는 소식과 함께. 그 소리를 듣자마자 셰릴은 눈 수술 부위 위로 얼음수건을 두르고 있는 혼수상태의 엄마에게 다가가 짐승처럼 울부짖으며 외친다. 안돼, 안돼! 그리고 그녀가 외친 한마디가 트레킹화를 내어던지며 한 말이 'Fucky You!' 다. 셰릴은 그렇게 엄마를 떠나보냈다. 아니 엄마는 그렇게 떠나갔지만 셰릴은 엄마를 떠나보낼 수 없었다. 그러나 그날, 36일째의 엿 같은 날, 셰릴은 똑같은 욕을 내뱉으면서 트레킹화를 내어던진다. 셰릴이 영화 속에서 내뱉는 'Fucky You!'의 대상은 첫째는 자기를 세상에 내버려 두고 45살 이른 나이에 세상을 뜬 엄마요, 둘째는 자기 간절한 기도를 들어주지 않은 하나님이요, 셋째는 절대로 용서할 수 없는 자기 자신이다. 36일째 된 그 날, 이른바 Fucking Day에 셰릴은 그동안 그녀의 내면에 억압하고 있던 엄마와 하나님과 자기 자신에 대한 분노를 후련하게 표출하였던 것이다. 자기 발에 잘 맞지 않는 트레킹화 때문에 그의 발은 엉망진창이 되었는데, 그 트레킹화마저 절벽 아래로 굴러 떨어진 절대 무기력의 상황. 자신을 이 지경에 처하게 만든 그 모든 것들에 대한 분노가 일시에 터져 나온 것이다. 중독의 치료에서 자기감정을 정직히 발견하고 이를 직면하며, 가감 없이 느낀 감정 그대로를 표출하는 것 Acting Out은 치료의 성패를 가르는 관문과 같다. 그 분노를 표출하자 셰릴의 내면에 잠재하던 힘 Power이 스르르 일어나기 시작한다. 놀랍게도 셰릴은 트레킹화 대신 테이프로 슬리퍼와 발을 묶어 신발 대용 삼고 다시 길을 걷기 시작한다. 셰릴은 다음 캠프에서 긴급히 공수된 새 트레킹화를 신기 까지 무려 80Km를 그 상태로 걸었다. 이 한 짝의 트레킹화가 셰릴의 자서전 『와일드』의 표지사진이다.

중독의 치유는 감정의 치유이자 기억의 치유이다. 셰릴은 홀로 걸었지만 홀로 걷고 있는 것이 아니었다. 그녀는 지나온 삶의 기억과 편린들과 함께 길을 걷는 것이다. 걷고 또 걸으며 육체가 한계 상황에 이를수록 정신은 더욱 또렷해지고 맑아진다. 그것이 육체의 고난이 가져다주는 정신의 유익이다. 묻어두었던 기억들은 생생하게 재현된다. 그러므로 걷고 또 걷는 그 길은 사색과 성찰의 길, 명상의 길이 된다. 그 시간을 통해 셰릴은 그의 모든 기억들과 화해한다. 또한 그 기억 속에 나타난 모든 사람들과 화해한다. 길을 걸으며 셰릴은 자기 자신에 대해 질문한다. 도대체 나는 이 짓을 왜 하고 있는 거지? 그리고 스스로 답을 얻는다. 엄마가 알고 있던 나로 돌아가기 위해서. 94일의 여정을 끝마친 날 셰릴은 이렇게 말한다. 엄마가 알던 나의 모습을 다시 되찾기까지 4년 7개월 3일이 걸렸다고. 여행 내내 셰릴을 괴롭혔던 것은 엄마 사망 이후 헤로인과 성적 방탕에 빠져 살던 4년여에 걸친 지워버리고 싶은 기억들이었다. 그러나 여행 말미에 이르면서 셰릴은 그 시간도, 어리석은 행동도 자신의 일부임을 받아들인다. 그 시간이 있었기에 오늘의 각성된 자기가 있게 되었음을 인정하고 받아들인다. 가는 곳마다 땅 위에 썼다 지우기를 반복한 헤어진 남편 폴과도 마음의 죄책감을 털어버리고 마음의 작별을 고한다. 이혼을 결심하게 된 배경은 얼마나 끔찍했던가! 헤로인과 성적 방탕에 몸을 내던지고 남편을 피해 먼 곳으로 도망가 살던 자기를 찾아 준 고마운 남편, 어느 날 임신 사실을 알았을 때 정작 아이 아버지가 누군지 조차 몰랐던 그 패륜의 역겨운 기억들, 미안함으로 차마 마음속에서 떠나보내지 못했던 폴도 마음에서 떠나보낸다. 모든 고통의 근원이었던, 가정폭력을 일삼던 알코올 중독자 아버지에 대해서도 마음의 빗장을 풀고, 오랫동안 연락을 끊고 지내던 남동생과도 새로운 만남을 약속한다. 그리고 마지막으로 엄마와, 하나님과도 화해한다.

여행 내내 셰릴의 기억을 압도적으로 지배했던 것은 단연 엄마에 대한 기억들이었다. 남편의 알코올중독과 폭력을 견디며 살아온 엄마, 얼굴에 피멍이든 채 집을 도망 나오던 엄마, 나이 먹어도 꿈을 잃지 않고 부끄러워하지 않으며 딸과 같은 학교를 다니던 엄마, 아르바이트하랴 공부하랴 주부 노릇하랴 정신없던 엄마 ⋯ 그러나 그 현실에서도 언제나 노래를 흥얼거리던 엄마. 우리 삶은 이렇게 고달픈데 엄만 뭐가 좋다고 그렇게 흥얼거리며 사느냐고 핀잔을 주던 셰릴. 폭력적인 알코올중독자를 만나 살았던 것이 후회스럽지도 않냐고 빈정거리던 셰릴. 그 때 엄마가 들려준 답변. 아니 나는 조금도 후회하지 않아. 왜냐고? 그 결혼을 통해 진짜 값진 것을 얻었기 때문이지. 바로 너, 그리고 네 동생. 너희가 내게 얼마나 가치 있는 존재인지 너희는 몰라. 그렇게 희망의 전도사였던 엄마가 암 선고를 받고 울며 하던 말. 나는 한 번도 내 인생을 살아본 적이 없었어. 내 인생의 운전석에 앉아보지도 못했지. 언제나 누구의 딸, 엄마, 아내였지. 나는 나 자신이었던 적이 한 번도 없었어. 그렇게 말하며 흐느끼던 엄마 … 엄마를 장례 치르고, 유골을 묘지에 뿌리다가 엄마를 차마 떠나보낼 수 없어 남은 유골을 먹어버린 셰릴 자신에 대한 기억들 …

여행의 막바지에 도착할 때까지 그 기억들은 셰릴의 뇌리를 떠난 적이 없었다. 그녀는 기억과 함께, 기억 속에 여전히 존재하는 엄마와 함께 여행의 끝에 이르렀다. 거기서 셰릴은 자기와 같이 엄마를 떠나보내고 할머니와 여행 나온 어린 소년을 만난다. 그리고 그 어린 소년이 불러준 노래가 셰릴에게 남아 있던 마음의 마지막 빗장을 열게 만든다.

이젠 네가 떠날거라고 이 협곡들이 얘기를 해 / 우린 너의 빛나는 눈과 미소를 그리워할 거야 / 넌 햇빛처럼 빛나 우리 가는 길을 비춰주었어 / 날 사랑한다면, 내 옆에 앉아요 / 나에게 작별을 고하려 서두르지 말아요 / 언제나 붉은 강의 협곡을 기억해 줘요 / 그리고 카우보이가 당신을 사랑했던 건 정말 사실이었어요 / 카우보이는 당신을 정말 사랑했어요 Cowboy love song, 우리에겐 Red river valley로 더 잘 알려진 북미 민요

이 노래가 셰릴에게는 이렇게 들렸을 것이다. 딸아, 네가 나를 사랑한다면, 내 옆에 앉으렴. 작별을 고하려 서두르지 마. 너와 내가 함께 했던 날들을 기억해주렴. 엄마가 널 사랑했던 건 사실이란다. 엄마는 정말 너를 사랑했단다.

소년과 헤어지자마자 셰릴은 길 위에 털썩 무릎을 꿇는다. 그리고 하늘을 향해 나지막이 말한다. 눈물 속에 말한다. 그리워. 하나님. 그리워요. 엄마가. 그녀의 심중 맨 밑바닥에 잠겨 있던 그 말, 영원히 침잠되어 있을 것만 같았던 그 말이 흘러나온다. 그리고 대장정의 마지막 날, 콜럼비아 강을 가로지르는 여행의 종착지 Bridge of Gods에서 자신을 여기까지 이끌어준 모든 것들에 대해 감사한다. 그 쓰리고 아프고 수치스럽고 고통스럽던 과거도 지금의 나를 만들었으므로 감사한다. 감사는 회복하고 있다는 확실한 징표요 리트머스 시험지다. 일상 가운데 그것을 느끼고 살면 회복하고 있는 것이고 그것이 사라지면 재발한다. 셰릴은 잃어버린 자신을 찾았다. 그것은 엄마가 그녀에게 원하던 모습이었다. 엄마가 죽을 때 그녀 자신도 함께 죽었다. 셰릴은 그때 엄마 유골을 먹어버렸다. 그렇게 셰릴은 엄마와 함께 죽었다. 그러나 이 여행의 끝에서 셰릴은 고백한다. 엄마를 잃고 나 자신을 잃고 그렇게 살아온 어둠과 방황의 시간은 이제 끝났다고. 이제 나는 엄마가 원하던 나로 돌아왔다고. 그렇게 되기까지 4년 7개월 3일이 걸렸다고. 그것도 엄마 없이. 쓰리고 비참했던 나를 이제 저 숲에 남겨두고 나는 이 다리를 건너려 한다고. 셰릴이 '신의 다리' 앞에 섰을 때 그녀에게 남은 것은 아무 것도 없지만 다시 시작할 수 있는 힘을 얻고 새로운 삶을 향하여 다리를 건넌다. 다시 시작할 수 있는 힘! 그것은 셰릴이 이 여행을 통해 신으로부터 받은 값진 선물이 되었고 새 인생을 살아갈 동력이 되었다.

어쩔 수 없는 것들에 대하여

라세 할스트롬이 감독하고 조니 뎁, 레오 나르도 디카프리오, 줄리엣 루이스 등이 출연한 1993년작 〈길버트 그레이프〉는 20여년이 지난 지금 다시 보아도 전혀 낯설거나 어색하지 않다. 이 영화는 2015년에 재상영되기도 했다. 조니 뎁과 레오나르도 디카프리오 팬들에게는 그들의 풋풋하던 청년 시절과 어린 시절의 연기를 만날 수 있다는 점에서 매력적이다. 이 영화의 주인공은 길버트 역을 맡은 조니 뎁이지만 영화가 상영된 이후 압도적인 관심과 찬사를 받은 것은 길버트의 장애인 동생 어니 역을 맡았던 레오나르도 디카프리오였다. 이 영화로 디카프리오는 제6회 시카고비평가 협회 유망남우상을, 19회 LA비평가협회 신인상을 그리고 그해 아카데미 남우조연상에 노미네이트 되기도 하였다. 이 영화는 피터 헤지스의 동명소설을 영화한 것으로 원제는 *What's eating Gilbert grapes?* 이다. 원제를 번역하면 '무엇이 길버트 그레이프의 삶을 갉아 먹었나?' 정도가 될 터인데 이 영화는 길버트 그레이프가 자신을 얽어매고 있는 가족의 굴레를 벗어나 자유인으로 새 삶을 찾아가는 여정을 그린 성장 영화이다. 감독 라세 할스트

롬은 주로 결핍 가정의 이야기, 흔히 말하는 역기능 가정의 이야기를 주소재로 영화를 만들어 왔는데 이 영화 역시 극심한 역기능 가정의 청년가장 역할을 맡은 길버트 그레이프를 주인공으로 삼아 진정한 가족의 의미와 역기능 가족 속에서의 개인의 성장문제를 애잔하게 전해지는 따뜻함으로 풀어내고 있다.

이 영화 속에도 중독자가 나오는데 길버트의 엄마 보니가 초비만의 폭식중독자로 나온다. 엄마는 17년 전 남편의 자살에 충격을 받아 우울증에 걸렸고 그로 인해 폭식중독자가 되어 집 밖은 물론 집 안에서의 거동조차 불가능한 초비만의 상태로 마을 사람들의 조롱의 대상이 되어있다. 길버트의 형은 가출해서 생사를 알 수가 없고, 큰 누나 에이미가 가정의 엄마 역할을, 길버트가 가장의 역할을 담당하며 힘겹게 살아가고 있다. 거기다 남동생 어니는 지적장애를 가지고 있어 절대적 돌봄이 필요한 상황이다. 가정의 모든 시선이 지적장애를 가진 어니에게 집중되어 있어서 진짜 막내딸인 엘렌은 까칠하기가 이를 데 없고 반항적이다. 이 영화의 배경이 되는 장소는 인구 1,000여명 정도가 사는 아이오와주의 아주 작은 마을 엔도라다. 천년이 지나도 아무것도 변하지 않을 것만 같은 작은 도시, 그 외곽에 고즈넉한 집 한 채가 있다. 그 곳이 길버트의 집이다. 길버트는 가족 부양을 위해 마을 식료품점에서 일한다. 누나도 일하고 막내 여동생도 아르바이트를 하며 형제자매가 열심히 일하지만 그들은 늘 생계를 유지하기에 급급하다. 의료보험도 생명보험도 그들에겐 사치일 뿐이다. 영화는 이런 분위기에서 살아가는 길버트의 일상을 따라가며 전개된다. 길버트의 생활은 눈 뜨면 식료품점에 나가고, 돌아오면 거동도 못하는 엄마를 챙겨주고 지적장애 동생 어니를 씻기고 돌보아 주면서 하루가 끝난다. 마트 고객인 동네 커트 부인과 물건 배달을 기회로 불륜의 관계를 맺고 있지만 그 관계도 길버트에겐 무덤덤할 뿐이다. 커트 부인은 '가족한테 꽁꽁 묶여 자신은 잊고 사는 불쌍한 길버트'라고 길버트를 연민한다. 요컨대 24살 길버트의 삶의 환경은 벗어나고 싶지만 벗어날 수 없는 질곡 그 자체이다. 길버트가 그 질곡의 가정에서 벗어나려면 가출한 형 래리처럼 사는 것 외는 어떤 대안도 실현성이 없다. 길버트에게는 이 집을 벗어나 가출할 수 있는 자유와 선택권이 있지만 길버트는 차마 그것들을 사용할 수 없다. 길버트마저 떠나면 이 가족의 모든 것이 무너지기에 길버트는 자신에게 주어진 삶을 받아들이고 그저 하루하루 살아간다.

길버트는 이 가족의 가장이지만 그러나 이 가족을 움직이는 힘은 역기능성의 정점에 위치한 엄마 바비와 지적장애인 남동생 어니다. 엄마의 요구와 어니의 요구, 이들의 일탈적 행동에 대처하고 이를 해결하는 것이 이 가족의 중심 과제다. 어니는 일찍이 의사로부터 10살을 넘기기 힘들다는 진단을 받은 바 있다. 엄마 바비의 소원은 막내아들 어니가 성인이 되는 18살 생일을 보고 죽는 것이다. 엄마의 소원은 온 가족의 소원이 되었다. 이것이 역기능 가족이 가지고 있는 대표적인 역기능성이다. 가족 구성원 각자가 저마다의 꿈과 소원을 가지고 있어야 하지만 역기능 가정에서는 그렇지 않다. 문제를 가지고 있는 그 사람의 꿈과 소원이 가족 모두의 꿈과 소원이 되는 것이다. 정작 문제의 당사자인 엄마 바비는 완전한 무기력, 무책임 가운데 있으면서 자녀들에게 자기의 소원을 이루어내라고 압박한다. 그러다 마침내 그날이 왔다. 어니의 18번째 생일이 다가온 것이다. 이 영화는 어니의 18번째 생일에서 정점을 이룬다. 어니가 18번째 생일을 앞두고 경찰서에 구류되는 사건이 발생한다. 인구 1,000여명의 소도시 엔도라에서 어니를 모르는 사람은 없다. 어니는 높은 곳에 오르기를 좋아한다. 가끔 어니는 마을 가스탑 높은 굴뚝에 오르기를 좋아하는데 그 일이 반복되다 보니 경찰이 어니를 구류한 것이다. 가족들이 어찌할 바를 모르고 있을 때 이 소식을 들은 엄마 바비가 전혀 예기치 못한 행동을 한다. 너무 비대해진 몸 때문에 집 안에서의 거동조차 힘들었던 엄마 바비가 분연히 자리를 박차고 일어나 경찰서로 걸어가서 아들 어니를 데리고 집에 돌아온 것이다. 그 와중에 엄마 바비는 마을 사람들이 자기를 바라보는 시선에 크나큰 수치를 느낀다. 아이들은 고래야, 고래. 라고 조롱하고 어떤 사람은 사진까지 찍는다. 아들 어니를 경찰서에서 구출해온 엄마 바비는 어니의 18번째 생일을 지켜본 후에 이내 숨을 거둔다. 길버트와 형제자매가 모여 장례식 준비를 하는데 문제는 엄마의 몸이 너무 비대해 크레인을 사용하지 않고는 시신의 운구조차 어렵다는 것이다. 이미 마을사람들로부터 살아 있는 인간 고래 운운하며 조롱을 당해온 터에 엄마의 마지막을 그런 조롱 속에서 치르고 싶지 않았던 길버트는 엄마를 화장하기로 결정한다. 집과 함께.

이 영화의 중심 배경의 하나는 집이다. 집은 가족이 모여 사는 건물이자 공간이면서 이 가족이 처한 상황을 상징하는 장치다. 이 집에는 지하실이 있고 지하실에는 건물 전체를 지탱해주는 기둥이 있다. 엄마의 몸이 비대해짐에 따라 건물 전체를 지탱해 주는 지하실 기둥이 흔들리기 시작하여 집 전체가 붕괴의 위험 앞에 놓이게 되었다. 길버트는 아버지가 지하실에서 자살 한 이후 한 번도 지하실을 출입하지 않았다. 그런데 엄마가 죽자 지하실로 내려가 붕괴를 대비해 받쳐놓았던 버팀목들을 다 때려 부순다. 그것은 자기 가족을 이 지경으로 만들어 놓은 아버지에 대한 분노의 표출이었을지도 모른다. 가족들과 집 안에 필요한 가재도구들을 밖으로 꺼낸 후 길버트는 집 안에 석유를 끼얹고 불을 붙인다. 아버지가 손수 지었다는 목조 주택은 삽시간에 화염에 휩싸인다, 훨훨 타는 불길과 함께 엄마의 비대한 몸이 사라지기 시작한다. 지하실 기둥을 흔들리게 하고, 길버트를 옴짝달싹하지 못하게 깔아 누르던 엄마의 존재가 사라지기 시작한다. 아버지의 부재로 인해 길버트가 짊어져야만 했던 무거운 책임감의 족쇄가 벗겨지기 시작한다. 두려움으로 가득 차 들어가지 못했던 그 지하실이 무너져 내린다. 이제 길버트는 지하실에 들어갈 일도 없고, 기둥이 무너질까 더 이상 걱정할 필요가 없어졌다. 그의 삶에 질곡이 되었던 모든 것들이, 불길과 함께 사라져 버렸다. 이제 자유의 삶이 그에게 주어진 것이다. 그의 옆에는 막내 동생 어니만이 남아 있다. 그러나 어니 한 명만을 돌보는 것은 그에게 더이상 그렇게 무거운 짐이 아니다. 그를 묶고 있던 가족의 족쇄, 집의 올무가 벗겨지고 이제 길버트는 동생 어니를 데리고 새로운 삶을 선택할 수 있는 인생의 새로운 지평에 서게 된다.

중독치료의 현장에서 매일 드려지는 수도원의 오랜 전통으로 이어져 온 일상의 기도문은 이런 것이다.

"하나님, 어쩔 수 없는 것을 받아들이는 평온함을 주시고,
어쩔 수 있는 것을 행하는 용기를 주소서.
그리고 이 둘을 분별할 수 있는 지혜를 주소서"

길버트에게 가족의 현실은 그저 묵묵히 받아들일 수밖에 없는 어쩔 수 없는 질곡이었다. 그 질곡된 삶을 떠나 도망가는 것은 어쩔 수 있는 일일 수도 있었다. 그러나 그것은 진정한 용기도 아니었기에 그는 떠날 수도 없었다. 중독자의 가족들이 처한 상황도 이와 같다. 어쩔 수 있지만 결국은 어쩔 수 없고 마는, 그래서 속절없이 머물러 있을 수밖에 없는 상황이 그렇다. 그럴 때 가족들은 무엇을 할 수 있을까? 아무 것도 할 수 없다. 다만 살아낼 뿐이고 견뎌낼 뿐이며, 때를 기다릴 뿐이다. 중독자와 함께 살아가는 법을 터득하고 자기 일상을 기뻐하고 즐거워하고 소중히 여기며 하루하루를 살아갈 수 있다면 최상이다. 그리고 기다리다 보면 때가 이른다. 집을 훨훨 태워버리게 되는. …상담치료적 관점에서 이 영화가 해피엔딩이 되는 가장 이상적인 상황은 엄마 바비가 아들 어니를 위해 분연히 일어나 마지막 남은 사랑의 힘으로 그를 경찰서에서 구출해 왔듯이 정신을 차리고 길버트의 소원대로 다이어트도 하고 운동도 하면서 체중을 조절하여 정상적인 엄마의 자리로 돌아오는 것이었을 것이다. 그런 기적이 길버트의 가정 안에 일어나지는 않았지만 가족치료적 관점에서 추구하는 목적은 분명하다. 가족 각자가 자기의 역할을 잘 수행하도록 역기능적 가족체계를 기능적 체계로 바꾸어 내는 것이다. 가족에게 질곡이 되는 역기능적 요인들을 훨훨 불태워 버리는 것이다. 집을 훨훨 불태워 버림으로 길버트는 집을 잃었지만 마음의 새 집을 얻었다. 눈에 보이는 집이 자기 자신을 속박하던 집이었다면 그 집을 태워버린 후 길버트는 새로운 마음의 집을 얻었다. 영화 초입에서 길버트와 어니는 매년 연례행사처럼 이 마을을 들르는 캠핑족을 기다린다. 어니가 묻는다. 우리도 떠날 수 있냐고. 길버트가 말한다. 떠날 수 없다고. 그러나 영화 끝부분에서 길버트와 어니는 영화 초입부에서 처럼 캠핑족이 나타나기를 기다린다. 그때 길버트는 동생 어니에게 말한다. 우리는 어디든 떠날 수 있다고. 그들은 묶음에서 풀려 이제 자유를 찾은 것이다. 사랑하는 여인 베키를 다시 만나며 영화는 끝난다.

영화 속에서 베키는 자유로운 영혼의 소유자다. 가정과 현실에 꽁꽁 묶여 있는 길버트와는 대조적이다. 베키는 부모님의 이혼으로 양가를 오가며 수많은 이사를 했다고 했다. 그리고는 지금의 캠핑족 인생을 선택했고 할머니와 전국을 돌며 생활하고 있다. 할머니도 집밖이라고는 나와 본 적도 없었는데 손녀딸 덕분에 이렇게 되었다고 기뻐한다. 영화 속에서 베키는 길버트의 구원자다. 길버트로 하여금 자기 인생을 성찰하게 하고 길버트를 속박으로부터 자유로 이끈다. 베키가 길버트에게 영향을 주는 몇 장면이 있다. 서로 만나 연정을 싹틔우는 두 사람. 그러나 누가 보아도 길버트는 삶에 의욕이 없고, 우울하며 무기력하다. 길버트가 묶여 있을 수밖에 없는 대표적인 장면이 어니의 18살 생일 며칠 전 일어난다. 베키를 만나기 위해 퇴근 후 서둘러 어니를 씻긴 길버트는 마음이 급한 나머지 이제부터는 너도 컸으니까 혼자서도 몸을 씻으라고 하면서 수건의 위치를 알려주고 베키를 만나러 간다. 베키를 만나고 늦은 밤 집으로 돌아온 길버트는 아침에 욕실에 갔다가 얼음장이 다된 몸으로 여전히 욕조에 남아있는 어니를 발견한다. 길버트가 무엇인가 새로운 시도를 할 수 없는 완전한 무기력의 상황에 놓일 수밖에 없었던 것이다. 그런 길버트에게 베키는 묻는다. 네가 원하는 것이 무엇이냐고. 새 집이 있었으면 좋겠다고. 엄마가 에어로빅이라도 했으면 좋겠다고. 엘런이 어서 자라났으면 좋겠다고. 어니의 뇌를 바꿀 수만 있다면 좋겠다고. 그러자 베키가 다시 묻는다. 너 자신은 어떤 사람이 되고 싶냐고. 길버트가 대답한다. 그냥 좋은 사람이 되고 싶다고.

이 지점에서 우리는 길버트가 처한 심리적 문제의 실체를 명확히 확인하게 된다. 그리고 그것은 중독적 심리의 실체와도 정확히 일치한다. 길버트와 같은 심리적 상태가 더 나쁜 방향으로 진전된 것이 중독이다. 그런 점에서 보면 길버트는 아직 중독자가 아닐 뿐 예비 중독자라해도 무방하다. 자기가 자기 자신에게 원하는 것이 없는 심리상태를 자기가 없는 상태, 혹은 자기를 잃은 상태라고 말한다. 길버트의 내면에는 자기를 향한 욕구는 없고 온통 타인만을 위한 욕구로 가득 차있다. 이렇게 자기 안에, 자기를 위한 욕구는 없고 오직 타인만을 위한 욕구로 가득차 있을 때 그의 마음을 지배하는 것은 텅 빈 공허다. 이런 상태는 그를 허무와 무기력의 세계로 이끈다. 이타적인 사람을 싫어하는 사람은 없다. 이타적인 사람이야말로 인류가 추구하고, 종교가 제시하는 성스러운 삶, 성인의 삶을 살아내는 사람들이다. 길버트와 이들 이타적인 사람들과의 삶의 차이는 무엇인가? 그것은 이들 성인들의 내면에는 확실한 자기 정체성, 자기 존재에 대한 뚜렷한 존중감이 선재되어 있었다는 것이다. 그들은 자기를 비우고 타인을 위한 이타적인 삶을 살게 된 것이고, 비워야 할 자기가 뚜렷했던 사람들이라는 것이다. 그러나 이들에 비해 길버트는 외형적으로는 이타적인 삶을 사는 것으로 보였지만 내면은 공허로 가득 차 있어 무엇인가로 채움 받아야 할 처지에 놓여있었던 것이다. 채움 받아야 비울줄 안다. 길버트는 엄마 보니와 동생 어니를 위해 그리고 다른 가족들을 위해 성인처럼 헌신적이고 이타적인 삶을 살아가고 있지만 정작 그 자신도 누군가의 돌봄과 배려, 사랑으로 채움 받아야 하는 존재였다. 사랑스런 여인 베키를 만나면서 길버트의 자기를 위한 욕구가 자극된다. 그것은 이웃집 커트 부인과의 불륜관계에서 느낄 수 없었던 이끌림이며 자기 전존재를 충만케 해 주는 자기 충만의 이끌림이었다. 베키의 존재와 등장으로 인해 길버트는 자기 충만을 경험함과 동시에 베키와의 대화와 그녀의 삶의 방식 등을 통해 그의 내면세계가 새롭게 눈을 떠간다.

베키가 길버트에게 가져다 준 또 하나의 큰 선물은 수치심을 극복하도록 도와준 점이다. 길버트는 자살한 아버지가 수치스럽고, 고래와 같이 살이 쪄 사람들에게 놀림 받는 엄마가 수치스럽다. 지적장애를 가지고 있는 어니 역시 마찬가지다. 그런데도 가족이니까 어쩔 수 없이 하루하루를 살아갈 뿐이었다. 그런데 베키는 이들을 수치스럽게 여기지 않았다. 오히려 어니의 마음을 잘 읽어주고 받아줄 뿐만 아니라 물 공포증이 있어 물에 들어가지 않는 어니를 물로 끌어들여 함께 놀기도 한다. 그리고 세상 누구도 만나기를 거부하는 길버트의 엄마를 찾아가 인사한다. 아마도 베키는 길버트의 집을 찾아가 엄마를 만난 유일한 외부 사람이었을 것이다. 베키의 이러한 작은 행동 하나하나가 자기 자신과 가족들에 대해 가졌던 길버트의 수치심을 녹여주게 되었고 집을 불태워 엄마를 장례 치르려는 결단도 자기 자신의 수치뿐만 아니라 엄마의 수치를 사람들 앞에 보이지 않게 하려는, 엄마를 위한 깊은 배려 가운데 결행할 수 있었다. 어떤 사람의 수치심을 해소해 주는 가장 좋은 방법은 그 사람이 수치스럽게 여기는 그것을 수치스럽지 않은 시선으로 바라보아 주는 것이다. 자기 자신과 가족에 대해 수치스럽게 생각하고 느끼고 있는 사람에게 그렇게 하지 말라고, 그럴 필요가 없다고 백번 말하는 것보다 수치스럽지 않은 눈으로 바라보아 주는 것이 30배, 50배, 100배 효과가 있음을 기억하자. 베키의 그러한 배려가 길버트를 묶고 있던 수치의 굴레를 벗겨 버린 것처럼 수치심에 꽁꽁 묶여 있는 중독자들의 수치의 굴레도 그들에 대한 누군가의 사랑과 존중에 의해 누에고치 벗겨지듯 벗겨져야 한다. 수치심의 치료가 중독 치료에서 차지하는 비중이 크다는 사실 아무리 강조해도 결코 지나치지 않는다.

중독 치료의 가장 강력한 도구 사랑

중독은 정신장애의 일종이다. 정신장애는 크게 정신분열조현병과 우울증, 조증 등의 기분장애, 각종 중독과 인격장애의 네 영역으로 분류할 수 있다. 이중 가장 이해하기 어려운 정신장애가 중독이며, 치유하기도 어렵다. 왜냐하면 중독자들은 중독이라는 정신장애뿐만 아니라 정신분열적 증상과 기분장애, 그리고 인격장애등 정신장애의 모든 영역의 증상들을 한 몸에 다 가지고 있기 때문이다. 모든 정신장애는 치료가 어려운데 그 이유는 자신이 정신장애를 가지고 있다는 사실을 인지하는 것조차 쉽지 않기 때문이다. 정신장애, 특히 정신분열증조현증 환자의 증상과 그 가족의 삶을 보려면 론 하워드가 감독하고 러셀 크로우존 내쉬 역, 제니퍼 코넬 리아내 알리샤 역가 열연한 2002년작, 〈뷰티풀 마인드〉를 보라. 이 영화는 실비아 나사르가 출간한 동명의 책, 존 내쉬의 전기를 원작으로 탄생하였다. 존 내쉬는 1994년 노벨 경제학상을 수상한 실존인물로서 생애의 대부분을 정신분열증으로 고생하였으나 끝내 그 병을 이기고 노벨경제학상을 수상하는 인간 승리의 전범이 되었다. 골든 글로브에서 남우주연상, 여우조연상, 작품상, 각본상을, 아카데미에서 감독상, 작품상, 각색상, 여우조연상을 수상하는 등 수많은 영화제에서 수상의 영예를 누렸다. 정신분열증 환자였던 존 내쉬가 병을 극복하고 노벨경제학상 수상의 영예를 얻기까지 그가 걸어온 길은 그대로가 조현병이나 조울증, 혹은 중독 등의 정신장애로부터 치유되기를 원하는 사람들이 걸어야 할 바로 그 길이다.

존 내쉬는 1928년 미국 웨스트버지니아의 블루필드에서 태어났다. 카네기 멜론대학에서 수학을 공부하고 1950년 프린스턴대학교에서 게임 이론에 대한 논문인 〈비협조적 게임 Noncooperative Games〉[1950]으로 박사학위를 받았다. 그리고 젊은 나이에 MIT 교수가 되었다. 영화는 프린스턴 대학원에 입학한 새내기 입학생 존 내쉬의 모습을 영상에 담으면서 시작한다. 20세의 어느 날, 파티에서 금발 미녀를 둘러싸고 벌이는 친구들의 경쟁을 지켜보다가 섬광 같은 직관으로 균형이론의 단서를 발견하고 이를 27쪽 짜리 논문으로 발표하면서 하루아침에 학계의 스타로, 제2의 아인슈타인으로 떠오르기 시작한 그이지만 그의 성격이나 행동에서는 사회적응적이지 못한 불안정성이 이미 두드러지게 나타나고 있었다. 그는 연구활동에는 엄청난 집중력을 보이지만 사람들과의 관계는 어색하고 서툴다. 사람들과 잘 사귀지 못하고, 홀로 떨어져 있으며, 승부에 지나치게 예민하고, 동료와의 바둑에서 지자 바둑판을 엎어버린다.

영화는 천재적 수학자 존 내시가 2차 세계대전 이후 동서냉전의 상황 속에서 미 정부당국과 협조하여 러시아 정부의 암호를 해독하는 비밀작전에 참여하여 조국을 위해 헌신적으로 일하는 모습을 긴장감 있게 연출함으로써 관객의 몰입도를 한층 끌어올리며 전개된다. 러시아 첩보당국에 의해 존 내시의 활동이 추적당하면서 그의 불안이 고조되는 것과 더불어 관객들 역시 최고조의 긴장 속으로 빨려 들어간다. 여기까지는 베네딕트 컴버배치가 영화 〈이미테이션 게임〉에서 연기한 2차 대전 당시 독일군 암호를 해독한 영국 수학자 앨런 튜닝의 실화가 존 내쉬에게도 일어났구나 하는 느낌으로 관객들은 가슴을 졸이며 몰입해 왔을 것이다. 영화 속에서 존 내시의 활동은 마침내 러시아 첩보당국에 의해 발각되기에 이르고 한밤중에 총격전을 벌이며 도망치는 사태까지 겪게 된다. 그러다가 하버드 대학에서 강의가 있던 날 그를 잡으러 온 러시아 스파이들을 피해 달아나던 중 내쉬는 그들에게 체포된다. 러시아 스파이들은 정신병원에서 나온 사람들로 위장하여 내쉬를 체포하고 그를 정신병원으로 옮긴다. 잡혀간 정신병원에서도 내쉬는 러시아 스파이들에게 정보를 주지 않으려고 안간힘을 쓴다. 그러나 곧 관객들은 이 정신병원이 러시아 스파이들이 운영하는 곳이 아니라 진짜 정신병원인 것을 알게 되고 존 내쉬가 정신분열증조현병에 걸린 환자라는 것을 알게 된다. 관객들은 지금까지 긴장하며 보아온 존 내쉬의 첩보활동이 그의 정신분열에 의한 허상이요 망상이었음을 깨닫게 된다. 영화적 장치로는 극적인 반전이지만 그 순간 관객들은 정신분열증의 실상이 어떠한 것인지를 깊은 전율 가운데 추체험하게 된다. 이 반전의 순간이 오기 직전까지 관객들은 존 내쉬가 벌이는 비밀작전이 실제 사실이리라 믿고 영화를 보아 왔을 것이다. 그런데 그것은 실제 사실이 아니었고 철저히 존 내쉬의 망상 속에서 이루어진 일이었다. 이제부터 관객들은 존 내쉬에게 속지 않을 것이다. 그러면서 계속 망상을 사실로 여기고 살아가는 정신분열증 환자 존 내쉬를 안타까운 마음으로 보게 될 것이다.

정신분열조현병은 망상을 현실로 인식하는 정신장애로 자신을 대단한 존재로 여기는 과대망상expensive delusion과 자신을 피해자로 여기는 피해망상persecutory delusion, 그리고 서로 연관되어 있지 않은데도 연관되어 있다고 믿는 관계망상delusion of reference 등으로 구분되는데 존 내시는 이 세 가지 망상을 모두 가지고 있었다. 그는 자기 자신을 조국을 구원할 영웅으로 인식하고 있었고과대망상, 그러나 적국으로부터 늘 감시당하는 처지에 있다고 느꼈으며피해망상, 일상의 신문과 잡지 등에 나타난 숫자들을 특별한 암호로 인식하는관계망상 망상체계를 가지고 있었다. 이러한 망상체계가 사실성을 획득하려면 이를 보증해줄 장치가 필요한데 존 내쉬는 그것을 환시visual hallucination로 만들어 냄으로써 확보하였다. 그가 스스로 만들어 낸 환시가 정보국 상사였던 윌리엄 파처, 함께 마음을 나누는 친구 찰스, 그리고 찰스의 사랑스런 조카 마시였다. 그는 매일 일상 속에서 자기가 만들어 낸 환시와 만나고 대화한다. 그렇게 함으로써 자기가 만들어 낸 망상체계가 망상이 아니고 사실임을 스스로 확증한다. 이제 그는 빠져나올 수 없는 정신세계 속에 깊이 파묻혀 살아가게 되는 것이다. 아무리 누군가가 옆에서 그 세계는 사실의 세계가 아니라고 말해줘도 그는 듣지 않는다. 아니 들을 수가 없는 것이다. 남의 말을 믿을 수가 없는 것이다. 그는 매일 환시들을 만나 대화하며 살아가고 있기에, 그 환시들과 만나고 대화하며 살아가는 이 망상의 세계가 현실이라고 철썩같이 믿고 살아가게 되는 것이다.

영화의 중후반부터 이제 관객들은 천재 수학자 존 내쉬를 보는 것이 아니라 조현병 환자 존 내쉬와 그 가족의 삶의 모습을 보게 된다. 고통스런 전기충격 요법을 받고 망상에서 벗어나 현실감을 되찾은 내쉬는 집으로 돌아온다. 퇴원 후 그의 일상생활을 지켜보면서 관객들은 정신장애를 앓고 있는 이들과 살아간다는 것이 가족들에게 얼마나 힘들고 고통스러운 일인지를 바라보게 된다. 통상 조현병은 약물치료를 한다. 그래서 약물을 자신의 상태에 맞게 최적화 하고 잘 사용하는 것이 중요하다. 향정신성 약물들은 뇌활동 전반에 영향을 미치고 정신활동에 불편감을 초래하는 등 다양한 부작용을 유발한다. 영화에서처럼 존 내쉬는 수학연구에 집중하고 싶지만 예전과 같은 집중력을 발휘하지 못한다. 성기능도 현저히 감소한다. 그래서 약물 복용을 거부하게 되고 그 결과 또다시 재발한다. 다시 환상과 환시, 망상의 세계가 펼쳐진다. 약물을 복용하여 뇌 활동을 제어했을 때는 사라졌던 환시들이 약물 복용을 중단함으로써 다시 나타나고 존 내쉬는 망상적 첩보활동을 다시 재개하게 된다. 그러나 이 활동은 이내 발각되고 아내 알리샤는 정신병원에 도움을 요청한다. 그 순간 환시들이 동시에 나타나 정신병원에 도움을 요청하는 알리샤를 제어하도록 내쉬를 압박한다. 두려움에 집을 뛰쳐나가 도망가는 아내 알리샤를 첩보국 상사 윌리엄은 비밀을 지키기 위해 그녀를 제거해야 한다고 위협한다. 극단의 착란증세가 지속되던 중, 내쉬에게 섬광같은 깨달음이 주어진다. 그가 젊은 시절 술집에서 금발미녀를 두고 장난치던 친구들 사이에서 균형이론의 핵심을 발견해 내듯이. 내쉬는 두려움에 떨며 아기를 데리고 차를 타고 도망가려는 아내를 급히 따라 나가 불러 세운다. 그리고 말한다. 내가 그 해답을 찾은 것 같다고. 마시는 늦지 않는다고. 그래서 마시가 현실일 수가 없다고. 망상과 현실 사이의 분별의 실마리를 그가 마침내 찾아낸 것이다.

그러나 병원 측으로부터 더 강력한 치료를 권유받고 내쉬는 정신병원에 재입원해야 하는 처지에 놓이게 된다. 내쉬는 병원 입원에 강력히 저항한다. 그리고 아내 알리샤에게 호소한다. 제발 자기에게 시간을 달라고. 자기 스스로 이 문제에 대한 해답을 찾도록 기회를 달라고. 수학 문제에 해답이 있듯이 자기도 이 답을 꼭 찾고 말겠다고. 그러나 당신은 엄마 집으로 아이를 데리고 돌아가라고. 어떤 일이 벌어질지 자기도 모르겠다고 하면서. 아내 알리샤가 내쉬의 이 제안을 받아들인다. 그리고 인상적인 행동을 한다. 당신에게 내가 무엇이 진짜인지 보여줄게. 그러면서 자기의 손을 들어 내쉬의 얼굴을 어루만진다. 다음에는 내쉬의 손을 들어 자기의 얼굴을 어루만지게 하고 자기의 가슴을 만지게 한다. 그러면서 말한다. 이것이 리얼이라고. 당신의 머리 속에 있는 것이 아니라 지금 당신의 심장으로 느끼는 이것이 리얼이라고. 두 사람은 부둥켜안고 운다.

회복의 기적은 그렇게 시작되었다. 그리고 긴 시간이 흘러 중년의 나이가 되어 존 내쉬가 프린스턴 교정에 나타난다. 그리고 학과장이 되어 있는 옛 동료 마틴 교수를 찾아가 지금 자기에게는 사람들과 어느 정도의 유대관계가 형성되어 있고 친숙한 장소와 사람들이 있는 공동체가 필요하다며 도움을 청한다. 마틴 교수는 내쉬에게 도서관에서 공부할 기회를 허락해 준다. 내쉬는 학교생활을 하면서도 그의 눈에 보이는 환영들과 끝없이 싸운다. 길 가다가도, 학교의 광장에서도 그는 다른 사람들 눈에는 보이지도 않는 환영을 상대로 꺼지라고, 너희들은 진짜가 아니라고 허공을 향해 외치고 손짓하는 영락없는 광인의 모습을 보인다. 때때로 젊은 학생들에게 조롱당하기도 하지만 친구 마틴은 내쉬를 감싸준다. 아내 알리샤도 계속 나아가라고 내쉬를 격려한다. 친구의 도움과 아내의 격려를 받으며 내쉬는 환시와의 끈질긴 싸움을 벌여나간다. 그리고 마침내 환시를 통제하기에 이른다. 내쉬의 전략은 무시하는 것이다. 환시는 사실이 아니기 때문이다. 이 환시는 도대체 어디서 생긴 것인가? 그것들은 내쉬의 뇌 속에서, 마음속에서 생겨난 것이다. 환시의 존재는 내쉬의 마음속 욕구, 혹은 무의식적 욕구가 환영으로 투시되어 나타난 것이다. 내쉬의 성장과정에 대해서 이 영화가 말해주지 않기 때문에 우리는 그것에 대해 알지 못한다. 다만 영화 초반부에서 내쉬가 자기 자신에 대해서 설명할 때 자기는 특권층의 교육을 받았으나 과거에 아픈 기억들이 있었고 어떤 선생님은 자기에 대해 두 개의 뇌와 반쪽 심장을 가진 아이라고 말한 선생님이 있었다고도 말한다. 프린스턴에 입학하면서 내쉬의 연구주제는 "지배역학"을 수리적으로 푸는 것이었다. 영화가 지속적으로 보여주는 존 내쉬의 성격상 특징은 강박이다. 그는 힘센 자가 되려는 강박이 있었고그래서 그는 반드시 이겨야 했고, 높아져야 했다, 모든 일을 완벽하게 해야 하는 완벽주의자였다. 영화 속에서 나타나는 내쉬의 이런 성향과 세 명의 환시가 가진 성격을 종합해 보면 내쉬가 무의식적으로 추구하고 갈망했던 것은 힘과 우정과 사랑이었다고 볼 수 있다. 그가 스스로 만들어낸 환시가 정보국 상사였던 윌리엄 파처, 함께 마음을 나누는 친구 찰스, 그리고 찰스의 사랑스런 조카 마시였는데 이들 모두는 내쉬가 성장과정에서 겪었던 결핍의 투영이었다고 볼 수 있다. 내쉬는 힘 있는 누군가에 의해 억압적 생활을 했기에 힘을 추구하게 되었고, 자기와 깊은 우정을 나눌 친구 하나 없이 성장 하였기에 그런 친구를 환영으로 만든 것이다. 그리고 마음껏 사랑을 주고 받을 수 있는 어린 마시를 환영으로 만들어 낸 것이다. 그리고 성장 해서는 "지배역학"을 연구의 중심 주제로 설정하게 된 것이다. 그러므로 그 환영들은 그 자신과 아무 상관없이 생겨난 것이 아니라 그 자신 안에서 나온, 그 자신의 분신이라고 해도 과언이 아니다. 그러므로 그들을 잘 떠나보내는 것이 중요하다. 내쉬로부터 계속 무시를 당하던 환영인 찰스가 나는 너의 좋은 친구였는데 너는 왜 나를 무시하느냐고 따지고 항변하자 내쉬가 말한다. 그래 맞아 너는 내 친구였어. 최고의 친구였지. 그러나 이제 나는 너랑 말하지 않을거야 라고 말하며 환영을 떠나보낸다. 환영을 잘 떠나보내는 것도 중요하다. 그것은 마음의 상처를 안고 살아가는 사람들이 이미 세상을 떠나 없는, 자기에게 상처 준 사람들을 잘 애도해서 보내야 하는 것과 같은 이치다. 와일드에서 셰릴이 엄마를 잘 애도해서 떠나보내는 것처럼

　　존 내쉬가 조현병을 극복하고 자기에게 부여된 재능을 한껏 발휘하여 노벨상을 수상하기까지 일등 공신은 누가 뭐래도 아내인 알리샤의 사랑이었다. 그것은 이 책에서 소개하는 모든 영화를 관통하는 일관된 주제이다. 사랑은 중독뿐만 아니라 모든 정신장애를 치료하는 가장 강력한 도구이자 수단이다. 그리고 원인이자 목적이다. 사랑받지 못해 사람들은 중독이 되거나 정신장애자가 된다. 그러나 사랑받으므로 그들은 치료되고 회복된다. 그리고 사랑을 행하며 전하는 자가 된다. 아내 알리샤의 사랑이 내쉬를 치료하였고 그를 변화시켰다. 영화의 마지막 장면이기도 하지만 1994년 12월 노벨경제학상 수상식에서 내쉬는 이런 수상 소감을 남긴

다.

감사합니다.

전 언제나 수를 믿어왔습니다.

추론을 이끌어내는 방정식과 논리를 말이죠.

하지만 평생 그걸 연구했지만.

저는 묻습니다. 무엇이 진정한 논리입니까?

누가 이성을 결정하는 거죠?

저는 그동안 물질적, 형이상학적, 망상적 세계에 빠졌다가 이렇게 돌아왔습니다.

그리고, 전 제 경력에서 가장 소중한 것을 발견했어요.

그건 제 인생에서 가장 소중한 발견입니다.

어떤 논리나 이성도 풀 수 없는 사랑의 신비한 방정식을 말입니다.

난 당신 덕분에 이 자리에 섰어요.

당신은 내가 존재하는 이유이며

내 모든 존재의 이유에요.

감사합니다.

Ps : 존 내쉬 같이 정신분열이 심한 경우 현실의 세계와 망상의 세계는 분별되지 않는다. 그에게는 오직 망상의 세계가 현실 세계로 인식되고 믿어질 뿐이다. 중독은 어떨까? 중독자들의 정신세계는 이와 견주어 어떠할까? 결론적으로 말하자면 중독자들은 정신분열증 환자가 아니다. 그들은 현실과 망상을 구분하고 분별한다. 그러나 중독이 진전하면 할수록 정신분열적 망상증상이 그들의 전인격을 우세하게 지배하게 된다. 그들 역시 망상적 인격의 소유자로 변모하여 간다. 그들은 중독적 사고방식, 감정 처리방식, 중독적 대처 양식에 익숙해져 정상감을 점차 상실하게 되어 적응적 인간관계, 사회관계 망에서 점차 일탈하여 고립되기에 이른다. 그러면 그럴수록 그들은 중독행위를 통해 과대자기를 현시하려 하고, 피해자기가 되어 끝없이 남을 탓하고 비난하며 원망하고, 의존적이거나 집착적인 인간관계를 추구함으로써 건강한 인간관계 망에서 지속적으로 일탈해 나간다. 극심한 금단증상을 겪을 때는 환시, 환청, 환촉, 환후 등의 분열 증상을 그대로 드러내기도 한다. 중독자를 대하는 것은 정신분열 환자를 대하는 것만큼이나 어렵다. 정신분열 환자는 그러려니 하며 대응하면 된다. 그러나 중독자들은 그렇지가 않다. 그들은 현실적인 듯하면서 망상적이다. 여기에 중독과 정신분열 사이의 차별성이 있고 중독 치유의 독특성이 있다.

그건 네 잘못이 아니야

영화 속에서 심리치료의 실체를 확인하고자 하는 사람들에게 구스 반 산트가 감독하고 멧 데이먼월 헌팅 역, 로빈 윌리암스상담가 숀 역, 벤 애플렉친구 처키 역, 미니 드라이버스카일라 역, 스텔란 스카스가드램보교수 역가 출연한 1997년작 〈굿윌헌팅〉보다 더 좋은 영화는 없을 것이다. 우리나라에서는 2016년 재방영 되었다. 하버드 대학생이던 멧 데이먼과 벤 에플렉이 직접 각본을 만들고 배우로도 참여하였다. 그해 아카데미 9개 부문에 노미네이트 되었고 각본상과 남우조연상로빈 윌리암스을 받았다. 1997년 제10회 시카고 비평가 협회 유망남우상 멧 데이먼, 1997년 전미 비평가 위원회 스페셜 업적상 벤 애플렉, 멧 데이먼, 1997년 플로리다 비평가협회 올해의 신인상 벤 애플렉, 1998년 제3회 크리틱스 초이스 영화상 최우수 각본상 벤 애플렉, 멧 데이먼 유망주상 멧 데이먼, 1998년 제48회 베를린 국제영화제 은곰상: 공헌상 멧 데이먼, 1998년 국제비평가협회상 최우수 각본상 벤 애플렉, 멧 데이먼, 1998년 제55회 골든 글로브 시상식 최우수 각본상 벤 애플렉, 멧 데이먼 등 수많은 상을 수상하였다. 구스 반 산토 감독은 2018년 호아킨 피닉스가 주연한 알코올중독자의 회복을 다룬 영화 2018년 작, 〈돈 워리〉를 연출하기도 하였다.

영화 속에서 윌 헌팅맷 데이먼의 직업은 MIT 대학교의 청년 청소부다. 남부 보스턴의 가난한 동네에 살고 있고, 친한 친구들도 그 동네에 함께 산다. 친구들도 모두 윌과 같이 사회 주변부 인생을 살아가고 있다. 그러나 윌에게는 비범한 천재성이 숨겨져 있다. 그들은 이따금 대학가 술집에 가서 하버드나 MIT 명문대생들을 골려주거나 여대생들과 희희덕거리는 유희를 즐기고 있다. 학력이나 직업으로 보아도 그들은 영락없는 비주류 인생들인데 그들이 이런 장소에 과감히 나타나 거리낌 없는 행동을 보일 수 있는 이유는 윌의 비범한 천재성 때문이다. 윌은 모든 학문 영역에서 하버드생들을 능히 압도하고도 남는 박학다식의 지식을 보유하고 있다. 술집에서 명문대생들을 만나 지적대결을 펼쳐서 이기고 그렇게 함으로써 그들을 모욕하고 조롱하는 것이 그들의 일상의 즐거움이요 낙이다. 수학계의 노벨상이라 불리는 필즈상 수상자인 MIT 유명 수학교수인 램보가 학생들에게 어려운 수학 문제를 과제로 내주는데 학생들은 모두 이과제를 풀지 못한다. 그런데 며칠 후 복도 칠판에 이 어려운 과제를 누군가가 떡하니 풀어놓고 사라지는 일이 발생한다. 램보 교수는 그 주인공을 찾고자 다른 문제를 내어놓는데 그 문제를 풀어놓은 주인공이 대학 청소부인 윌 헌팅이라는 사실을 알게 된다. 램보 교수는 윌을 찾아내 난이도 높은 여러 수학 이론들을 함께 연구해 가면서 윌의 비범성에 감탄할 뿐만 아니라 그의 능력이 자기 자신을 훨씬 능가하고 있음을 발견하고 그 앞에 무릎을 꿇는다. 그리고 윌이 학계든 사회에서든 그의 능력을 마음껏 발휘할 수 있도록 도와주려 한다. 그러나 문제는 윌에게 있었다. 그는 타의 추종을 불허하는 비범한 능력을 가지고 있으면서도 세상과 사회에 자기 자신을 노출하는 것을 극도로 꺼리는 도피적 태도를 전혀 바꾸려 하지 않는다. 그러던 중 이미 여러 차례 폭력 전과가 있던 윌이 패싸움을 벌여 감옥에 가게 된다. 윌은 램보 교수의 보증 덕에 램보 교수의 연구를 돕고 상담치료 받는 것을 전제로 집행유예를 선고받고 풀려난다. 이미 여러 차례 법정에서 법조문을 공부해 스스로를 변호한 적이 있던 윌은 이번에도 예외 없이 자기를 상담하려는 전문가들의 이론과 기법을 미리 공부하여 그들의 상담행위 자체를 무력화시킴으로 자기 자신을 방어한다. 램보 교수는 마지막으로 대학시절 경쟁 관계에 있던 숀 윌리엄 교수로빈 윌리엄스를 찾아가 자존심을 다 내버리고 간곡히 도움을 청한다. 숀 교수와의 만남을 통해 세상을 향해 닫혀 있던 윌의 마음이 마침내 열리는 극적인 순간이 찾아온다.

"It's not your fault!"그건 네 잘못이 아니야

이 영화를 본 전 세계 수많은 사람들의 뇌리에 이 말은 결코 잊혀지지 않을 기억으로 새겨져 있을 것이다. 이 말로 인해 영화 속 주인공 윌 뿐만 아니라, 이 영화를 본 수 많은 사람들이 자기를 가두고 있던 어둠의 세계에서 빛의 세계로 옮겨지는 진정한 자기 탄생의 기쁨을 맛보았다. 이 말이 어떻게 해서 윌을 변화시켰는가? 이 영화를 본 수 많은 사람들에게, 그리고 중독자들에게 왜 그렇게 강력한 영향을 미쳤는가? 그것은 이 말을 뒤집어 보면 쉽게 이해가 간다. 주인공 윌 뿐만 아니라 많은 사람들, 수 많은 중독자들이 어떤 사건에 대해, 혹은 자기 인생 자체에 대해 뭔가 잘못되었음이 발견될 때 그것은 자기 잘못 때문It's my fault!이라고 느끼고 판단하

며 살아왔다는 것을 의미한다. 숀 교수는 윌의 성격상 약점, 내적 허구의 핵심을 정확히 짚고 이를 직면시킨 것이다. 윌의 내면 깊숙한 곳에는 자기 자신에 대한 자아상자기상이 심히 왜곡되어 있어서 세상과 사회, 심지어는 깊이 사랑하는 여인에 대해서 적응적 행동을 할 수가 없었던 것이다. 이 영화의 명장면은 말할 필요도 없이 영화 중후반부 윌과 숀 교수와의 상담 장면이다. 그 상담의 끝부분에서 윌은 자기 자신의 존재와 자기의 삶에 드리워진 어두운 그림자가 자기 잘못 때문이 아니라는 사실을 받아들이고 새로운 존재로 거듭나는 빛나는 순간을 맞게 된다. 저명한 5명의 심리상담가들은 윌의 마음을 여는데 하나같이 실패했지만 다행히 숀 교수는 윌의 마음을 열고 그를 변화시키는데 성공한다. 이 영화의 상담 장면을 통해 우리는 좋은 상담의 예를 경험하게 된다.

상담의 목표는 분명하다. 그 사람을 변화시키는 것이다. 윌의 상담목표는 윌이 진정한 자기 자신을 찾아 세상과 사회, 사랑하는 여인에 대해 부적응적 도피적 태도가 아니라 적응적 태도를 취하게 하는 것이다. 좋은 상담은 윌의 마음을 열게 하는 상담이요, 그러한 변화가 윌 자신의 선택과 결단에 의해 이루어지게 하는 상담이다. 마음의 상처가 깊은 사람과의 상담은 그렇지 않은 사람과의 상담보다 훨씬 어렵다. 재판과정에서 드러난 것이지만 윌은 고아였고 여러 차례 입양과 파양의 고통을 겪었다. 그리고 그 중 3번은 양부의 학대에 의한 파양이었다. 이러한 사실을 알고 있는 숀 교수는 서두르지 않고 천천히 윌에게 접근한다. 윌을 '상담대상'으로 대상화 하지 않고 진지하게 대한다. 그리고 자기감정과 생각, 고통 등에 대해 정직하게 개방한다. 선택하게 하되 강요하지 않는다. 심지어 어떤 날은 한 시간 동안 아무 말도 하지 않고 상담을 마치는 날도 있다. 아무 말도 하지 않았지만 그 침묵을 통해 숀은 말한다. 네가 정직하게 네 문제를 말하지 않는 한 나는 네게 응대하지 않겠다고. 윌은 한 시간 동안 고민한다. 내 속 얘기를 해야 할까 말까하고. 그들은 침묵을 통해 상담하고 있는 것이다.

상담을 종결해야 할 때쯤 램보 교수와 숀 교수가 윌 문제로 인해 격렬하게 말다툼을 하게 되는데 윌이 이 소리를 문밖에서 듣는다. 서로의 접근 방식은 다르지만 두 사람 모두 윌을 어떻게 해서든 진심으로 도와주고자 한다. 램보 교수는 숀 교수가 좀 더 서둘러 상담효과를 내주기를 기대하고 있다. 예정된 기간 안에 치료가 이뤄지지 않아서 윌이 잘못되지나 않을까 하는 염려 때문에 숀 교수는 램보 교수의 그런 초조하고 서두르는 마음이 치료를 망치게 될 까봐 우려하고 있다. 램보는 치료가 더뎌져 윌의 재능이 썩혀질까 두렵고 숀은 윌의 재능이 치료가 덜되어 악용될까 두렵다. 그러나 두 사람이 다투는 그 상황이 윌이 닫힌 마음의 문을 열게 되는 결정적 계기가 되었다. 윌은 다투는 두 사람을 두고 돌아설 수도 있었지만 상담실 문을 열고 안으로 들어간다. 램보 교수와 숀 교수의 사랑 안으로 들어온 것이다. 마음의 상처, 특히 양부에게 받은 상처로 평생 누구에게도 마음의 문을 열지 않았던 윌의 마음이 자기를 진정으로 사랑해주고 위해주는 두 사람의 존재를 확인하면서 활짝 열리기 시작하는 것이다.

갑자기 나타난 윌로 인해 두 사람은 언쟁을 멈추고 램보 교수는 서둘러 방을 나간다. 판사에게 보낼 상담종결보고서를 보면서 윌이 숀에게 묻는다. 뭐라고 써서 보낼 거냐고. 판사에게서 보내온 상담참고자료에는 어린 시절부터 양부로부터 학대받은 윌의 폭행당한 신체 사진이 프로파일링 되어 있다. 그 사진을 보면서 윌이 숀에게 묻는다. 교수님도 그런 경험이 있냐고. 숀이 답한다. 아버지가 심한 알코올중독자였기에 엄마와 동생을 보호하기 위해 아버지에게 달려들었다고. 아버지가 반지라도 끼고 있는 날이면 장난이 아니었다고. 그러자 윌이 말한다. 나는 양부가 렌치와 막대기와 혁대를 놓고 고르라고 했다고. 숀이 말한다. 나라면 혁대를 고르겠다고. 윌이 말한다. 나는 렌치를 골랐다고. 끝장을 보자는 마음에서 그랬다고. 그것은 지옥의 불구덩이를 경험한 두 사람 사이에서만 오갈 수 있는 대화였을 것이다. 그 때 숀 교수가 들고 있던 상담 보고 자료를 집어 던지며 말한다. 이 기록들은 다 의미 없는 것들이라고. 다 헛소리일 뿐이라고. 그리고 윌을 향해 말한다. 그것은 네 잘못이 아니라고. 내 눈을 보라고 하면서 숀은 윌에게 다가가며 계속해서 말한다. 그것은 네 잘못이 아니라고. 무려 열 번을 말한다. 마침내 윌이 숀의 품에 안긴다. 그리고 운다. 마치 어린아이처럼. 어린 시절의 상처가 치유될 때 나오는 울음은 어른의 울음이 아니라 엉엉 우는 어린아이의 울음일 때가 많다. 그 눈물로 윌의 상처는 정화되었다. 그리고 그를 20년간 사로잡고 있던 무의식의 족쇄가 풀렸다.

중독자들의 내면도 윌의 그것과 다르지 않다. 중독자들의 내면에는 해결되지 않은 학대의 상처가 남아 있어 그것들이 중독의 원인이 된다. 20살 윌에게서 나타나는 중독적 성향은 폭력이다. 앞서 〈똥파리〉를 통해 살펴본 바 있듯이 폭력은 그 자체로 중독되기도 하고 대를 이어 전수되기도 한다. 영화 속에서 윌이 감옥에 갇히고 인생을 망치게 된 사건은 충동적 폭력 사건 때문이었다. 윌이 이성을 잃고 마구 폭행한 당사자는 어이없게도 유치원 시절 윌을 폭행한 유치원 동료였다. 그 친구는 까마득히 잊고 기억하지도 못할 일이었을지 모르는데 윌은 그 일을 잊고 있지 않다. 상처 입은 영혼은 과거의 상처를 쉽게 잊지 못한다. 윌은 다짜고짜 주먹을 날린다. 유치원, 학교, 군대에서 따돌림 당하고 왕따 당하고 폭력을 당하는 것만으로도 평생 씻을 수 없는 상처가 되기도 하는데 윌과 같이 양부로부터 상상 못할 가정폭력을 선험으로 가지고 있는 경우라면 말할 것도 없다. 평생을 앙심을 품고 사는 경우도 많고 그러다가 때가 되면 보복한다. 더 나아가면 불특정 다수를 공격하는 사이코패스가 될 수도 있다. 어린 시절 입양한 양부로부터 폭력을 당한 윌의 내면에 자리 잡은 무의식적 감정의 핵심은 버림당함abandoned에 대한 두려움이다. 그의 외면의 행동은 이것에 따라, 이것에 대한 방어로 일관하게 된다.

윌의 정신병리는 양부의 무지막지한 폭력과 반복된 파양의 고통에서 기인한다. 그 고통스런 경험으로부터 윌은 사람을 신뢰할 수 없게 되었고, 사람들로부터 버림당할 것을 두려워하며 살게 되었다. 이 모든 원인이 따뜻한 가정의 울타리를 제공해 주지 못한 입양 부모와 폭력을 행사한 양부에게 있음에도 윌은 그것이 다 자기의 잘못 때문이라고 인식하며 살아왔다. 윌의 이런 인식은 어린 시절 학대와 폭력을 당한 아이들이 커서도 계속 갖고 있는 인지적 오류 중의 하나이지만 당사자들은 그것이 오류라는 사실을 알지 못한다. 혹은 그것이 오류라는 사실을 안다고 하더라도 마음 한편에는 그래도 내 잘못이 어느 정도는 있었다고 생각한다. 내가 잘했으면 그런 일이 일어났을 리가 없다고 생각하는 것이다. 이런 내면을 가지고 있는 사람들의 외적 행동, 곧 자기방어의 행동들은 영화 속에서 윌이 보여주는 모습 그 자체이다. 윌의 행동반경과 만나는 사람들은 고정되어 있다. 그는 그가 자라난 남부 보스톤을 떠나 본 적이 없다. 떠날 생각도 없다. 낯선 곳이 두렵기 때문이다. 그저 익숙한 곳에 머무르려 한다. 그가 만나는 사람들, 그가 유일하게 신뢰하는 친구들은 어릴 때부터 함께 자라온 동네 친구들이다. 그들은 사회적으로 볼 때 하류계급에 속하는 사람들인데 버려짐에 대한 두려움을 가지고 있는 사람들은 대체로 자기보다 지위나 형편이 못한 사람들을 사귀거나 어울리는 경향이 있다. 왜냐하면 그들은 자기를 버리고 배반하지 않으리라고 생각하기 때문이다. 또 그들에게 자신이 필요로 되는 한 그들이 자기를 버리지 않을 것이라고 믿기 때문이다. 이들은 자기에게 아무리 뛰어난 재능과 능력이 있다 할지라도 익숙한 환경과 사람들을 떠나려 하지 않는다. 신분상승의 욕구가 없는 것은 아니나 버려짐에 대한 위험이 더 크게 느껴져서 삶의 변화와 도전도 시도하지 않는다. 그래서 윌은 자기의 뛰어난 재능을 친구들의 유희를 위해 제공하고, 능력 있는 자들을 조롱하고 세상을 농단하는 하찮은 일에 사용할 뿐이다.

이 영화를 이끄는 하나의 축이 숀 교수와의 상담 치료 과정이라면 다른 하나의 축은 부자 상속녀 하버드생 스카일라와의 러브 라인이다. 윌의 천재성을 발견한 스카일라는 윌과 사귀게 되고 깊이 사랑하게 된다. 그리고 윌의 모든 것을 알고 싶어 한다. 그의 방에 가보고 싶고 윌의 가족을 만나고 싶어 한다. 윌은 가족이 없으면서 가족이 있다고 거짓말을 하고, 절대로 자기가 사는 집을 노출시키지 않는다. 만나서 농담하고 웃고 즐기기는 하지만 진지하지 않다. 스카일라의 진지한 요구를 끝없이 회피한다. 그러던 어느 날 스카일라가 윌을 강하게 밀어붙인다. 도대체 무엇을 그렇게 숨기려 하느냐고. 무엇이 그렇게 두렵냐고. 나와 함께 캘리포니아로 떠나 새로운 삶을 개척하는 게 뭐가 그렇게 두렵냐고. 윌이 답한다. 나는 떠나기 싫다고. 그냥 여기가 좋다고. 스카일라가 호소한다. 나는 너를 사랑하는데 너는 나를 사랑하지 않느냐고. 우리가 서로 사랑한다면 함께 떠나지 못할 이유가 어디 있겠느냐고. 그러자 윌이 강력하게 반박한다. 나는 사랑이 두렵다고. 지금은 좋지만 캘리포니아까지 너를 따라 가서 그 사랑이 변하면 어떻게 될지 두렵다고. 너는 모든 것을 다 가지고 있지만 내 몸의 이 상처를 보라고. 이건 내 양부가 담뱃불로 지진 상처고, 이건 그가 찌른 칼로 입은 상처라고. 네가 나를 제대로 안다면 나를 사랑할 리가 없다고. 스카일라가 말한다. 나는 정말 너를 사랑한다고. 그러나 내가 그냥 혼자 떠나기를 원하면 차라리 나를 사랑하지 않는다고 말해달라고. 윌이 말한다. 나는 너를 사랑하지 않는다고. 그렇게 두 사람은 헤어진다. 스카일라는 캘리포니아 의대 입학을 위해 혼자 쓸쓸히 보스턴을 떠난다.

윌의 사랑방식은 상처 입은 영혼의 전형적인 사랑방식이다. 그것은 〈셰임〉에서 주인공 브랜든이 진지한 사랑을 하지 못하고, 진짜 좋아하는 여성과 성관계를 하지 못하는 것과 같다. 그들의 내면에는 자신의 전존재에 대한 수치가 있다. 만일 상대방이 자기의 진짜 모습을 알아버리면 자기를 버리고 말 것이라는 두려움이 깔려 있다. 자기는 이렇게 두드려 맞고 자랄 수밖에 없었던 별 볼일 없는 사람이고 지금 현재의 처지도 보잘 것

없기에 자기는 사랑받을 만한 자격이 없는 존재라고 여기는 것이다. 자기 자신에 대한 이 확신은 너무도 견고해서 아무리 옆에서 아니라고 말해도 들리지 않는다. 마치 그것은 네 잘못이 아니야 라는 소리가 들리지 않듯이. 상담하는 과정에서 숀 교수는 기회가 될 때마다 윌에게 묻는다. 너는 누구냐. 네가 정말로 원하는 게 뭐냐고. '나는 내 재능과 능력에 맞는 직장에서 일하고 싶어요. 스카일라와 계속 만나고 싶어요'가 정답일 터이지만 윌은 정답을 말하지 못한다. 그는 청소부가 뭐 어떠냐고 말하고, 사랑은 믿을만한 것이 못된다고 말한다. 숀이 날카롭게 질문한다. 그렇게 직업에 귀천이 없다면 너는 왜 하필이면 MIT대학 청소부냐고. 네가 숨기고 있는 재능을 왜 몰래 자랑하냐고. 마지막 상담에서 윌의 도피적 방어기제가 깨지고 윌을 묶고 있던 의식적, 무의식적 삶의 족쇄가 일거에 벗겨지기 시작한다. 그것들은 다 한 뿌리에서 파생된 것들이기에 문제의 핵이 건드려지자 연쇄적으로 반응하게 되는 것이다. 진정한 자기를 찾은 윌은 램보 교수가 추천한 회사에 면접을 보고, 사랑하는 스카일라를 찾아 친구들이 마련해준 차를 타고 캘리포니아를 향해 떠난다.

이 영화가 사용하고 있는 대표적인 상징은 윌 헌팅의 방이다. 영화 도입부에 윌의 방이 보여 지는데 그 방은 지저분하고 헝클어져 있다. 모든 것이 뒤죽박죽이다. 윌은 그 방에서 책을 읽고 있다. 그러나 영화 말미에 친구 처키가 윌의 방을 찾아갔을 때 윌의 방은 깨끗하고 가지런히 정돈되어 있다. 널부러져 있던 책들도 가지런히 정돈되어 있다. 말할 필요도 없이 그 방의 변화는 윌이 옛 자기로부터 새로운 자기로 변화했음을 상징한다. 그 어지러운 방에서 그가 얻은 지혜와 지식도 그의 머릿속에 질서 있게 정리될 것이다. 그리고 그것들을 세상을 향해 유용하게 사용하게 될 것이다. 불필요하고 무의미하게 자기를 방어하고 은폐하는 도구가 아니라…

월이 진정한 자기를 찾고 사랑하는 여인을 찾아 길을 나서는 해피엔딩을 보면서 관객들은 기분이 좋아질 것이다. 그러나 실제는 이보다 훨씬 엄혹하다는 사실을 우리는 기억해야 한다. 윌과 같이 잘 치료되어 새 길을 찾는 사람보다도 훨씬 더 많은 사람들이 무의식의 굴레에 묶여 여전히 고통스런 삶을 살고 있으며, 진정한 자기가 누구인지 모르고 거짓 자기를 자기 자신으로 알고 도피적 삶을 살고 있다. 대부분의 중독자들이 여기에 해당한다. 윌이 온전히 치료되기 위해서는 온 세상이 협력하여야 했다는 사실을 분명히 하기로 하자. 윌이 숀 교수와 램보 교수와 같은 좋은 사람들을 만나지 않았다면, 끝까지 그의 편이 되어준 의리 있는 친구들이 없었다면, 있는 그대로의 윌을 받아주고 사랑한 스카일라가 없었다면 윌의 생애에 이 같은 변화가 일어나는 것은 거의 불가능에 가까웠을 것이다. 안타깝게도 이 세상 대부분의 상처 입은 영혼들의 주변과 환경은 이처럼 호의적이거나 긍정적이지만은 않다. 그래서 세상은 나와 당신의 사랑이 필요하다.

19. 키드

어린 시절 트라우마와 어른의 삶

중독을 치료하기 위해서는 상담과 심리
학의 모든 이론, 방식, 기법이 활용 되어야 한
다. 중독이 깊이 진전되지 않은 사람들에게는 인지적 접근만으로 효과를
볼 수도 있지만 중독이 깊이 진전된 사람들의 경우 무의식의 치유는 필수
적이다. 존 터틀타웁이 감독하고 브루스 윌리스러스 역, 스펜서 브레슬린
러스티 역, 에밀리 모티머에이미 역 등이 출연한 2000년작, 디즈니 영화 〈키드
〉는 어린 시절 겪었던 트라우마가 어른의 생애와 어떻게 연관되는지를 교
과서적으로 보여주는 영화이다. 무릇 디즈니 영화가 어린이들을 대상으
로 인생의 교훈을 흥미로운 주제나 설정을 통해 보여주고 있는데 이 영화
도 다르지 않다. 잘 만들어진 영화 임에도 평단으로부터 박한 평가를 받
았다. 이 영화가 저평가된 이유 중의 하나는 아마도 이야기를 풀어나가는
방식이 어정쩡했기 때문일 것이다. 영화는 어른 러스가 8살의 어린 자기러
스티를 만나고 그 아이와 함께 타임머신을 타고 과거로 돌아가 과거의 트
라우마를 함께 해결한다는 설정으로 되어있는데 그러한 설정이 현실적이
지도, 그렇다고 흔히 디즈니 영화가 추구하는 판타지적 요소로 채워진 것

도 아니고, SF물도 아니고, 나아가서는 상담 영화도 아닌 이도 저도 아닌 것이 되어 버렸기 때문이 아니었을까 싶다. 그러나 이 영화를 상담적 환경에서 일어나고 있는 일들로 전환시켜 본다면 영화는 전혀 새롭게 다가오게 된다. 어떤 사람이 중독자가 된 이면에는 그가 성장 과정에서 겪었던 트라우마가 무의식 형태로 그의 내면에 저장되어서 그를 중독물질과 행위로 이끄는 경우를 많이 보게 되는데 이는 중독치료의 현장에서 허다하게 만나는 현실이다. 영화의 주인공 러스 역시 어린 시절의 트라우마로 인해 어린 시절의 자기와는 전혀 다른 어른이 되었다. 이른바 자기정체성이 지속적으로 유지되지 못하고 어린 시절의 나와 어른이 된 나 사이에 정체성의 분절이 일어났다. 이 분절된 정체성을 통합하는 것! 그것이 치료이다.

주인공 러스는 잘 나가는 이미지 컨설턴트다. 함께 일하는 영상담당 에이미와는 연인 사이다. 그의 고객은 주지사, 야구 구단주 등 유력 인사들이다. 그가 주로 하는 일들은 이들이 곤경에 처했을 때 이미지 컨설팅을 통해 그들을 곤경으로부터 구해 주는 것이다. 이런 일들을 통해 그 자신이 유명 인사가 되었고 많은 돈을 벌었으며 초호화 저택에 산다. 거의 일 중독자가 되어 일에 몰두하고 있으며, 분초를 다퉈가며 일에 매달리고 있다. 매우 권위적으로 비서를 대하고 엄청난 업무효율을 요구한다. 가족들과는 소원한 관계이고 특히 아버지와의 관계가 좋지 않다. 아버지는 아들 러스와 가까이하려 노력하지만 러스는 아버지를 멀리하고 거절한다. 그저 돈으로 아버지와의 관계를 때우려 한다. 이런 그에게 어느 날 이상한 일이 발생한다. 느닷없이 한 꼬마가 그의 집에 나타난 것이다. 처음에는 환영인 줄 알았는데 시간이 지나면서 환영이 아니라 실제임이 확인된다. 처음에는 전혀 모르는 낯선 꼬마인 줄로 알았는데 서로 대화를 나누다 그 꼬마가 기억도 나지 않는, 아니 그의 말대로라면 기억에서 완전히 지워버린, 그래서 전혀 기억나지 않는 8살 어린 시절의 자기, 곧 러스티 임을 알게 된다. 두 사람은 서로 상대방이 자기의 미래와 과거라는 사실을 곧 알아채게 되는데 만나는 순간부터 두 사람은 서로를 탐탁히 여기지 않는다. 러스는 어린 러스티가 뚱뚱보에다 저급한 패스트푸드 음식만 좋아하고 징징거린다고 싫어하고, 러스티는 나이 마흔이나 된 어른이 결혼도 하지 않고 혼자 살고 있고, 개 한 마리 기르지 않으며 비행기 조종도 못한다고 싫어한다. 러스는 과거의 자기의 모습이 싫고, 러스티는 어른이 된 미래의 자기가 싫다. 직장 부하직원이지만 러스와 연인 관계인 에이미는 처음에는 러스티가 러스의 숨겨놓은 아들인 줄로 오해하다가 이 둘이 같은 사람이라는 것을 알게 된다. 러스는 러스티를 싫어하지만 에이미는 왠지 러스티가 싫지 않다. 에이미의 눈에 러스티는 정 많고 감정 풍부하고 소박하고 순수한 모습으로 보일 뿐이다.

여자 친구 에이미는 러스가 이미지 조작을 통해 곤경에 처한 유력 인사들을 돕는 것을 좋아하지 않는다. 그것이 불법적인 일은 아니지만 러스가 기왕이면 보다 순수하고 진실한 이미지를 만드는 컨설턴트가 되기를 바라는 마음이 있다. 그 호소가 통해 러스는 한 유력 인사의 스캔들을 이미지 조작을 통해 해결해 주려고 만든 영상을 에이미가 보는 앞에서 파기해 버린다. 에이미는 그렇게 자기 자신을 바꾸려 노력하는 러스가 좋다. 그러던 어느날 유력 고객의 결혼식 잔치에 세 사람이 참석하게 되는데 에

이미를 좋아하면서도 선뜻 청혼하지 못하는 러스를 보고 어린 러스티가 에이미에게 청혼하는 일이 발생한다. 어린 러스티는 에이미가 너무 좋기 때문에 미래에 어른이 되어 이 여자를 놓치지 않으려고 우유부단한 러스를 대신해 청혼하는 것이다. 그 사건이 계기가 되어 에이미는 러스의 마음을 알고 싶어 하고 확답을 듣고 싶어하는데, 그 순간 파기해 버렸던 문제의 그 동영상이 뉴스에 보도되는 것을 보게 된다. 인위적으로 이미지 조작된 동영상을 통해 문제의 유력 인사는 곤경에서 벗어나지만 러스와 에이미의 관계는 파탄 나고 만다. 에이미가 보는 앞에서 쓰레기통에 버렸던 영상 테잎을 러스가 쓰레기통에 들어가 다시 찾아와 사용했던 것이다.

　러스와 러스티 모두에게 삶의 문제가 찾아왔다. 사랑하는 여인을 잃어버린 것이다. 어떻게 하면 이 깨어진 관계를 복원할 수 있을까? 이 지점부터 우리의 관심을 상담치료 영역으로 옮겨 가는 게 좋겠다. 상담치료가 필요할 때는 삶의 문제가 발생할 때이다. 삶에 아무 문제가 없는 사람이 상담치료를 받을 이유는 하나도 없다. 러스는 이제 결정해야 한다. 에이미와 영영 헤어질 것인지, 아니면 다시 만날 것인지를. 이 영화의 전체 설정과 전개 과정은 이 문제의 해결을 위해 러스가 상담가를 찾아가 상담받으며 자기의 문제를 해결해 나가는 과정을 디즈니적 상상력으로 풀어나간 것이라고 볼 수 있다. 이제부터 우리는 디즈니적 상상력을 소거하고 잘 나가는 이미지 컨설턴트 40세 비혼 러스가 헤어진 연인과의 관계를 어떻게 복원시킬 수 있는지를 상담치료적 관점에서 접근해 보도록 하자. 인간의 삶은 과거와 현재 미래로 구성되어 있다. 그리고 이것들은 서로 역동적으로 연관되어 있다. 물리적으로 보면 과거는 지나갔으니 바꿀 수 없고,

미래는 오지 않았으니 어쩔 수 없다고 생각할 수 있다. 그러나 과거 현재 미래를 인간의 의식 활동과 무의식 활동의 견지에서 살펴보면 과거 현재 미래는 얼마든지 가변적이며 역동적이다. 의식 활동과 무의식 활동을 통해 우리는 과거를 바꿀 수도 있고 미래를 바꿀 수도 있다. 이 영화가 보여주고자 하는 것이 바로 그것인데 우리는 그것을 상담치료적 관점에서 보려고 하는 것이다.

상담가는 상담을 통하여 내담자의 과거, 현재, 미래를 오가는 사람이다. 러스가 처한 현재의 삶의 문제는 명백히 어린 시절 상처트라우마로 인해 생겨난 것이다. 그런데 당사자인 러스는 그것을 알지 못한다. 왜냐하면 어린 시절 트라우마를 가지고 있는 사람들은, 그 상처가 크면 클수록 자기의 어린 시절을 기억 저편으로, 무의식의 세계로 억압하여 가둬두기 때문이다. 상담가는 다양한 방법을 동원해 무의식 속에 억압되어 있고 감추어져 있는 상처를 복원해 낸다. 8살 시절 어린 러스티가 어른 러스 앞에 불쑥 나타난 사건을 상담 과정에서 일어나는 일로 이해해도 좋을 것이다. 상담가는 러스의 어린 시절과 미래 사이를 오가며 어른 러스가 진정으로 원하는 삶이 무엇인지를 탐색한다. 그리고 그 삶을 살아내도록 격려하고 독려한다. 영화 속에서 어린 러스티의 등장은 상담을 통해 어른 러스가 어린 시절의 자기를 떠올리는 것이라 생각하면 이해가 빠를 것이다. 상담가는 8살 러스티가 오늘의 러스가 되기까지의 과정을 탐색한다. 초중등학교까지 루저에 가까운 학창 생활을 보낸 러스는 고등학교에 들어가면서 공부에 맛을 들이게 되고 열심히 공부해서 좋은 대학에 장학생으로 들어간다. 대학생활을 통해서는 열심히 운동해서 몸을 만들고, 열심히 공부해

수석으로 졸업한다. 이후 대학원을 마친 러스는 열심히 일해서 성공한 이미지 컨설턴트가 된다. 초중등학생 시절 루저의 딱지를 떼고 보란 듯이 성공적인 삶을 일구어낸 것이다.

그런데 여기 하나의 문제가 있다. 그는 사회적, 직업적으로 성공한 이미지 컨설턴트 이지만 그의 인격도 병행하여 성장하고 성숙한 것은 아니었다는 점이다. 그것을 우리는 그가 사회적 약자, 루저들을 어떻게 대하는가를 보면서 판단할 수 있는데 인격적으로 성숙한 사람들은 자신이 아무리 성공했다 하더라도 사회적 약자와 루저들을 따뜻한 눈으로 바라보고 그들을 도와주려 한다. 그러나 러스는 그러지 않았다. 그는 오히려 약자들을 경멸하고 루저들을 멸시했다. 다른 한편 강자들을 자기 손바닥 위에 올려놓고 이미지 컨설팅의 이름으로 쥐락펴락 하기를 좋아했다. 이것이 이미지 컨설턴트로 성공한 러스의 양면이었다. 왜 그에게서 인격의 성숙한 변화가 일어나지 않았을까? 그것을 밝혀내는 것이 상담의 주요 과제이고 러스의 현재 삶의 문제를 해결하는 첩경이 되는 것이다.

이제 상담은 러스의 어린 시절을 탐색하면서 8살 생일을 전후한 상황에 집중하게 된다. 그 때 러스의 삶의 방향에 결정적 영향을 준 무엇이 일어난 것이다. 상담가는 러스 안에서 러스티를 불러내고 그 아이와 함께 8살 생일날로 돌아간다. 영화 속에서 러스와 러스티가 타임머신을 타고 8살 생일날로 돌아가는 설정이 바로 이것이다. 그러자 러스의 무의식 속에 묻혀 있던 8살 생일날의 트라우마가 드러나기 시작한다. 트라우마는 6하원칙, 언제, 어디서, 누가, 무엇을, 어떻게, 왜에 진실하게 반응한다. 무의식의 문이 열리면 여기에 더해 그 때, 그 장소에 대한 세밀한 실체날씨, 맛, 향기, 소리, 표정, 소품 등등가 드러나기 시작한다. 놀랍게도 그것은 러스가 30년 동안 무의식 밑바닥에 꽁꽁 싸매두었기에 땅속에 잘 보존된 유물 튀어나오듯이 선명하게 살아나기 시작한다. 8살 생일날 러스가 겪은 트라우마는 학교에서 친구들에게 놀림당하고 폭력당한 것이었다. 어른 러스는 이 사실을 평소에도 기억하고 있었지만 그 사건에 별 의미를 부여하지 않았다. 자기는 트라우마를 극복하고 성공한 사람의 표본이었기에 옛 상처에 주목할 필요가 없었던 것이다. 그러나 진정으로 그 상처가 극복되었다면 그의 인격도 동시에 성숙해 졌어야 했고 사회적 루저나 약자들을 따뜻하게 돌보고 감싸주어야 했지만 그러하지 못했다. 그의 트라우마가 진정으로 극복된 것이 아니었다.

그의 더 큰 트라우마는 이 사건으로 인해 유발된 또 다른 사건 때문이었다. 앞서의 학교 폭력과 따돌림은 러스의 의식 속에 남아 있던 것이었지만 또 다른 사건으로 인해 겪은 트라우마는 완전히 묻혀져 있던 기억이었다. 러스가 꽁꽁 묻어둔 상처가 학교 폭력의 상처를 매개로 마침내 그 모습을 드러내기 시작한다. 8살 생일날 학교 폭력을 경험한 그것만으로도 끔찍한데 어린 러스티에게는 2차 가해가 다시 시작된 것이다. 다른 그 누구도 아닌 아버지에 의해서! 사건의 전말은 이렇다. 러스티는 학교 폭력의 피해자였지만 학교에서 싸웠다는 이유로 선생님께 꾸중을 듣고 부모님이 학교로 소환된다. 그날 학교에 온 사람은 병으로 위중한 상태에 있던 엄마였다. 엄마와 함께 러스티가 집으로 돌아왔을 때 아버지가 이 소식을 듣고 허겁지겁 일터에서 달려온다. 그리고 러스티를 호되게 나무란다.

네가 도대체 무슨 짓을 한 거냐고. 의사가 엄마는 침대에만 누워있어야 한다는 소리를 듣지 못했느냐고. 그리고 러스티를 집에도 들어오지 말라고 하면서 문밖으로 내친다. 러스티는 집 안으로 들어가지도 못하고 문밖에 우두커니 서 있다. 어른 러스가 먼발치서 이 모습을 보며 울기 시작한다. 엄마를 집으로 들인 후에 아버지가 다시 나와 전보다 더 모질게 러스티를 몰아세운다. 몸을 잡고 마구 흔들면서.

이것을 심리학적 용어로 shaking이라 하는데 그 경험이 상처 입은 사람들의 몸과 무의식에 저장되어 평생 영향을 끼치게도 된다. 자기 몸을 함부로 다루거나, 아니면 너무 끔찍이 다루거나. 두 경우 모두 심각한 병리적 결과를 낳는다. 그리고 말한다. 너 때문에 엄마가 죽게 되었다고. 엄마가 죽으면 너 때문이라고. 그런 아버지에게 러스가 말한다. 여기 잃어버린 나사를 찾았다고. 내 주머니에 있다고. 러스티는 아버지의 환심을 사려고 아버지가 잃어버린 나사를 주워 주머니 속에 가지고 있었던 것이다. 아버지의 인정을 받고 싶었던 것이다. 그러나 아버지는 아랑곳하지 않고 러스티를 질책하고 혼자 내버려 두고 다시 집으로 들어간다. 그 순간 러스티의 눈가에 경련이 일기 시작한다. 일종의 틱 현상이 발생한 것이다. 혼자 남겨진 러스티가 울면서 러스에게 다가간다. 그리고 말한다. 내가 엄마를 죽였다고. 러스가 러스티를 꼭 안아주면서 말한다. 그건 아니라고. 네 잘못이 아니라고. 아버지도 겁이 나서 그랬던 것이라고. 엄마가 죽을까봐, 그리고 엄마 없이 혼자 너를 키우는 것이 두려워 그랬던 것이라고. 그리고 말한다. 이제야 알게 되었다고. 눈가에 경련이 이는 틱이 언제, 어떻게, 왜 발생되었는지를 이제 알게 되었다고. 그러면서 두 사람은 부둥켜안고 함께 운다. 우는 러스의 모습을 보면서 러스티가 말한다. 아저씨도 우냐고. 아저씨는 울지 않는 사람인 줄 알았다고.

눈물보다 더 확실한 치료의 묘약이 있을 수 있을까? 눈물은 신이 인간에게 준 치료의 묘약이 분명하다. 그 눈물이 러스의 상처를 치료하였고 진정한 자기를 되찾게 하였다. 그가 러스티에게서 그렇게도 싫어했던 모든 것들이 그 자신의 것이었고 오히려 가치 있는 것들이었음을 새삼 깨달아 알게 된다. 상처는 극복되었고 러스티의 심성과 인격이 어른 러스에게서 그대로 살아나고 과거가 현재 안에서 새롭게 긍정적으로 통합되기 시작한다. 그리고 미래가 확실한 소망으로 현재화 된다. 미래의 러스는 더 이상 트라우마에 의해 지배되는 인생이 아니게 될 것이다. 미래의 러스는 사랑하는 여인을 앞에 두고 어찌할지 몰라 머뭇거리는 사람이 아니라 솔직히 자기 마음을 전하는 사람이 될 것이며, 미워하고 거리를 두던 아버지에 대한 오해를 풀고 친밀한 관계를 맺고 살아갈 것이다. 동물 기르기를 좋아하여 큰 개도 기를 것이고 일에만 몰두하는 것이 아니라 비행기 조종과 같은 취미생활에 시간을 낼 것이다. 부하 직원을 권위적으로 대하고, 지나친 효율만을 강조하지도 않을 것이고 넉넉하고 후히 대해줄 것이다. 그리고 무엇보다도 사회적 약자, 루저들을 관용과 사랑, 오래 참음으로 대하게 될 것이다. 그리고 긴장하면 발생하던 안면 경련 틱도 사라질 것이다. 루저로서 살아야 했던 수치심과 나 때문에 엄마가 죽었다는 죄책감의 덫에서 풀려나 자유한 인생을 살게 될 것이다.

중독의 원인과 치료도 이와 같다. 많은 중독자들이 중독 행위를 하는 이유는 잊기 위해서다. 현재 일어나고 있는 스트레스를 잊기 위해서, 과거 일어났던, 여전히 의식과 무의식에 남아 있는 상처와 아픔, 특히 수치심과 죄책감을 잊기 위해서 중독 행위를 한다. 러스는 그것을 사회적 성취와 이미지 컨설턴트라는 직업을 택함으로써 해소하려 했다. 그 성취와 직업을 통해 러스는 자기의 수치와 죄책감을 가리고 전혀 다른 사람으로 살아갈 수 있었다. 그리고 자기의 경험을 직업으로 전환시켜 다른 사람들의 잘못과 허물을 이미지 조작을 통해 가려주고 해소시켜 주는 일을 하게 된 것이다. 그러나 진실은 무엇인가? 내가 그렇게 잊어버리고 지워버리려 했던 러스티의 모습이 너무도 소중하고 가치 있는 러스 자신의 모습이라는 사실이다. 러스는 유능한 이미지 컨설턴트로서 그의 직업적 역할이나 성취에 아무런 손상을 입지 않고 그 일을 더 잘할 수 있게 될 것이다. 냉정하고 우쭐대고 건방지며 자고하고 지독한 일벌레인 그가 따뜻하고 온유하고 겸손하고 정 많으며 삶의 여유를 즐길 줄 아는 이미지 컨설턴트로 변한다고 해서 그의 삶과 직업적 성취에 무슨 문제가 생기겠는가? 치료는 한 사람의 인격적 품격을 높여주며, 삶을 기름지게 하고, 여유롭게 한다. 이 어찌 아름답지 아니한가!

네 인생을 살라

영화 〈키드〉가 어른이 된 러스가 8살 시절 자기 자신인 러스티를 만나 어린 시절의 트라우마를 치료하고 진정한 자기 자신을 찾아가는 과정을 디즈니적 상상력을 동원해 해결했다면 실뱅 쇼메가 감독하고 귀용 고익스폴 역, 앤르니마담 프루스트, 베르나데트 라퐁이모 역이 출연한 2013년작, 프랑스영화 〈마담 프루스트의 비밀정원〉은 상담치료의 실제에 훨씬 더 가깝게 제작된 영화이다. 그러나 이 영화에서 나타나는 상담치료의 모습도 정통적인 정신분석치료정신과 전문의나 정신분석 상담 전문가와의 사이에서 진행되는와는 다소 결이 다르다. 그것은 이 영화가 현대문학에 의식의 흐름 기법을 도입한 프랑스 현대소설의 대표작 마르셀 프루스트의 『잃어버린 시간을 찾아서』의 흐름을 영화의 주요 설정으로 차입한 결과 때문이라 할 수 있다. 무의식의 비밀을 밝히는 방법으로 프로이트나 칼융과 같은 정신분석학자들의 토대에서 영화를 만든 것이 아니라 문학가의 작품을 토대로 영화를 만들었기에 정통정신분석치료의 실체와 비교하기에는 무리가 있다. 그러나 이 영화를 통해 인간 내면에 자리 잡은 무의식의 실체가 한 사람의 성장에 얼마나 큰 영향을 미치는지, 그리고 그 무의식의 혼돈이 정리되었을 때 얼마나 아름다운 결과가 나타나는지에 대해 깊이 이해하게 된다. 영화 속 주인공 폴이 어린 시절 트라우마로 인해 실어증 환자가 되어 평생을 살아가고 있는 것처럼 어떤 중독자들은 역시 어린 시절 겪은 트리우마로 인해 중독자가 되어 평생을 중독의 늪에 빠져 살아가고 있다.

영화는 한 문구를 자막에 띄우면서 시작된다. 그 문구는 M. 프루스트의 소설 『잃어버린 시간을 찾아서』의 일부를 발췌한 것이다.

"기억은 일종의 약국이나 실험실과 유사하다. 우리가 무턱대고 손을 뻗는다면 어떤 때는 진정제가, 어떤 때는 독약이 잡히기도 한다."

『잃어버린 시간을 찾아서』 속 주인공 프루스트는 마들렌과 홍차를 먹다가 잊고 살았던 유년 시절의 기억을 떠올린다. 이러한 내용 때문에 특정 향기와 맛으로 기억을 떠올리는 현상을 프루스트 효과 또는 프루스트의 마들렌이라 부르는데 이 영화 역시 정확하게 『잃어버린 시간을 찾아서』의 경험을 차용하여 전개된다. 주인공 폴이 과거로의 시간 여행을 떠나는 모든 과정에 마들렌과 홍차를 활용하기 때문이다. 영화를 관통하는 주제 역시 마찬가지인데. 『잃어버린 시간을 찾아서』가 1차 세계대전을 겪으면서 프랑스뿐만 아니라 전 유럽인들이 자기 정체성의 혼란을 겪으면서 "Vis ta Vie"네 인생을 살라를 외치게 되는데 이 영화의 주제 역시 정확히 그것과 일치한다. 〈키드〉에서 이미 우리는 인간 삶에 있어서 과거, 현재, 미래가 어떻게 의식, 무의식의 세계 안에서 역동적으로 변화할 수 있는가에 대해서 살펴보았는데 여기서도 그 주제를 "Vis ta Vie"네 인생을 살라와 연계하여 더 깊이 살펴보기로 하자.

주인공 폴은 실어증에 걸린 33살의 피아니스트다. 여러 해에 걸쳐 청년 피아노독주 콩쿠르 결선에 오른 바 있는데 올해가 그 상을 수상할 수 있는 마지막 해이다. 왜냐하면 청년의 기준이 33살까지이기 때문이다. 폴은 두 살 때 부모를 잃었고 그 충격으로 실어증에 걸린 것으로 알려져 있다. 폴은 그때부터 두 명의 이모 손에서 자랐고 이들이 폴을 피아니스트로 길렀다. 폴은 두 이모가 운영하는 댄스 교습소의 전용 피아니스트로 일하고 있다. 폴의 일과와 생활은 정해져 있고 마치 로봇처럼 하루하루를 살아간다. 그의 얼굴에는 표정이 없고 피아노를 치되 기계적으로 친다. 소위 말하는 풍부한 감성이나 열정, 관객의 마음을 흔드는 영혼의 울림 같은 것은 기대할 수 없다. 한 마디로 그의 인생은 두 이모에 의해 규정된 틀 안에서 이루어지는 참으로 건조하고 지루한 인생이다. 뭔가 생동감 있는, 살아 있는 인생이 아닌 두 이모의 뜻대로 살아가는 죽은 인생, 남의 인생을 살아내는 인생이다. 그러던 어느 날 우연한 기회에 아래층에 사는 마담 프루스트의 집을 찾아 들어가게 되고 그녀와 상담자-내담자 관계를 맺게 된다. 마담 프루스트는 건물 관리인의 눈을 피해 집 안에 정원을 꾸며 놓고 이 정원에서 여러 사람들을 상담해 주고 있다. 물론 이 상담자-내담자 관계가 정통한 정신분석적, 상담심리적 관계는 아니지만 마담 프루스트는 차와 마들렌을 활용해 내담자들을 최면 상태로 유도해 그들이 잃어버린 과거의 기억을 탐색할 수 있도록 도와준다. 소설 『잃어버린 시간을 찾아서』가 동시대와 문명, 그리고 문화 및 인류 전반에 대한 반성적 성찰의 기조 위에 있듯이 실뱅 쇼매 감독도 두 이모와 마담 프루스트를 대립관계로 설정해 동시대의 전통적, 문화적, 종교적 차원에서의 억압구조를 넌지시 고발하고 있다. 그러나 그러한 측면을 이 글에서는 논외로 하기로 하자.

마담 프루스트는 폴에게 과거로의 여행을 적극적으로 권장하고 폴은 이에 응한다. 최면 효과를 불러일으키는 차와 마들렌의 도움을 받아 폴은 한발 두발 과거로의 여행을 떠난다. 과거로의 여행을 떠나기는 하지만 폴은 그의 몸과 마음이 느끼는 감정 이상의 것을 찾아내지 못한다. 엄마는 늘 친근하고 좋은 모습임에 반해 아버지는 폴이 일상생활에서 늘 꿈에 만나는 무시무시하고 기괴한 모습으로 느닷없이 나타나 폴을 놀라게 하는 모습으로 나타날 뿐이다. 폴의 방에는 여러 장의 어린 시절 사진이 걸려 있는데 오직 엄마에 대한 사진뿐이다. 마담 프루스트가 폴을 도와주기 위해 몰래 폴의 방에 들어가 이것저것을 살펴볼 때 폴의 비밀상자 안에는 오려진 아버지 사진들이 여러 장 담겨있었다. 폴에게 아버지는 기억하고 싶지도 않고 그의 인생에서 오려내 버리고 싶은 그런 존재였던 것이다. 몇 차례 과거로의 탐색을 통해 엄마를 만나는 기쁨이 있어 좋았지만 아버지와 함께 있는 기억은 늘 아버지가 엄마를 폭행하는 무섭고 끔찍한 장면들이었기에 폴은 과거로의 탐색을 중단하고 마담 프루스트 집에 발길을 끊는다. 그러던 중 마담 프루스트는 암이 악화되어 죽음을 맞기에 이르고 폴에게 한 장의 쪽지와 최면 물품을 보내고 어디론가 떠나버린다. 그 쪽지에는 "Vis ta Vie"네 인생을 살라가 쓰여 있다. 마담 프루스트는 전언을 통해 폴에게 나쁜 추억을 행복의 홍수아래 가라앉게 하라면서 아빠 아틸라 마르셀과 관련한 음반을 보내준다. 그 음반을 틀어놓고 폴은 다시 최면에 잠겨 과거로의 여행을 떠난다. 이번 여행에서도 아빠는 어김없이 무서운 모습으로 나타난다.

　　그러나 끝까지 기억을 반추하는 가운데 폴은 아빠 아틸라 마르셀과 엄마 아니타 마르셀이 코믹 레슬러 부부라는 사실을 알게 된다. 그동안의 기억에서 엄마를 폭행하던 아빠의 모습은 실제가 아니라 폴 앞에서 부부가 행한 레슬링 연습이라는 것을 알게 된다. 공연을 마친 후 아빠 엄마는 폴에게 다가와 공연 성공의 기쁨을 함께 나눈다. 폴은 그때 아빠, 엄마라고 말하기 시작한다. 폴은 미친 듯이 웃으며 최면에서 깨어난다. 눈앞에 있는 동상을 얼싸안고 키스한다. 그리고 잘려나간 사진들을 풀을 붙여다 복원한다. 독약이었던 과거의 기억이 행복을 갖다 주는 양약으로 전환되었다. 폴은 자신을 묶어두었던 과거의 어두운 기억에서 빛의 세계로 옮겨졌다. 오도된 과거는 진실 가운데 바로 잡혔다. 마비되었던 내면의 감정과 정서가 풀려나고 그의 영혼이 자유를 얻었다. 이어진 콩쿠르에서 폴은 그야말로 신들린 듯한 연주를 해내고 심사위원들과 청중의 기립박수를 받아낸다. 트로피를 가지고 집으로 돌아온 폴은 마담 프루스트 집을 찾아가지만 건물 관리인으로부터 그녀가 암으로 죽었다는 소식을 듣는다. 집으로 돌아온 폴은 다시 최면상태로 들어간다. 아마도 콩쿠르 수상의 기쁨을 마담 프루스트나 아빠, 엄마와 나누고 싶었을 것이다. 과거의 기억 속에서 폴과 아빠, 엄마는 행복한 시간을 보내고 있다. 폴 앞에서 아빠와 엄마는 레슬링 연습을 한다. 폴은 그 모습이 이제 더이상 무섭지 않다. 아빠 엄마와 함께 노는 즐거운 시간이다. 그때 청천벽력과 같은 일이 순식간에 일어난다. 천장이 무너지면서 위층에 있던 피아노가 내려와 아빠와 엄마를 덮친다. 아기 폴의 눈에 피아노에서 떨어져 나온 부러진 장식품들이 눈에 들어온다. 충격과 공포, 슬픔에 젖어 폴은 눈을 떠 현실 세계로 돌아온다. 그리고 자기 앞에 놓인 피아노 옆에 최면 상태에서 보았던 부러진 장식품이 부러진 채 다시 부착되어 있는 것을 발견한다. 콩쿠르 수상을 축하하기 위해 모인 지인들이 잠에서 깬 폴에게 앙코르 연주를 요청한다. 폴은 피아노 앞에 앉는다. 그리고 건반을 힘껏 눌러 육중한 건반 뚜껑이 떨어져 자기 손가락을 다치게 만든다. 그의 열 손가락은 다시는 피아노 연주를 할 수 없을 만큼 부러지고 만다. 이모들은 그때서야 진실을 말하며 폴에게 용서를 구한다. 아빠 친구가 부실공사를 해서 그런 참사가 벌어졌고 그 친구는 5년 동안 복역하게 되었다고. 영화 중간중간 댄스 교습소 창을 통해 폴의 모습을 엿보던 노숙자가 바로 아빠의 친구였다고. 폴은 아빠 엄마를 죽게 만든 그 피아노를 지금껏 연주하며, 두 이모의 뜻에 따라 살아 왔다. 그러나 이제 다시는 그런 삶을 살지 않을 것이다. 그는 자기 손가락을 절단시켜 버림으로 자기의 확고한 의지를 선포하였다. 이제 폴의 인생은 폴의 것이 되었다!

손가락이 아물자 폴은 마담 프루스트의 무덤을 찾아가 애도한다. 그리고 그가 수리해서 보관하고 있던 마담 프루스트의 우쿨렐레를 묘석 위에 올려놓고 돌아오려 한다. 그러나 폴은 우쿨렐레를 다시 들고 온다. 그리고 우쿨렐레 강사가 된다. 시간이 지나 폴은 첼로 연주자 중국인 입양자 미셸두 이모가 경멸해 마지않던과 결혼해 아기를 낳는다. 그리고 그랜드 캐니언으로 신혼여행을 떠난다. 그곳은 아빠 엄마가 신혼시절 여행을 꿈꿨던 곳이다. 그곳에서 아기가 뭔가 말을 하려고 한다. 미셸이 아기가 무슨 말을 하려 한다고 폴을 돌려세운다. 폴이 유모차에 담긴 아기를 보면서 자막 전체가 폴의 얼굴로 덮인다. 폴의 입술이 달싹거린다. 그리고 말이 터져 나온다. 파파! 그 말의 울림은 광활한 그랜드 캐니언을 울리고도 남는다. 폴은 더 이상 실어증 환자가 아니다!

폴은 예기치 않게 닥친 불행으로 인해 실어증 환자가 되었고, 두 이모에 의해 피아니스트로 길러졌다. 누가 보아도 그의 인생은 그의 것이 아닌 두 이모의 것이었다. 중독자들의 삶도 이와 같다. 그들은 중독자로, 혹은 중독자가 될 수밖에 없는 환경 속에서 성장하였다. 그것은 그들의 의지도 선택도 아니었다. 이 세상에 중독자가 되려고 술을 마시고 도박하는 사람들은 없다. 마시다 보니 알코올중독자가 되었고 하다 보니 도박중독자가 된 것이다. 그러므로 네 인생 네가 결정해서 네 맘대로 해서 중독자가 되었잖아 라는 말은 완전한 진리가 아니다. 마치 폴이 부모의 죽음을 어찌할 수 없고, 이모들의 도움과 안내를 따르지 않을 수 없었던 것과 같다. 그런 폴에게 네 인생을 스스로 결정할 자유가 네게 있지 않았느냐고 말하는 것은 너무 가혹하다. 그것은 일종의 비난이며 폭력이다. 어떤 사람이 중독자가 되었다는 것은 그가 피해자였다는 사실을 의미하는 것이다. 모든 중독자들은 100% 피해자다. 그는 중독자로, 중독자가 될 수밖에 없도록 길러진 것이다. 이것이 수많은 중독자들이 원망을 마음속 깊이 품고 다니는 이유 중의 하나다. 중독은 너무도 교활해서 자기가 피해자라는 사실을 악용해 술 마시는 구실로 이용한다. 이런 점이 중독 치료의 어려움을 가중시킨다. 현대 민주주의는 모든 사람들에게 자유를 선물로 가져다주었다. 그러나 그 자유를 모든 사람들이 제한 없이 자유롭게 사용할 수 있는 것은 아니다. 어떤 사람을 꽁꽁 묶어 놓고 네게 자유가 있으니 이제 네 맘대로 하라는 말이 성립될 수 없음처럼 폴과 같이 과거의 상처 속에, 그것도 자기의 의지와 무관하게 꽁꽁 묶여 있는 그에게 너에게 자유가 있으니 그 묶임에서 놓여 자유하라고 말하는 것이 성립될 수 없음과 같다. 때때로 인류에게 주어진 자유라는 소중한 가치가 폭압과 억압의 도구로 사용될 수 있음에 유의해야 한다. M 푸르스트의 말처럼 어떤 것이, 심지어 그것이 자유, 평등과 같은 고귀한 가치의 것이더라도 독약이 될 수도 있고 양약이 될 수도 있다. 중독자들은 폴과 같이 과거의 기억이 독이 되어 중독자가 된 사람들이다. 그러므로 그들에게는 해독제가 필요하며, 해독제를 가져다 줄 마담 프루스트 같은 사람이 필요하다. 너 혼자 해결하라고 말하는 것은 방치이자 유기요, 나아가서는 폭력이다.

　중독의 치료와 관련해 두 장면이 특별히 중요한 의미가 있다. 그 두 장면은 폴이 스스로 묶임에서 놓여나려는 장면과 관계있다. 중독의 치료도 이와 같아서 처음에는 누군가의 도움이 필요하지만 적당한 때가 이르면 그 스스로가 중독에서 벗어나는 결단과 행동을 하여야 한다. 자기에게 주어진 자유를 자기 자신을 위해 사용해야 하는 결정적인 순간이 반드시 있게 마련이고 그 순간을 잘 넘어서야 비로소 자기의 인생은 자기의 것이 된다. 첫 번째 장면은 마담 프루스트가 떠난 후 폴이 홀로 최면 상태에 들어가는 장면이다. 이미 몇 차례 최면상태를 통해 폴은 그리운 엄마를 만나는 기쁨과 감격이 있었지만 보기 싫은 아빠를 만나는 고통을 감수해야 했다. 그런 그가 두려움을 떨치고 다시 홀로 과거로의 여행을 떠나기로 결심한다는 것은 보통 어려운 일이 아니다. 저 기억의 끄트머리에 설령 고통

만이 남더라도 진실을 알고자 하는 마음, 끝까지 가보려는 마음과 실천이 없이는 중독도 치료될 수 없다. 중독자들이 끝까지 마시고 행위하게 되는 이유는 그가 자기 중독의 처음 원인까지 끝까지 가보지 않았기 때문이다. 끝까지 가보아야, 미련스럽게 마시고 또 마시고를 반복하는 중독의 속성을 끊어버리게 된다. 다행히 폴은 두려움 없이 기억의 끝까지 가서 아름다운 진실을 발견하게 되었고 새로운 삶을 시작할 수 있었다.

두 번째 장면은 폴이 피아노 건반을 떨어뜨려 자기 손가락을 부러뜨려 버리는 장면이다. 그 행위의 위대함을 어떻게 설명할 수 있을까? 그것은 거짓 자기로 살아온 삶에 대한 완벽한 파괴요, 두 이모에 대한 통렬한 복수이며, 새로운 삶을 향해 나가려는 막을 수 없는 의지요, 나의 나됨을 선포하는 숭고함이자 거룩함이다. 영화 〈127시간〉에서 청년 애런 랄스턴이 등반도중 협곡사이로 추락하여 큰 바위에 오른팔이 끼는 사고를 당하는데 애런은 살아남기 위해 직접 자신의 한쪽 팔을 잘라내야만 했다. 애런은 그 일을 해냈다! 나는 이 실화야말로 단주, 단도박, 단약하려는 사람들의 모범이 되는 태도라고 늘 말해왔다. 애런처럼, 혹은 폴처럼 중독에서 진정 벗어나고자 하는 사람들은 반드시 이와 같은 절단을 해내야 한다. 절단해 내어버려야 하는 그것이 무엇인지는 사람마다 다 다를 것이다. 술, 도박, 마약, 성과 같은 것들을 내 삶에서 끊어버려야 함은 말할 것도 없고, 중독에 반응하고 이끌리는 내 마음, 내 영혼 속의 모든 것들을 끊어버려야 하는 것이다. 중독에서 벗어나는 것은 참으로 어렵다. 차라리 내 한쪽 팔을 잘라버리거나, 내 열 손가락을 부러뜨려서 중독을 끊을 수 있다면 그 방법을 선택하고 싶다는 고백이 흘러나와야 한다. 오른손을 절단한 도박중독자가 그 후에는 왼손으로 하고, 왼손마저 절단한 중독자가 그 다음에는 발가락으로 화투장을 잡았다는 이야기를 우리는 이미 알고 있지 않은가.

이제 마지막으로 다른 경우를 상정해 보자. 만일 폴의 기억 맨 밑바닥에 있던 것이 그가 알고 있던 바, 그대로 고통스런 기억이었으면 어떻게 될까? 영화 속에서 다행히 폴은 부모가 코믹레슬러 부부였고, 그가 기억하고 있는 엄마에 대한 아빠의 폭행 장면이 오해였음이 밝혀졌지만 만일 그것이 사실이었다면 어떻게 되었을까? 이 경우 폴이 상처를 극복하고 새로운 삶을 이루어가려면 더 많은 시간과 자원, 노력이 투여되어야 했을 것이다. 기억의 맨 밑바닥에도 부정적인 기억과 아픔이 있는 경우는 〈굿윌헌팅〉에서의 윌의 사례가 될 것이다. 윌이 정상적인 삶을 선택하고 돌아오기까지는 긴 시간과 수많은 자원들이 투여되어야 했음을 기억하자. 세상이 마음을 모으면 수 많은 정신장애인들을 치료와 회복의 길로 이끌 수 있다. 사랑이 있다면 이 세상에서 더불어 함께 살아가지 못할 정신장애는 없다.

역기능 가정, 방랑중독에 대하여

중독과 직접적인 연관은 없지만 김태용이 감독한 2006년작 〈가족의 탄생〉은 중독과 치료에 대해 많은 함의를 전달해 주는 영화이다. 문소리^{미라}가 엄태웅^{형철}의 누나로, 고두심^{무신}이 형철의 연상의 여인으로, 공효진^{선경}과 봉태규^{경석}가 배다른 오누이로, 정유미^{채현}가 친부모 손을 떠나 성장한 대학생으로 연기하였다. 배우들의 뛰어난 연기와 높은 작품성으로 평단의 높은 평가를 받았다. 제26회 한국영화평론가협회상 최우수작품상, 제14회 춘사영화제 남자신인상^{엄태웅}, 제27회 청룡영화상 감독상^{김태용}, 여우조연상^{정유미}, 제7회 부산영화평론가협회상 최우수작품상, 감독상^{김태용}, 제47회 테살로니키 국제 영화제 골든 알렉산더상^{김태용}, 각본상^{김태용, 성기영}, 여우주연상^{문소리, 고두심, 공효진, 김혜옥}, 2007년 제44회 대종상 최우수작품상, 시나리오상^{김태용, 성기영} 등을 수상하여 그 성가를 입증했다.

이 영화를 보려면 인내와 끈기가 필요하다. 그러나 배우들의 풍부하고 섬세한 감정 연기가 눈에 들어온 사람들에게는 그렇지 않을 것이다. 인내와 끈기를 가지고 이 영화를 보아야 한다는 것이 이 영화의 약점이지만 인내와 끈기를 가지고 끝까지 영화를 본 사람들은 확실히 보상받는다. 아하! 하는 탄성을 마지막 순간 발하게 된다. 영화 제목 그대로 이것이 '가족의 탄생'이구나 하는 것을 느끼게 된다. 감독은 마지막 끄트머리 까지 '가족의 탄생'을 비밀로 간직한 채 영화를 끌고 나간다. 마지막 그 순간이 오기까지 관객들은 이게 뭐지, 이게 뭐지 하는 답답함을 뭉갠 채 속절없이 앉아 있는 불편함을 감수해야 한다. 어떤 이들은 너무 답답해서 영화 중간에 뛰쳐나갈는지도 모르겠다. 그러나 끝까지 견디는 자에게 주어지는 보상은 묵직하고 값지다. 가족 탄생의 신비를 홀연히 발견하는 통쾌함이 보상으로 주어진다.

영화는 옴니버스 스타일로 모두 세 세션으로 구성되어 있다. 첫 번째 세션은 문소리미라, 엄태웅형철, 고두심무신 가족의 이야기이고, 두 번째 세션은 공효진선경 가족의 이야기이며, 세 번째 세션은 영화 초반부에 등장했던 젊은 두 남녀 봉태규경석와 정유미채현의 연애 이야기다.

〈첫번째 세션 … 미라 – 형철 가족 이야기〉

미라는 여고 근처에서 학생들 상대로 떡볶이 장사를 하며 살아가고 있다. 그에게는 남동생 형철이 있는데 군대 갔다 온 이후 집을 나가서 영 소식이 없다. 그러던 어느 날 남동생 형철이 자기보다 나이가 훨씬 많은 술집 작부 출신 여자 무신고두심을 데리고 돌아온다. 세 사람 사이에 애매한 동거가 펼쳐진다. 그러던 중 여자아이 하나가 택배 배달 오듯이 이 집 문을 두드린다. 아이는 엄마를 찾아 이 집에 온 것이다. 아이의 엄마는 무신이다. 그러나 엄밀히 말하면 친엄마가 아니다. 아이의 친엄마는 무신씨의 전남편의 전부인의 아이다. 그러니 이 아이는 두 명의 엄마와 두 명의 아빠를 가지고 있는 셈이다. 형철은 이 아이를 제 딸인 양 살갑게 맞이한다. 그러나 오래지 않아 형철은 아 아이와 무신을 버려두고 무책임하게 돌연 사라진다. 무신 역시 미라의 집에 머물 처지가 되지 않아서 전남편의 전부인의 딸인 여자아이를 데리고 미라의 집을 떠난다.

〈두번째 세션 … 선경공효진 가족 이야기〉

두 번째 세션은 선경 가족 이야기다. 첫 번째 세션에서 보여진 미라-형철의 가족 이야기가 막장 가정의 이야기였는데 선경 가족의 이야기는 한술 더 뜬다. 선경공효진은 일본 관광가이드가 되어 일본으로 취업하는 꿈을 꾸고 있다. 엄마는 홀로 어린 아들경석을 데리고 가게를 꾸리며 생활하고 있다. 그러나 엄마는 혼자인 것 같지만 혼자가 아니다. 이미 여러 차례 결혼생활에 실패한 경험이 있었는데 이번에는 유부남과 내연의 관계를 맺고 있고 경석은 그 사이에서 낳은 불륜 아들이다. 경석은 선경의 씨 다른 동생인 것이다. 엄마를 대하는 선경의 태도는 양면적이다. 사랑하지만 미워한다. 불쌍하지만 한심스럽다. 안타깝지만 답답하다. 그래서 엄마를 만날 때마다 선경은 엄마를 까탈스럽게 대하고 비아냥거린다. 그렇지만 엄마는 그런 딸의 태도에 일일이 감정적으로 반응하지 않는다. 어쩌면 그것은 엄마가 암에 걸려 죽음을 목전에 두고 있기 때문일 것이다. 불륜 유부남 아저씨가 그 사실을 선경에게 알려 준다. 어느 날 선경은 유부남 아저씨의 집을 급습한다. 멀쩡한 가정, 아내가 있고 두 아들이 있다. 가족들이 놀라 다 거실로 나와 있을 때 선경이 유부남 아저씨에게 비수 같은 질문을 날린다. 아저씨 우리 엄마 사랑해요? 그때 놀라운 일이 벌어진다. 이 아저씨가 자기 가족들이 있는 자리에서 선경에게 똑똑히 말한다. 사랑한다고. 네 엄마 정말 사랑한다고. 거기서 선경은 엄마를 다시 보게 되었을 것이다. 이 아저씨가 자기 본가정이 파탄날 것을 알면서도, 엄마는 이제 곧 죽을 목숨인데도 그런 엄마를 이 아저씨가 정말 마음을 다해 사랑하는구나 하는 것을 온몸으로 느꼈을 것이다. 엄마의 장례를 치른 후 집으로 돌아와 엄마의 유품을 정리하면서 엄마가 남긴 트렁크의 비밀번호를 몰라 쩔쩔 매던 선경은 엄마와 그녀만이 아는 번호를 누르게 되는데 그녀의 예상대로 트렁크가 보란 듯이 열리게 된다. 그리고 그 안에 있는 내용물이 온통 선경 자신의 유품어린 시절 갖고 놀던 인형으로부터 사진, 아빠에게 선물받은 시계에 이르기까지임을 확인하면서 선경은 목 놓아 펑펑 울고 만다. 엄마의 사랑, 자기를 향한 엄마의 평생의 사랑이 고스란히 전해져와 그녀는 목놓아 울고 또 운다.

〈세 번째 세션 … 경석과 채련의 연애이야기〉

영화 초반부 기차 안에서 만난 젊은 두 사람 경석과 채련이 연인 사이가 되어 만남을 이어 간다. 그러나 두 사람의 관계는 삐걱거리고 위태하다. 문제는 채련의 오지랖이다. 어려움과 곤경에 처한 사람을 보면 채련은 그냥 넘어가지를 못한다. 있는 돈 없는 돈 다 꾸어주고, 돌려 달라 말도 하지 못한다. 어느 날인가는 경석이 자기 집으로 채련을 초대하고 기다리지만 채련은 끝내 나타나지 않는다. 그날도 채련은 학교 선배의 아들을 돌보아주어야 할 일이 생겨 그 아이를 봐주느라 중요한 가족 상견례 모임에 참석하지 못한 것이다. 경석은 너무 화가 나 채련과 절교한다. 너는 너무 헤픈 아이라고 하면서. 그 때 채련이 반문한다. 헤픈 게 나쁜 거야? 채련은 나만 바라보라고 요구하는 경석이 이해되지 않고, 경석은 자기를 챙기지 않고 남을 도와주는 채련이 이해되지 않는다. 그러나 시각을 조금 달리하면 채련은 어려운 처지에 놓인 사람들에 대한 연민을 끊을 수 없고, 경석은 채련에 대한 미련과 집착을 끊을 수 없다. 다시 말하면 채련은 연민의 마음이 드는 사람들에게 중독되어 있고, 경석은 채련에게 중독되어 있다. 다만 두 사람이 심각한 상태의 중증 중독자가 아직 아닐 뿐이다. 이들은 사람중독혹은 사람의존의 초기 증상을 나타내준다. 이 증상이 더 발전하면 진짜 중독자가 된다. 채련은 사랑중독자가 될 가능성이 높고 경석 또한 스토커 관음증 환자로 증상이 악화될 수 있다. 그들이 처한 가정적, 사회적 환경이 열악할수록 그 가능성은 증대된다. 건강한 사람들에게서 발견되는 심리적 지표의 하나는 적절한 마음의 경계boundary이다. 경계는 나와 너를 구별하는, 그리하여 각자의 개인성과 존엄성을 지키는 방책이다. 이것이 허물어지면 나도 없고 너도 없는 심리적 아노미 상태가 초래된다. 채련은 연민하는 대상에 대해 자기를 구분 짓는 경계가 지극히 미약하다. 연민하는 대상이 바로 그 자신이 되는 것이다. 그러나 경석은 바깥사람들을 자신의 경계 안으로 쉽게 받아들이지 않는다. 자신의 경계 안에는 채련과 자기만이 있기를 원한다. 채련은 외인에 대해 경계가 너무 완만하고 경석은 너무 엄격하다. 그런 그들이 행복한 만남을 지속하며 결혼할 수 있을까? 그들의 결혼생활은 행복할까? 만일 이 두 사람 사이의 심리적 경계감이 지속된다면 그 둘 사이의 갈등은 사라지지 않을 것임은 분명하다. 그리고 두 사람이 이루어가는 결혼생활 역시 숱한 파란을 겪을 것임 또한 자명하다. 왜 채련은 헤픈 사람이 되었고, 경석은 집착하는 사람이 되었을까?

이 영화의 말미에 경석은 채련을 그녀의 집까지 데려 주다가 얼떨결에 채련 엄마의 권유로 그녀의 조촐한 생일잔치에 함께하게 된다. 그때 이 가족의 실체가 충격 속에 드러난다. 세션 1에서 나왔던 미라문소리와 무신 고두심이 엄마 역할을 하면서 채련을 길러왔음이 밝혀진다. 채련은 피 한 방울 섞이지 않은 남남인 두 여인을 엄마로 알고 세 사람이 가정을 이루며 살아온 것이다. 세션 3의 초반부에서 이미 우리는 경석이 씨 다른 누나 선경공효진과 가족을 이루며 살아가고 있음을 보았다. 엄마가 죽고 선경은 일본 취업을 포기하고 씨 다른 어린 동생 경석의 엄마가 되어 둘이 가족을 이루며 살아온 것이다. 이제 감독은 우리에게 묻는다. 가족이 무엇인지, 가족은 어떻게 생성탄생되는지, 가족의 본질은 무엇인지 등등에 대해. 영화의 빛나는 한 수는 엔딩 크레딧이 올라가기 직전에 이루어진 문제적 남자 형철엄태웅의 등장과 퇴장이다. 중년의 나이가 된 형철이 너스레를 떨면서 집으로 들어선다. 그동안 아무 일도 없었다는 듯이. 채련은 그가 누구인지 기억을 하지 못한다. 그때 형철이 대문에 대고 소리를 지른다. 어서 들어오지 않고 뭐하느냐고. 그러자 중년의 한 여인이 만삭인 배를 손으로 받치고 문지방을 넘어선다. 형철이 서둘러 인사를 시키고 함께 집으로 들어가려 한다. 그때 누나 미라가 형철과 여인을 불러 세우고 잠깐 밖에서 얘기하자고 한다. 두 사람이 문지방을 넘어 밖으로 나가는 순간 미라는 잽싸게 대문을 걸어 잠근다. 그리고 채련 경석을 데리고 집으로 들어간다. 대문 밖에서 형철이 문을 두드리며 절박하게 말한다. 누나 왜 이래. 문 좀 열어봐. 대문 안에서는 아무런 대꾸가 없다. 형철은 집 밖으로 쫓겨났다. 대문을 사이에 두고 가족인 것과 가족이 아닌 것이 구분되었다. 가족인 것과 가족이 아닌 것을 이보다 더 사실적으로 묘사할 수 있을까? 피를 나눈 가족 형철은 문밖으로 내팽겨지고 피 한 방울 나눈 바 없는 채련과 경석은 집안으로 들여진다. 누가 가족이고, 집이란 무엇인가?

가족에 대한 전통적 정의는 핏줄과 혈연에 의한 것이었다. 고대로부터 가문의 유지를 위해 형사취수 제도나 입양제도를 채택한 경우가 있음을 우리는 알고 있다. 그러다가 근현대에 이르러 입양제도가 활성화되기에 이르렀다. 같은 핏줄이 아니어도 가족의 일원이 될 수 있게 된 것이다. 법률적으로 채련의 엄마가 누구로 등재되어 있는지, 경석의 경우도 법률적으로는 누가 엄마, 아버지로 등재되어 있는지 알 수는 없지만 이 영화가 우리에게 주는 메시지는 명확하다. 미라-무신-채련이 이루고 사는 관계도 가족이요, 선경-경석이 이루고 사는 관계도 가족이라는 것이다. 그리고 가족을 이루는 본질은 사랑이라는 것이다. 그것이 가족과 가족이 아닌 것을 구분하는 핵심 요건이라는 것이다. 사실 가족은 서로 같은 핏줄이 아닌, 서로 모르는 남자와 여자가 만나 오늘날 가족의 형태 정의에 대해서는 이보다 더 깊은 논의가 전개되고 있기는 한데 여기서는 건너뛰기로 하자 서로 사랑하고 결혼하고 애를 낳음으로써 성립된다. 같은 핏줄의 배우자를 만나 사는 것은 현대사회에서는 유전학적 금기사항이기도 하고 법률적 제한사항이기도 하다. 흔히 피는 물보다 진하다고 하지만 피보다도 진한 것은 사랑이다. 형철은 분명 미라와 피를 맺은 오누이 가족이지만 미라는 형철을 집 밖으로 쫓아내면서 그가 더이상 우리 가족이 아니라고 선언한다. 가족에게는 반드시 울타리가 있다. 울타리가 있는 것이 가족이다. 이 울타리 안에서 가족들은 안심safety하고 안정감stability을 누리며 안전security 하게 살아간다. 거기가 가족이 함께 거하는 집이다. 그러나 형철은 이 모든 것을 빼앗고 파괴하며 무너뜨리는 존재다. 그는 가족이면서 가족이 아닌 것이다. 그러므로 새로 탄생한 가족을 지키기 위해 미라는 형철을 담 밖으로 쫓아낼 수밖에 없었던 것이다.

채련과 경석이 극심한 역기능 가정에서 성장하였다는 것을 우리는 알고 있다. 두 아버지, 두 엄마 사이에서 짐짝처럼 이리저리 떠밀리며 살아온 채련에게 약자에 대한 연민은 이때부터 체질화하기 시작한 것이다. 그들의 모습이 자기 자신의 모습이기 때문에 그 연민을 떨쳐 버릴 수 없는 것이다. 그렇게 불쌍한 채련을 두 엄마미라와 무신가 거두어준 사건은 채련의 이 같은 행동을 강화시켰을 것이다. 채련은 어려운 처지에 있는 사람들을 보면 물불을 가리지 않고 적극적으로 나서서 기어코 도움을 주어야 직성이 풀리는 것이다. 그러나 영화 〈키드〉의 러스처럼 약자들을 경멸하고 무시하는 경우도 있을 수 있는데 그들을 보면 잊어버리고 싶은 자신의 옛 모습이 무의식중에 떠오르기 때문이다. 불륜관계의 엄마 아버지 사이에서 나고 자란 경석은 아픔을 가진 약자로 자랐지만 그들에 대해 크게 신경쓰지 않는다. 그저 나만 잘 살면 되는 것이다. 나만 죄 짓지 않고 남들에게 해 끼치지 않고 살면 되는 것이다. 괜히 오지랖 넓혀 살다가 엄마 아빠처럼 되지는 않을까 하는 두려움도 그 내면에 있다고 보아야 한다. 어린 시절 삶의 환경을 통해 조건화된 성격이나 성향은 마치 그 자신이 처음부터 그런 사람인 것 같아서 문제를 인식하기도 어렵고 변화시키기도 어렵다. 경석이 채련에게 너는 헤프다고 말하자 채련이 묻는다. 헤픈 게 나

뻔 거야? 이 인식의 차이는 아마도 채련과 경석이 살아가면서 일상 가운데 맞부딪치는 트러블의 근원이 될 것이다.

"니가 나한테 왜 이래."는 영화 속에서 계속 반복된다. 영화 전반부에 미라가 형철에게, 중반부에 선경이 엄마에게, 후반부에 경석이 채련에게 말하는 장면이다. 가족이란 서로가 서로에게 요구하고 기대하는 관계이다. 요구와 기대는 이해 받는 것, 돌봄 받는 것, 배려 받는 것, 인정받는 것, 존중받는 것, 사랑받는 것 등이 해당된다. 역으로 무시당하고, 차별당하고, 이용당하고, 함부로 취급당하고, 해 끼침 당하고 하는 것은 좋은 가족 관계 안에서는 일어나서는 안 되는 일이다. "니가 나한테 왜 이래", "어쩌면 니가 나한테 이렇게 할 수가 있어" 는 서로 가까운 사이로 지내왔던 사람들 사이에서만 가능한 표현이다. 그것은 가족이 가족답지 못할 때, 아버지가, 남편이, 아내가, 자녀가 각각에게 기대되고 요구되는 기능적 역할을 온전히 수행하지 못할 때, 부당한 대우를 받았거나 합당한 대우를 받고 있지 못하다고 느낄 때, 억울하고 분할 때, 배신감과 상실감을 느낄 때 나오는 표현이다. 그것은 나를 향한 것이 아니고 너를 향한 것이다. 내가 문제가 아니라 네가 문제이고, 내 잘못이 아니라 네 잘못이라는 것이다. 과연 그럴까? 앞에서 심리적, 행동적 경계boundary에 대해서 말한 바 있지만 대인관계에서의 채련의 경계감은 너무 완만하고 경석은 너무 완고하다. 그러므로 채련의 경계감은 좀더 강화될 필요가 있고, 경석의 것은 완화될 필요가 있다. "니가 나한테 왜 이래." "니가 어떻게 나한테 이럴 수가 있어."라는 말이 오고 있는 상황이라면 양편의 당사자들은 각각 자기 자신을 살펴보는 여유가 있어야 한다. 그렇게 되려면 사실 많은 훈련이 필요하다. 세상을 살면서 인간관계에서 "네가 문제다" 라고 말할 때 상당한 경우는 알고 보면 "내가 문제"인 경우가 많지 않은가! 아니면 어느 일방의 문제가 아니라 "우리의 문제"일 때가 많지 않은가!

이 영화 속에서 중독에 가장 가까운 인물을 고르라면 그것은 단연 형철일 것이다. 알렉산더를 우리가 정복중독자로 부른 것처럼, 형철은 방랑중독자이다. 그는 한곳에 머물거나 정착하지 못하고 인생 내내 부초처럼 떠돈다. 그에게는 머물거나 정착할 심리적 집과 가족이 없는 것이다. 그가 가족을 꿈꾸지 않는 것은 아니다. 그는 세상을 떠돌다가 멈추는 그곳에서 여자를 만나고 동거하고 아기를 낳는다. 그러나 그는 자기가 낳은 아기 조차 온전히 기를 책임감이 없고 남편으로서의 역할도 적절히 수행할 능력이 없다. 그는 급격한 감정의 변화를 보이고 참을성이 없으며 몹시 충동적이고 상황에 적절하지 않은 말과 행동을 한다. 그는 아버지가 되고 남편이 될 자격이 없고 가정을 이룰 능력이 결여되어 있는 것이다. 자기에게 맡겨진 역할을 제대로 수행하지 못해서 가족으로부터 추방당한 형철의 운명은 어떻게 될까? 그 스스로도 제어하지 못하는 알 수 없는 힘에 의해 세상을 부초처럼 떠도는 그의 인생은 어떻게 될까? 그가 만들어낸, 그러나 그가 책임지지 못하고 방치하고 버려둔 아이들은 어떻게 될까? 형철은 아마도 그렇게 살다가 길거리에서건, 부랑자 시설에서건 쓸쓸히 죽어갈 것이다. 형철처럼 이 세상에 얼마나 많은 중독자들이 가족 해체의 아픔을 겪고 부초처럼 세상을 떠돌다가 홀로 쓸쓸히 죽어가고 있는가!

형철의 운명을 생각하면서 국가와 사회가 이들에게 무엇을 해주어야 하는지에 대해 생각지 않을 수가 없다. 형철도 심리학적 견지에서는 치료될 수 있고 치료받은 후에 사회의 구성원으로서 적절한 삶을 살아갈 수 있는 일종의 정신장애자라는 사실에 유의하자. 오늘날 정부는 치매노인을 위한 의료, 돌봄 체계를 가동하고 있다. 치매의 문제를 혈연 중심의 가족에게만 짐 지우는 것이 아니라 국가가 그 짐을 일정 부분 감당하겠다는 것이다. 건강한 국가, 국민 삶의 질을 높이 보장하려는 국가는 국민 개개인과 가족의 삶의 안전망을 촘촘히 가동하는 나라다. 형철 수준의 정신장애를 안고 있는 사람들도 돌봄 받고 치유 받을 수 있는 환경이 조성된 나라가 되어야 할 것이다. 이런 의미에서 보면 사회와 국가는 사랑으로 구성되는 가족의 외연적 확장이다. 핏줄 위주의 가족관계가 국가적으로 확장된 것이 나치 독일의 국가전체주의였다면 사랑과 돌봄의 정신으로 국민 개개인의 정신적 문제를 국가가 상당 부분 책임지는 북유럽국가들은 현대에 만연된 중독과 기타 다양한 정신장애 증상에 그나마 가장 효과적으로 대응할 수 있는 복지국가모델이라 볼 수 있다. 중독치료의 핵심이 사랑에 있음은 이 책 전체를 관통하는 주제다. 사랑 많은 가정에서 중독이 배태될 리 없고, 약자에 대한 사랑과 관심을 많이 돌리는 국가와 사회에서 중독의 증식이 억제되지 않을 리가 없다. 중독은 너와 나의 문제이면서 우리와 국가, 사회의 문제이다. 건강한 개인, 가족, 국가, 사회가 중독을 예방하고 치료하는 비책이자 열쇠다.

중독의 원인을 통상 개인적 원인과 사회문화적 원인으로 분류하기도 하는데 사회문화적 원인과 관련해 연예인이나 예술인들이 중독자가 될 가능성이 다른 직종의 사람들이 중독자가 될 확률보다 더 높다고 보는 것은 합리적 추론일 것이다. 대중의 인기를 먹고 사는 연예인들은 정작 자기 자신의 인생에 주목하지 못하는 경향이 많고, 예술인들의 섬세한 감정과 작품활동에 따르는 고도의 긴장감과 탐미적 삶은 그들을 중독으로 이끄는 내적 요인이 되기 때문이다. 「레이」2005년, 「스타 이즈 본」2018년, 「모딜리아니」2004년, 「폴락」2001년은 연예인과 예술인들의 중독 문제를 다룬 영화들이다.

　　「레이」는 전설적인 시각장애 흑인 가수인 찰스 레이의 실제 삶을 그린 영화로 무려 15년의 준비과정을 거쳐 제작되었다. 찰스 레이 생전에 만들어졌고 그가 직접 자문을 맡기도 했으나 찰스 레이는 영화의 개봉을 보지 못하고 숨졌다. 레이가 마약중독자가 되는 과정과 원인, 그리고 회복과정이 잘 그려져 있고 여러 영화제에서 작품성을 크게 인정받았다. 〈I've got a woman〉〈Georgia on my mind〉〈Unchain my heart〉〈I can't stop loving you〉 등 찰스 레이의 주옥같은 히트곡들을 감상할 수 있는 것만으로도 영화의 가치는 충분하다.

「스타 이즈 본」은 동명의 이름으로 제작된 세 번째 리메이크 영화로 중독 영화로 돌아왔다. 레이디 가가와 브래들리 쿠퍼가 부부 연예인으로 떠오르는 스타, 지는 스타를 연기했다. 브래들리 쿠퍼가 영광의 뒤안길에서 속절없이 알코올 중독자가 되어 가는 과정을 리얼하게 연기했다. 레이디 가가의 심금을 울리는 노래를 들을 수 있는 것은 영화의 덤이다. 수많은 영화제에서 음악상을 휩쓸었다.

「모딜리아니」는 35세에 요절한 천재 화가 모딜리아니와 그의 아내 잔에게 일어났던 실제 사실을 모티브로 만든 영화로 알코올, 마약중독자였던 모딜리아니와 그의 아내 잔, 그리고 뱃속의 딸까지 동시에 죽음을 맞이하는 중독자 가족의 비참한 말로를 그리고 있다.

「폴락」 역시 미국 현대미술사에서 추상 표현주의라는 새로운 장르를 개척한 잭슨 폴락의 실제 삶을 다룬 영화로 알코올중독자였던 폴락의 성공과 부침, 그리고 죽음을 다루고 있다.

「술과 장미의 나날들」과 「스메쉬드」2012년는 부부 알코올중독자를 소재로 만든 영화이다. 「술과 장미의 나날들」은 1962년작 흑백영화로

중독 문제를 정면으로 다룬 첫 시기의 영화라는 점에서 의의가 있다. 이 영화에서는 아내가 회복을 마다

하고 계속 중독에 빠져 헤어나오지 못하는데 역으로 「스메쉬드」에서는 남편이 회복의 요청을 거절한다. 관객들은 중독의 냉엄한 현실을 직시하게 된다.

「벤 이즈 백」2019년, 「플라이트」2013년, 「더 웨이백」2020년, 「돈 워리」2019년 는 잘 만들어진 중독 영화이다. 미국에서 만들어진 대부분의 중독 영화가 그렇듯이 유명 배우가 주인공으로 나온다. 각 영화의 주인공의 면면 - 줄리아 로버츠벤 이즈 백, 덴젤 워싱턴플라이트, 벤 애플릭스더 웨이백, 호아킨 피닉스돈 워리 - 만 보아도 얼마나 공들인 영화였는지를 짐작할 수 있다.

「벤 이즈 백」과 「플라이트」를 통해서는 회복 과정에서 재발은 피할 수 없는 한 과정임을 알 수

있다. 재발의 항시성과 촉발성, 그리고 치명성에 대해 잘 표현하고 있다.

「웨이백」, 「돈워리」는 알코올중독자를 다루고 있는 영화로 직업재활을 통해, 지역사회 유관기관 활동가의 도움을 통해 회복의 길에 들어선 중독자들의 이야기를 다룬 영화다. 「돈워리」는 실존인물인 유명 웹툰 작가 존 캘러헌의 회복 경험을 대본 삼아 만들어졌다.

국내 영화로 주목할 만한 영화로는 「미쓰백」2018년, 한국과 「설행」2016년, 한국이 있다. 한국에서 만들어진 중독 관련 영화 중 「미쓰백」은 단연 압권이다. 한지민은 이 영화로 2018년 한국영화평론가협회상, 청룡영화상, 백상예술대상 등에서 11개의 상을 휩쓸었다. 자신에게 엄청난 폭력을 행사하고 그것이 반복될 것이 두려워 자신을 고아원에 맡기고 떠나간 엄마에 대한 상처를 안고 성장한 어른 상아한지민가 게임중독자인 아버지와 계모 밑에서 학대 당하는 지은김시아을 만나면서 억제할 수 없는 연민을 느끼고 지은을 악의 굴레로부터 구원해 주는 상처입은 약자들의 연대와 구원을 다룬 영화이다.

「설행」 역시 중독으로부터의 회복을 정면으로 다룬 영화이다. 알코올중독 치료를 위해 수녀원에 들어간 한 알코올중독자가 마음의 상처를 입고 살아가는 수녀를 만나 회복의 길을 걷는 여정을 담았다. 영화의 부제 '눈길을 걷다'가 말해주듯이 회복으로 가는 길의 아득함을 잘 담아낸 영화로 여러 영화제에서 좋은 평가를 받았다. 중독자 내면의 혼돈감과 분열상태를 담아내는 데는 성공했지만 지나치게 모호하고 신비한 설정으로 인해 리얼리티가 떨어지는 아쉬움이 남는 영화이다.

국내에 소개된 중독 관련 영화의 대부분이 미국에서 제작된 영화임에 비해 「술이 깨면 집에 가자」2012년, 일본는 일본의 알코올중독자와 그 가족의 이야기를 다룬 영화로 정신병동 세팅을 통한 중독 치료의 과정을 담고 있다. 중독 관련 영화들에는 흔히 자극적이고 파괴적인 요소들이 등장하기 마련인데 이 영화에서는 중독자와 그 가족의 아픔을 일상의

애틋함과 애잔함, 그리고 아련함으로 그려내고 있다.

「몰리스 게임」2018년, 미국은 베벌리힐스에서 포커 도박장을 운영했던 몰리 블룸의 실화를 바탕으로 제작된 영화로 몰리 블룸의 급속한 성공과

몰락을 다룬 영화이다. 도박 중독 문제를 정면으로 다룬 영화는 아니지만 로스쿨을 졸업한 젊은 인재가 도박장 운영에 집요하게 몰입하여 성공 신화를 일구어 가는 동력을 어린 시절의 상처아버지의 부재로부터 비롯된 힘의 추구욕구에서 기인한 것이었음이 이 영화의 절정에서 밝혀지고 있는데 거기에 이 영화가 지니고

있는 치료적 함의가 있다. 모든 중독적 행위강박적 집착의 근저에는 반드시 성장과정에서 발생한 심리적 문제가 자리잡고 있기 때문이다.

「S 중독자의 고백」2011년, 스페인, 「당신의 다리 사이」1999년, 스페인는 성중독자에 관한 영화이고 성중독자 중 섹스중독자에 관한 영화이다. 성중독에는 다양한 유형이 있는데 섹스중독자, 포르노 중독자, 소아성애 중독자, 자위중독자, 바바리맨으로 통칭되는 노출증 환자, 스

토커로 대변되는 관음증환자 등이 있다. 알코올중독자가 술 충동을 느끼면 참을 수 없어 반드시 술을 마셔야 하는 것처럼 이들도 성적 충동을 느끼면 그 충동을 쉽사리 제어하지 못하고 성적 행위에 돌입한다. 알코올중독자가 술을 조절하지 못해 만취가 될 때

까지 마시는 것처럼 이들도 끝없이 끝없이 성적 행위에 집착하고 매달린다. 두 영화를 통해 성적 충동을 조절하지 못하는 섹스중독자들의 모습, 애정없이 성적 활동에 몰두하는 모습을 마주하게 될 것이다. 그러나 관객들은 그들의 행동을 도덕적, 윤리적 판단의 문제가 아닌 치료되어야 하는 '병'의 관점에서 바라보는 유익을 얻을 수 있을 것이다. 관객들은 영화를 통해 익명의 성중독자 모임Sexaddicts anonymous 활동에 대해서도 정보를 얻을 수 있다.

미국 동계올림픽 국가대표 하키 선수 출신 에릭 르마르크의 재난 생존실화를 소재로 2018년 제작된 영화이다. 운동을 그만둔 후 마약중독자가 된 에릭이 마약을 하며 스노우 보드의 짜릿함을 즐기다가 시에라 네바다 산맥에서 조난당하여 극한의 어려움을 겪다가 8일만에 극적으로 구조되는 이야기다. 에릭은 구조된 후 두 다리를 절단하는 아  픔을 겪지만 의족을 단 채로 희망을 전하는 강사가 되고 아이스하키 감독이 되어 이전 보다 더 좋은 인생을 살아가게 된다. 〈와일드〉와 맥을 같이하는 영화이다. 때때로 극한의 체험은 한 사람의 인생에서 극적인 변화의 계기를 가져다 주기도 한다.

〈에필로그〉

아마도 〈라스베가스를 떠나며〉가 영화를 중독치료의 한 기법으로 적용한 첫 번째 영화였을 것이다. 영화 속 주인공인 알코올중독자 벤니콜라스 케이지 분은 직장에서 해고당한 후 살던 집과 가재도구를 처분하고 퇴직위로금으로 받은 돈을 들고 환락의 도시 라스베가스로 향한다. 벤은 그 곳에서 평생을 목말라 하던 알코올을 원없이 마시다가 침침한 모텔방에서 숨을 거둔다. 그가 라스베가스에서 체류했던 짧은 기간 동안 그는 알코올중독자에게 가장 이상적인 여인 새라엘리자베스 분, 언제, 어디서, 어떤 일이 있어도 자기에게 술 좀 그만 마시라는 말을 해서는 안된다는 약속을 받아들인 여인을 만나 꿈같은 밀애의 시간을 보내지만 그의 중독의 문제가 삶의 수면 위로 실체를 드러내면서 두 사람 사이의 사랑에도 피할 수 없는 곡절이 생긴다. 죽음으로 알코올중독자 벤의 생은 끝나지만 그의 꿈^{평생 마시다가 죽는 꿈}은 성취된다. 참으로 슬프기 짝이 없는 장렬한 성취라고나 해야 할까? 영화 속 열연을 통해 니콜라스 케이지는 그해 아카데미 주연상을 거머쥠으로써 그의 연기 인생에서 결정적인 도약을 이루는 전기를 만들어 내었고 이 영화를 본 전 세계 모든 관객들에게 '알코올중독의 실체'를 여과 없이 보여 주었다.

이 영화는 중독의 본질을 이해하기 위해 하루하루 분투하던 나에게 전율을 동반한 깨달음을 주었다. 나는 이 영화를 통해 '중독'을 보았다. 내가 싸워야 할 '적중독'의 실체를 보았다. 알코올중독자들이건 도박중독자들이건 그들의 실체는 '생명을 건' 중독자들이라는 사실이었다. 중독자들은 그가 중독되어 있는 것을 얻기 위해서는 생명조차도 불사하는 사람이라는 것을 벤을 통해 보았다. 그들은 생명을 걸고 마시는 사람이었고 목숨을 걸고 도박하는 사람들이었다. 그것도 무슨 큰 대회나 상금을 걸어놓고 겨뤄지는 대결도 아니고 그저 주어진 평범한 일상에서 날마다 목숨을 걸고 살아가는 사람들이었다. 생명을 걸고 마시고 목숨을 걸고 도박하는 사람들을 누가 이길 수 있을까? "자기 생명조차도 조금도 귀한 것으로 여기지 아니하고" 살아가는 이 사람들과 견줄 수 있는 사람들을 우리는 일상 속 어디에서 만날 수 있을까? 죽음의 길임을 알고서도 이를 마다하지 않고 걸어간 순교자들, 날마다 죽음을 앞에 두고 살아간 순교자들, 그래서 "나는 날마다 죽노라" 고백했던 그런 사람들에게서나 발견되는 장렬함이 아닌가! 그러니 이들을 누가 어찌할 수 있단 말인가? 어찌 말릴 수 있단 말인가?

희망은 깊은 어둠 속에서 피어오르는 법이다. 목숨 걸고 술 마시고 목숨 걸고 도박하는 사람들이 술을 끊고 도박을 끊을 방법은 없는가? 길은 없는가? 있다! 그들이 목숨 걸고 술 마시고, 목숨 걸고 도박하듯이 목숨 걸고 술을 끊고, 목숨 걸고 도박을 끊으면 되는 것이다. 흔히 중독은 점진적 자살이요 죽음에 이르는 병이라고 하지만 아직 그가 완전한 죽음에 이르지 않았다면 그에게는 기회가 있는 것이다. 죽도록 술을 마실 힘이 그의 안에 남아 있는 한, 그 힘을 마시는 데로부터 끊는 데로 방향을 돌림으로써 그를 중독에서 벗어나게 할 수만 있다면 마지막 희망은 아직 살아 있는 것이다. 그가 중독에서 벗어나야 할 동기와 이유를 찾아줄 수만 있다면, 중독에서 벗어난 사람이 얼마나 아름답고 값진 삶을 살 수 있는가를 보여주고 증명할 수 있다면, 아무 짝에도 쓸모 없는 무가치한 존재가 아니라 누군가에게, 어딘가에서는 꼭 필요한 존재이고 쓸모 있는 존재임을 발견케 할 수 있다면 … 그렇다! 누군가가 중독에 빠져들 수밖에 없었던 이유가 수백 수천 가지라면 그가 중독에서 빠져나와 살아야 할 이유 또한 수백 수천 가지임에 틀림이 없다. 그러므로 그들에게도 새로운 인생을 시작할 두 번째 기회, 곧 Second Chance는 주어져야 하는 것이다.

중독자들을 돕기 위해 내가 먼저 알고 경험해야 했던 것은 중독과 중독자에 대해, 치료와 회복에 대해 배워야 하는 일이었다. 신앙생활을 하던 초창기에 나는 성경에 압도되었다. 그것은 신의 말씀이었고, 이 세상 어디에서도 본 적 없었던 진리의 보고였으며, 경이롭고 신비한 이야기들이 넘쳐나는 지혜의 바다였다. 그리스도의 영이 나를 인도하였기에 나는 그 말씀들을 믿었고, 그 경이로움에 사로잡혔으며, 그 말씀들의 깊이와 넓이에 압도당했다. 어떤 날은 성경을 읽다가 멈추고 그냥 덮어두기도 하였는데 오늘 이 말씀들을 다 읽고 나면 내일 읽을 것이 없을 것만 같은 마음에서였다. 중독과 중독자에 대해, 치유와 회복에 대해 배우는 과정도 그와 같았다. 나는 스폰지가 물을 빨아들이는 것처럼 심리학 책을 빨아들였고, 그 지식들을 성경과 연관하여 궁구하였다. 성경은 심리학을 포섭하였고, 심리학은 성경을 관철하였다. 곧 신이 창조한 인간의 마음과 인간이 마음을 새롭게 하여 새사람 되기를 바라는 신의 뜻과 의도는 심리학의 제반 성과를 통해 그 구체성이 드러나고 있었다. 중독이란 몸과 마음, 영혼이 독에 물든 것이다. 뱀에 물리면 독이 온 몸에 퍼지고, 수은 등 중금속에 중독

되면 그 중독물질이 육체를 오염시키고 파괴하듯이. 현대에 와서 더욱 기
승을 부리는 알코올 중독, 마약중독, 도박중독, 성중독, 게임중독 등은 육
체를 오염시키고 부패시키고 타락시키는 것뿐만 아니라 정신과 영혼마저
부패시키고 타락시킨다. 그것은 실로 인간의 영혼육을 총체적으로 파괴
하는 치명적인 병이다. 그리고 중독자 자신과 관계하는 가족을 비롯한 모
든 관계를 파탄시킨다. 성경과 심리학을 통해 나는 중독자를 회복에 이르
게 하는 해독제를 발견하였고, 중독의 얽힘과 묶임으로부터 그들을 자유
케 할 수 있는 지혜와 지식을 얻었다.

　중독을 치료한다는 것은 중독자 그 사람을 변화시켜 새롭게 하는 것이
다. 술 마시고 도박하던 사람이 이제는 그 중독된 행위를 끊고 더 이상
술과 도박 등에 의존해 살아가지 않게 하는 것이다. 중독된 옛사람에서
회복된 새사람으로 살아가게 하는 것이다. 그러기 위해 전면적이고 근원
적인 변화가 일어나야 한다. 생각하는 것이나, 느끼는 것이나, 꿈꾸는 것
이나, 말하는 것이나, 표면에 드러난 의식적인 것이나, 감추어진 무의식적
인 것이나, 과거의 것이나, 현재의 것이나, 미래의 것이나 모든 것이 전면
적이고 근원적인 차원에서 변화해야 한다. 그것이 치유이고 회복이다. 현
재 드러나는 중독의 증세들이 치유되어야 하고, 중독되기 이전의 때묻지
않은 순수한 자기로 돌아가야 한다.

　중독자들을 돕는다는 것의 의미는 여러 가지다. 첫째는 세상과 가족
으로부터 소외된 그들 옆에 있어 주는 것이다. 둘째는 그들에게 따뜻한
밥과 잠자리를 제공해 주는 것이다. 세 번째는 그들이 중독에 노출되지

않도록 안전한 환경을 제공해 주는 것이다. 네 번째는 그들에게 전문적인 교육과 상담, 훈련의 기회를 제공해 주는 것이다. 다섯째는 그들이 가정과 사회로 온전히 돌아가도록 가족화해를 이루어주고 직업 재활의 길을 열어주는 것이다. 여섯째는 그들이 지속적으로 단중독의 길을 유지해 가도록 소속감과 연대감을 잃지 않게 해주는 것이다. 라파중독치유공동체는 이런 일들을 수행하기 위해 설립되었고 23년의 시간 동안 묵묵히 그 사명을 감당해 왔고 그들에게 다시 시작할 수 있는 두 번째 기회와 환경을 제공해 왔다.

〈영화로 만나는 중독 치유〉는 라파공동체의 창립 시기부터 지금까지 계속되어온 중요한 프로그램의 하나였다. 중독으로부터의 치유와 회복을 위해 라파공동체에 입소하여 1년의 과정을 이수할 때쯤이면 앞에서 소개한 대로 약 40 여편 정도의 영화를 보게 된다. 영화가 중독 치료에 주는 유익은 무엇일까? 치료 현장에서 어떻게 활용되었을까? 그리고 어떤 결실을 거두었을까? 영화 치유 프로그램이 가져다 주는 유익의 하나는 중독자들의 말문을 쉽게 열어소통의 물꼬를 보다 원활히 터준다는 점에 있을 것이다. 오랫동안 중독에 빠져 살아온 사람들은 사람들과의 컴뮤니케이션에 어려움을 느낀다. 그래서 자유로운 프리토킹 보다는 주제가 있는, 구조화된 프로그램에 더 잘 적응하는 경향이 있다. 중독 치료의 가장 강력한 도구는 말할 것도 없이 말이다. 남의 말을 잘 듣고, 내 말을 적절히 잘 표현할 수 있다면 그것 자체가 중독 치유의 증거가 된다. 영화 치유 프로그램을 통하여 중독자들은 잘 듣고 잘 말하는 훈련을 한다. 그 첫걸음은 남의 얘기를 하는 것에서 시작한다. 통상 내 얘기를 하기는 힘들어도 남의 얘기 하기는 쉬운 법이다. 영화 치유를 통해 중독자들은 영화 속 주인공의 이야기를 하게 된다. 영화를 보고 느낀 소감부터 시작해서 영화를 보고 듣고 느낀 감정과 영화를 보면서 갖게 된 생각을 이야기하고 나누는 가운데 프로그램 참가자들은 똑같은 영화를 보고 나서 드러나는 각자의 느낌과 생각, 분석과 해석, 판단과 평가가 서로 얼마나 다른 지를 깨닫고 경험한다. 때로 그 다름과 차이는 동에서 서만큼이나 멀고 깊기도 하다.

그 다름과 차이를 통해 우리가 알게 되는 것들은 그렇게 느끼고 생각하고 판단하는 바로 그 사람에 대해 깊이 깨닫게 된다는 것이다. 그 사람은 영화 이야기나 영화 속 주인공의 이야기를 하지만 결국에는 자기 자신의 이야기를 하는 것이나 다름없기 때문이다. 그리고 그런 사실을 깨닫는 순간 영화는 남의 이야기가 아니라 지금, 여기에서의 살아 있는 나의 이야기, 우리의 이야기가 된다. 여기에 영화 치유의 진정한 유익이, 숨겨진 의도와 목적이 있다고 할 수 있다. 영화 이야기를 통해 우리는 지금 여기에서의 나의 문제, 우리의 문제를 해결하려고 하는 것이다. 중독을 치료한다는 것의 명백한 목표는 단중독하게 하는 것이다. 술 마시던 사람이 이제 더이상 한 방울의 술도 마시지 않는 사람이 되게 하는 것이고, 도박하던 사람이 더이상 도박을 하지 않는 사람이 되게 하는 것이다. 그렇게 되려면 그 사람이 생각하고, 느끼고, 판단하고, 행동하는 것 하나하나가 전면적이고 근원적으로 변화해야 한다. 전존재가 변화하여야 하는 것이다.

중독자의 전면적이고 근원적인 변화는 그를 장악하고 있는 방어기제가 철저히 깨지고 무력화 되는 것을 말한다. 중독치료의 현장에서 '심리적 방어기제'를 이해하는 것의 중요성은 아무리 강조해도 지나치지 않는다. 중독치료의 핵심이 방어기제의 해제에 있다고 해도 과언이 아니다. 중독자의 내면을 장악하고 있는 부정적 정서의 뿌리는 수치심과 죄책감이다. 그리고 이 뿌리 위에 그들의 중독적 정체성이 형성된다. 중독자들의 방어기제는 그들의 내면을 장악하고 있는 수치심과 죄책감을 방어하는 것에서 비롯된다. 그 방어기제는 거의 성품화 되어 있어서 본래부터 그 사람이 그랬던 것처럼 드러난다. 물론 이 방어기제는 그 사람이 중독자가 되기 이전부터 있었다. 그것은 모든 인간에게서 드러나는 공통된 특성이라고 할 수 있다. 어떤 인간도 자신 내면의 수치심과 죄책감을 있는 그대로 드러내지 않는다. 먼저 방어부터 하는 것이 인지상정이다. 그러나 중독자들의 방어기제는 평범한 사람들의 그것과는 차원이 다르다. 중독자들은 진실을 말하는 것이 그 자신에게 유리한 순간조차도 방어기제를 사용하고 거짓말을 한다. 중독자들이 사용하는 대표적인 방어기제는 부인, 합리화, 전가, 거짓말이다. 그것은 중독자들에게 마치 처음부터 본래 그 사람이 그랬던 것처럼 성격화 되어있을 정도이다. 온 세상의 모든 중독자들은 하나같이 이 네 가지 방어기제를 사용한다. 영화 치유 시간을 통해 우리는 다른 사람에게서 나타나는 방어기제를 발견하게 되고, 더 나아가 자기자신에게서도 동일한 방어기제가 작동하고 있다는 것을 발견하게 된다. 영화 속 제3자를 바라보았던 눈이 내 눈앞에 있는 동료에게 옮겨가고, 결국 자기 자신에게로 시선이 돌아가게 되는 것이다. 그리하여 중독자 자신들이 얼마나 진실에서 먼 거짓된 사람, 거짓 자아를 가진 삶을 살아왔는지를 발견하고 거짓과 위선, 은폐와 왜곡의 탈을 벗어버리게 되는 것이다. 곧 방어기제로 감싸여 있던 은폐되고 거짓된 자기가 투명한 자기, 진실하고 순수한 자기로 회복되는 것이다.

영화 치유가 가져다 주는 역동치료의 유익에 대해서도 말해야겠다. 공동체를 통한 중독치료, 영화 치유를 통한 중독치료가 효과를 거두는 이유 중 하나는 치료중인 공동체 성원 사이에서 일어나는 심리적 역동 때문이다. 치료 현장에서 구성원 사이에서 일어나는 심리적 역동은 통상 누군가에 대한 호불호의 감정으로 나타난다. 중독자들 사이에서 일어나는 사람에 대한 호불호는 평균적인 사람들의 감정 그 이상의 것이다. 그들은 지나치게 미워하고 혐오하거나 지나치게 좋아하고 미화한다. 때로 지나치게 무시하고 멸시하거나 지나치게 숭배하고 이상화한다. 그것은 거의 무의식 차원에서 이루어지는 것인데 중독자들은 그런 느낌이나 생각을 이성적으로 해석하고 판단하여 정리한다. 이 모든 과정은 자동적으로, 순식간에 일어나고 움직일 수 없는 사실이 되고 진실이 된다. 그러나 정녕 그러한가? 내가 저 사람을 미워하고 혐오하고 멸시하는 것이 합리적이고 마땅한 사실인가? 진실인가? 중독자들은 이러한 질문에 그렇다! 라고 답한다. 그런 판단을 내리는 자기가 잘못되었으리라는, 자기 내면에 그렇게 판단하게 만드는 무언가의 무의식적 요소가 방어기제로 작동하고 있으리라고는 생각조차 해 본 적이 없다. 치료공동체에서의 교육과 상담, 그리고 훈련을 통해 중독자들은 자기 내면을 들여보기 시작하고, 무의식의 세계를 탐색한다. 그리고 자기의 내면 깊숙한 곳, 무의식의 세계에 침전되어 보이지 않고 감추어졌던 심리적 상처그에게 수치심과 죄책감을 내재화시켰던가 고스란히 드러나는 것을 경험한다. 이른바 "감추어진 것이 하나도 드러나지 않을 것이 없는" 상태를 경험하게 되는 것이다. 내가 누군가를 싫어하고 미워하고 무시하고 경멸하는 것은 그에게 그럴만한 이유가 있어서가 아니라 내 안에 누군가가 나를 싫어하고 미워하고 무시하고 경멸했던 경험이 내 무의식의 내면에 남아 있어 지금 여기에서 그와 같은 비참하고 부정적인 감정을 불러일으키거나 나타내는 사람에 대해 무의식적 저항과 방어, 때론 공격을 가하게 되는 것이다. 많은 경우에 있어 문제는 그에게 있는 것이 아니라 나 자신에게 있었던 것이다. 설혹 누군가가 사람들로부터 미움받고 경멸받을 행동과 태도를 보였다 할지라도 그것은 그의 문제일뿐 나의 문제는 아닌 것이다. 내가 그렇게 감정을 실어 대응할 필요가 전혀 없는 것이다. 공동체 구성원 사이에서 심리적 역동은 중독치유와 회복에 있어서 그 어떤 것과도 비교할 수 없는 값없이 주어진 소중한 선물이다. 중독으로부터의 치유와 회복을 위한 심리적 재료가 이미 중독자들 내부에 자산으로 간직되어 있다는 것은 회복을 열망하는 모든 이들에게 참으로 기쁜 소식이 아닐 수 없다.

바라건대 우리 나라에서도 중독과 관련한 좋은 영화들이 많이 만들어졌으면 좋겠다. K-컬쳐의 물결이 세계로 흘러넘치는 이 때, 영화계 거장들의 시선이 중독으로 고통당하는 이들에게 머물렀으면 좋겠다. 그리하여 중독이 치료되어야 하는 병이고, 치료될 수 있는 병이며, 비단 그의 문제일 뿐만 아니라 우리 시대, 우리 모두의 문제라는 사실이 널리 알려져 많은 중독자들이 중독의 늪에서 건져 올려졌으면 좋겠다.

2024년 12월
지수리 라파공동체에서 윤 성 모